Minerva Shobo Librairie

グローバル・マネーフローの実証分析

金融危機後の新たな課題

藤田誠一／松林洋一／北野重人
［編著］

ミネルヴァ書房

はしがき

　サブプライム危機，リーマン危機，ユーロ危機と続く一連のグローバル金融危機の発生は，世界経済に新たな課題を突き付けている。特に，国際的な資金フローのダイナミズムを的確に把握し，その変動をいかに監視，制御していくのかという点は，各国政策当局，国際機関において，喫緊の課題であるといえる。翻って「グローバル金融危機と国際資金フローはどのように結びついているのか」という根源的な問いに立ちかえるとき，ともすれば映像は漠然とした印象にとどまっており，十分に実証的に検証がなされているとは言い難い。金融危機に関する理論，実証分析は内外において精力的になされている。しかしグローバル金融危機の発生，影響，制御を「国際資金フロー」という視軸から，実証的に明らかにしている研究は少なく，本書執筆の意義もまさにこの点にあるといえる。

　我々執筆者一同は定期的に研究会を開催し，地味な営みとはいえ，忌憚ない議論を繰り返しながら少しずつ各自の研究成果を練り上げていった。研究会終了後のささやかな酒宴での語らいも，研究の進捗の一助となっていた。世界経済の大きな潮流を，データを用いて何とか大胆に活写してみたいという熱い思いが，各章に結実されていると自負している。

　本書は，科学研究助成金（基盤（B）（研究課題番号23330106），日本証券奨学財団調査助成による，助成を受けた研究成果である。執筆にあたっては，多くの方々のご助言を賜った。特に伊豆久先生（久留米大学），岩田健治先生（九州大学），小川英治氏（一橋大学），上東貴志先生（神戸大学），久保広正先生（神戸大学），竹森俊平先生（慶應義塾大学），田中素香先生（中央大学），中村周史先生（九州大学），藤井英次先生（関西学院大学），宮尾龍蔵先生（日本銀行），山口綾子氏（国際通貨研究所），吉井昌彦先生（神戸大学）からは有益なご助言をいただい

た。また編者の松林が客員研究員として赴任したブリューゲル研究所（ベルギー）のGuntram WOLFF所長からは，欧州金融機関の現状について有益なご指導をいただいた。さらに増田歩氏（ビューロー・ヴァンダイク）からは欧州金融機関のデータの特性について詳細なご教示をいただいた。

日本金融学会（2013年秋季大会（名古屋大学））の国際金融パネル「国際資金フローとグローバル金融危機」（座長：藤田誠一）では，中空麻奈氏（BNPパリバ証券），加藤涼氏（日本銀行）に報告・討論をお願いし，本書の編者とともに活発な議論を行うことができた。

ミネルヴァ書房の東寿浩氏には，本書出版にあたり多大なるご支援を賜った。東氏の忍耐とご尽力なくして本書の刊行はありえなかった。重ねて御礼申し上げる次第である。最後に本書の刊行にあたり，投資信託協会・日本証券投資顧問協会の出版助成金を得ることができた。記して感謝申し上げます。

2013年11月
　晩秋の紅葉に染まる六甲にて

藤田誠一
松林洋一
北野重人

グローバル・マネーフローの実証分析
──金融危機後の新たな課題──

目　次

はしがき

序章　グローバル・マネーフローのダイナミズム
　　　　──金融危機後の新たな課題──
　　　　………………………………藤田誠一・松林洋一・北野重人…1
　　1　本書の問題関心　1
　　2　2000年代におけるグローバル・マネーフローの変化　2
　　3　域内資金フローの変化とユーロ危機　3
　　4　金融危機後のグローバル・マネーフローの新たな潮流　6

第Ⅰ部　2000年代におけるグローバル・マネーフローの変化

第1章　国際資金フローの新たな動き……………………松林洋一…13
　　　　──2000年代の潮流──
　　1　はじめに──2000年代の国際資金フロー　13
　　2　国際資金フローの推移（1）──フローからの視点　13
　　3　国際資金フローの推移（2）──グロスからの視点　17
　　4　米国と欧州の資金取引　20
　　5　国際資金フローと金融危機　23
　　6　おわりに──複眼的考察の必要性　25

第2章　世界金融危機後のグローバル・インバランス
　　　　──経常収支調整の地域格差とその要因──
　　　　………………………………………………五百旗頭真吾…29
　　1　はじめに──危機後の経常収支不均衡　29
　　2　世界金融危機後にグローバル・インバランスは解消したか　30

3　経常収支は反転したか　34
　　4　経常収支反転は経済成長率を引き下げたか　45
　　5　おわりに——信用成長と経常収支の反転　52

第Ⅱ部　域内資金フローの変化とユーロ危機

第3章　ユーロ圏の域内不均衡と最適通貨圏の基準の内生性
　　　　——産業構造・産業内貿易データによる検証——
　　　　……………………………………………………福本幸男…59

　　1　はじめに——最適通貨圏の基準の内生性から域内不均衡を考える　59
　　2　産業構造の類似性と欧州諸国を分析対象とした先行研究　60
　　3　ユーロ圏諸国のマクロ経済の主要ファンダメンタルズ　65
　　4　ユーロ圏諸国における産業構造と産業内貿易　74
　　5　おわりに——域内不均衡は改善するか　86

第4章　ユーロ圏の隠れた救済メカニズム　……………山本周吾…91
　　　　——TARGET2インバランスの効果——

　　1　はじめに——隠れた救済メカニズム　91
　　2　TARGET2の債権・債務のインバランス　93
　　3　TARGET2インバランスの救済効果　102
　　4　おわりに——ISバランス調整への示唆　110

第5章　2000年代における欧州金融機関の対米投資
　　　　——ミクロデータによる検証——
　　　　…………………………………松林洋一・藤田誠一・北野重人…115

　　1　はじめに——2000年代の欧州金融機関　115

2　欧州金融機関の米国への与信　115
　　3　欧州金融機関の特徴　118
　　4　欧州金融機関の行動様式　121
　　5　金融危機後の欧州各国の対米与信　126
　　6　おわりに──グローバル・バンキングの興隆　129

第Ⅲ部　金融危機後のグローバル・マネーフローの新たな潮流

第6章　先進国金融政策の国際的波及 ……………柴本昌彦…135
　　　　　──国際資金フローに対するグローバル・スピルオーバー効果──
　　1　はじめに──先進国金融政策の新たな国際波及経路　135
　　2　グロスの国際資金フローの特徴の整理　137
　　3　グロスの資本流入及び流出のグローバルな影響　142
　　4　先進国金融政策の国際資金フローに対するグローバル・スピルオーバー効果　147
　　5　おわりに──金融政策運営の枠組みは変わるか　152

第7章　新興国の資本流出入とグローバル・ショック
　　　　　──金融危機と資本収支──
　　　　　………………………………………星河武志・猪口真大…161
　　1　はじめに──国際的な資本の流入と流出　161
　　2　新興国の国際資本移動　163
　　3　実証分析　170
　　4　おわりに──新興国と先進国の資本流出入　178

第8章　近年の新興市場国における国際資本移動と金融政策
　　　　——小国開放経済の DSGE モデルによる分析——
　　　　………………………………………………北野重人・高久賢也…183

　1　はじめに——金融政策とマクロプルーデンス政策　183
　2　モデル　185
　3　厚　生　194
　4　おわりに——新興国に対する政策的含意　197

終章　グローバル流動性の変動と制御　………………松林洋一…201
　　　　——グローバル・プルーデンスの構築に向けて——
　1　はじめに——グローバル流動性について　201
　2　グローバル流動性という概念について　202
　3　グローバル流動性の定義　203
　4　グローバル流動性の変動と制御　207
　5　おわりに——グローバル・プルーデンスの構想　214

索　引　219

序章

グローバル・マネーフローのダイナミズム
――金融危機後の新たな課題――

藤田誠一・松林洋一・北野重人

1 本書の問題関心

　今世紀初頭に発生したサブプライム危機，リーマン危機，欧州金融危機という一連の金融危機の深層には，グローバルな資金フローの飛躍的な拡大が存在している。国際的な資金フローのダイナミズムを的確に把握し，その変動をいかに監視していくのかという点は，各国政策当局，国際機関において，喫緊の課題であると言える。しかし「グローバル金融危機と国際資金フローはどのように結びついているのか」という問いに立ちかえるとき，必ずしも明確な回答を見出だすことは容易ではない。

　本書では国際資金フローとグローバル金融危機がどのように結びついているのかという問い対して，3つのアングルから考察を試みることにする。すなわち，1) 2000年代の国際資金フローの特徴は何か。とくに2000年代の前半から後半に発生していた世界的な対外不均衡＝グローバル・インバランスは金融危機後にどのような変容を見せているのか（第Ⅰ部），2) 欧州における域内資金フローを特徴づける「リジョナル・インバランス」は金融危機とどのように関連しているのか（第Ⅱ部），3) 金融危機後の国際資金フローを考える際，特に重要な視点は何か（第Ⅲ部），という3点である。金融危機に関する理論，実証分析は国内外において精力的になされている。しかしグローバル金融危機の発生，影響，制御を「国際資金フロー」という視軸から，実証的に明らかにしている体系的な研究は未だ存在していない。本書執筆の意義はまさにこの点に

ある。以下では3つのアングルを構成する各章の内容を要約，紹介しつつ，本書全体の見取り図を提供することにする。

2 2000年代におけるグローバル・マネーフローの変化

第Ⅰ部「2000年代におけるグローバル・マネーフローの変化」では，2000年代における国際的な資金フローの特徴を包括的に整理，検討していく。同時期の世界経済の大きな特徴としてあげられるのは，世界的な対外不均衡＝グローバル・インバランスの発生である。この現象は資金フローのアングルから捉えれば，1980年代，90年代とは異なる動きが出現したことを意味している。そしてこのような新しい国際資金フローは，2000年代に発生した世界規模での危機と何がしかの関係があるはずである。

第1章「国際資金フローの新たな動き——2000年代の潮流」(松林洋一) では2000年代の世界経済において特異な様相を呈していた世界的な対外不均衡の拡大＝グローバル・インバランスを視軸として，同時期の国際資金フローの特徴を展望する。グローバル・インバランスとは世界的な対外不均衡の拡大をさすが，別の側面から見ると資金余剰地域から資金不足地域への国際的な資金フローの拡大としてとらえることができる。しかし2000年代の資金フローの動きをより詳細に観察すると，1) 欧州域内におけるリジョナルな資金フロー，2) 欧州と米国の間での資金フローという諸点も無視することができない。そこで本章では2000年代における国際資金フローの変化を，ネット，グロス，ストックの様々なデータを用いて俯瞰することにする。なお本章における事実確認は，後の章における分析に際しての，導入としての意味合いも持っている。

第2章「世界金融危機後のグローバル・インバランス——経常収支調整の地域格差とその要因」(五百旗頭真吾) では，2008年のリーマン・ブラザーズ破綻を発端とする世界金融危機発生後，グローバル・インバランスはどの程度解消したか，解消したとすれば，それはどの程度解消し，どのような形で起こったのか，という点を各国のデータを詳細に整理，検討することによって明らか

にしている。2012年末時点で評価すれば，世界金融危機を境にグローバル・インバランスはおよそ半分に解消した（ここで「半分」とは世界全体の経常収支不均衡がおおむね2000年前後水準まで縮小したという意味である）。

考察を通じて以下の2点が明らかにされる。まず第1は，危機後に経常収支が反転した国と反転していない国の差は，危機前5年間の信用成長の大きさに依存しており，経常赤字国では民間金融機関信用の伸びが大きかった国ほど，経常黒字国では民間金融機関信用の伸びが小さかった国ほど経常収支が反転する確率が高かったという点である。第2は，危機後に経常収支が赤字から反転した国では，危機後4年間の実質GDP成長率の低下幅が，危機前の赤字規模が同じで赤字が反転しなかった国に比べ大きく，今回のグローバル・インバランス縮小過程においては，赤字側の担い手の中心である米国とスペインが相対的に多くの経済調整コストを負担していた点である。

3 域内資金フローの変化とユーロ危機

第Ⅱ部「域内資金フローの変化とユーロ危機」では，ユーロ危機の発生メカニズムを，欧州域内の資金フローの変化とその特徴を精査することによって明らかにしていく。第1章で展望したように，2000年代の国際資金フローの大きな特徴は，世界的な対外不均衡の拡大＝グローバル・インバランスと，欧州域内の対外不均衡の拡大＝リジョナル・インバランスであるが，後者に関する考察は先行研究も少なく，実証分析の蓄積も皆無に近い。第Ⅱ部ではこのような状況を鑑み，データを用いた精緻な考察，分析が展開される。

第3章「ユーロ圏の域内不均衡と最適通貨圏の基準の内生性——産業構造・産業内貿易データによる検証」（福本幸男）では，ユーロ圏の域内不均衡と，ユーロ導入に伴う最適通貨圏の内生性の関係を，定量的に明らかにする。最適通貨圏とは，共通通貨の導入による費用よりもその便益が大きいことで高い経済的厚生が得られる地域を意味している。本章では，ユーロ圏諸国間の主要なマクロ経済のファンダメンタルズの収斂と発散が，最適通貨圏の基準の内生性

と関連しており，それが域内不均衡の拡大，そしてユーロ危機を生じさせたのか，もしくは，別の要因によるものなのかをユーロ圏諸国の産業構造・産業内貿易データの動向から検証する。具体的には1995年から2009年のユーロ圏諸国の産業構造・産業内貿易のデータから，ユーロ圏諸国の経済構造がどのように変化しているかを明らかにし，最適通貨圏の基準の内生性によるものかを検証する。

分析結果より，1）ユーロ導入直前およびユーロ導入以降で見られたユーロ圏諸国間のファンダメンタルズの収斂や同調性の高まりと，世界金融危機以降のそれらの発散は最適通貨圏の基準の内生性では説明できない，2）ユーロ圏諸国間のファンダメンタルズの動向，特に失業率の収斂と発散は，GIIPS諸国の経済全体に占める建設業の雇用の割合でかなり説明できる，3）ユーロ圏諸国の産業構造と所得水準の間に強い関係が見られる，という3点の知見を見出している。

第4章「ユーロ圏の隠れた救済メカニズム——TARGET2インバランスの効果」（山本周吾）では，金融危機時におけるユーロ圏の経済ショックの緩和策として，TARGET2というメカニズムの役割について検討する。2008年頃から始まった欧州危機における特徴の一つとして，ギリシャ，アイルランド，ポルトガル，スペインのGIPS諸国の経済的ダメージは，アイスランド，ラトビア，リトアニアの非ユーロ加盟国と比べて相対的に小さいという点があげられる。このような違いをもたらす要因の一つとしてGIPS諸国における「TARGET2」という隠れた救済メカニズムの存在があることが指摘されている。すなわち，ユーロ加盟国で，ドイツやオランダの資金に余裕のある民間銀行が中央銀行に貸越する一方で，スペインやギリシャなどの民間銀行はオペによる借入が大きく，中央銀行からの借入が増大していることが指摘されていた。これはユーロの決済システムである「TARGET2」による債権と債務のインバランスという形で計上されていた。

本研究では，このTARGET2インバランスという「隠れた救済メカニズム」がGIPS諸国の実体経済の落ち込みを緩和したかどうかを実証的に検証する。

具体的には TARGET2 インバランスによる「隠れた救済メカニズム」がどの程度実体経済に影響していたのかを，特にスペインに注目し，符号制約付き VAR という新たな実証分析の手法を用いて明らかにしている。分析結果より，TARGET2 債務の累積は投資を増加させることが明らかにされるとともに，2011 年以降の民間資本流入の急減による投資の落ち込みは，TARGET2 債務の累積によってある程度緩和されたことが明らかにされる。スペインでは「隠れた救済メカニズム」によって経済へのダメージが緩和されたという知見が，本章の実証分析を通じて確認される。

　第 5 章「2000 年代における欧州金融機関の対米投資——ミクロデータによる検証」（松林洋一・藤田誠一・北野重人）では，2000 年代における欧州金融機関の行動様式を定量的に考察していく。1999 年のユーロ導入によって，ユーロ加盟国の金融機関は，より高い収益を獲得すべく，新たな展開を模索し始めていた。特に顕著な特徴は，第 1 章で紹介したように，2000 年代以降，米国において進展の著しい証券投資へ，欧州金融機関が深く関わり始めていた点である。ただし詳細に観察すると，その姿は国によって多様であることがわかり，このような差異が，その後の金融危機に対する影響の違いとなって浮き彫りにされることになる。本章では，欧州金融機関の行動をグローバルな資金フローとの関係において捉え，その特異な行動様式と金融危機との関係を，個別金融機関のデータにまで立ち返って精査していくことにする。

　2000 年代のドイツ，イギリスでは，MBS を始めとする対米投資が積極的に行われ，その行動はレバレッジ比率の上昇となって表れていた可能性が高い。フランス，スイス，オランダの金融機関においても同様の行動がとられていた可能性が高いが，ドイツ，イギリスには至らない。またイタリア，スペインでは対米投資を積極化していた姿は見て取れない。ユーロ圏諸国では総じて 2000 年代前半から半ばにかけて巨額な対米資金流出がおこなわれ，ドル資産が蓄積していた。しかしユーロ圏における金融機関の対米与信の姿は，同一のものではなく，とくにドイツ，イギリスにおいて顕著であった点が実証分析から明らかにされる。

4 金融危機後のグローバル・マネーフローの新たな潮流

　第Ⅲ部「金融危機後のグローバル・マネーフローの新たな潮流」では，危機後に新たに注目を集め始めているグローバル・マネーフローのいくつかの特徴について考察を行っている。これらの検討は，2010年代以降の世界経済のダイナミズムを展望する上で，きわめて重要なアングルであると考えられる。

　第6章「先進国金融政策の国際的波及――国際資金フローに対するグローバル・スピルオーバー効果」（柴本昌彦）では，先進国金融政策が，グローバル化した金融機関の取引を通じて，国際的に波及する経路の可能性が詳細な実証分析を通じて明らかにされる。先進国による金融緩和は，自国の金融機関のみならず外国の金融機関の自国通貨での資金調達を容易にする。そして，各国の金融機関は，調達した資金を元手により高いリターンを求めて，リスクの高い外国の株式や債券などに投資，運用するかもしれない。そして各国の金融機関の国境をまたいだ取引の拡大を通じて，各国の為替市場・株式市場等の金融市場の過熱を促し，最終的には各国の実体経済にもスピルオーバーするという経路が考えられる。このような先進国金融政策の「グローバルスピルオーバ効果」は，金融市場のグローバル化の進展により新たに出現した現象と考えられ，グローバル経済下における金融政策のメカニズムとして，今後その解明が急がれる喫緊の課題である。

　本章の主要な実証結果は，1）グロスの資本流入と流出との間には同時点において正の相関がある，2）資本流入と資本流出のダイナミズムをグローバル要因と各国特有要因に分解した結果，平均すると全体の変動の内，およそ半分の変動がグローバル要因として特徴づけられる，3）グローバル要因による変動と各国特有要因による変動の大きさの各国の異質性は，要因ごとでそれほど違いはない，4）変動相場制を採用している国は資本流入の変動が小さく，金融市場の対外開放度が高い国は資本流出の変動が高い傾向がある，5）グローバルなショックの1つとして先進国の金融政策が各国のグロスの資本流入及び

流出に与える影響を分析した結果，アメリカの金融政策ショック及び，日本の量的緩和期における非伝統的金融政策ショックの影響は極めて同質的であり，資本流入及び資本流出両方ともに即座に拡大する傾向があり，その効果は1年ほど持続する傾向がある，といった点があげられる。

第7章「新興国の資本流出入とグローバル・ショック──金融危機と資本収支」（星河武志・猪口真大）では，グローバル・ショックが先進国や新興国への資本移動にどのような影響を与えているかという点を精緻な計量分析を通じて明らかにしていく。特に，新興国と先進国の資本のアウトフローとインフローに分けて分析および比較し，グローバルな金融変数が資本移動に与える影響について違いを考察する。本章の分析の特徴をより詳細に列記すると，1）グローバル・リスクの指標としてVIXを用いて分析を行っている，2）投資収支の各項目について資産と負債（インフローとアウトフロー）に分けて分析している，3）投資収支の各項目のそれぞれの資産と負債について世界金融危機を含む時期の分析を行っている，という3点に要約できる。

このような詳細な検証を通じて，以下の3点の興味深い知見を得ている。第1に，証券投資の資産・負債は，グローバルな変数の影響を受けやすいことが確認できる。全サンプル国，G7，先進国，新興国のいずれについてもVIXが上昇すると，外国への証券投資が減少する。VIXが高まり，不確実性が高まると国内の投資家は海外への投資を手控えるということを表している。第2に，直接投資はグローバル・リスクといったグローバルな変数の影響を受けにくいという点が指摘できる。第3に，その他投資については，先進国と新興国で異なる傾向があり，世界的な要因が先進国と新興国にそれぞれ異なる影響を与えることが見て取れる。その他投資は，国際間の貸付・借入などを計上する項目であるため，グローバル・ショックが先進国と新興国・途上国において非対称な影響を与えていると考えられる。

第8章「近年の新興市場国における国際資本移動と金融政策──小国開放経済のDSGEモデルによる分析」（北野重人・高久賢也）では，新興国における急激な資本流出入に対する金融政策当局の役割を，動学マクロモデルによるシ

ミュレーション分析を通じて明らかにしている。新興国では，世界金融危機後に見られるように，先進国からの急激な資本の流入および流出が繰り返され，それが新興国の景気変動に大きな影響を及ぼしてきている。しかしこのような現実経済の激しい変化にも関わらず，理論面，実証面からの分析はきわめて少ない。

本章では価格硬直性とファイナンシャル・フリクションを想定した小国開放経済のDSGEモデルを用いて，政策当局が標準的なテイラー・タイプの利子率ルールを採用する場合と，そうしたルールに対外債務の産出量に対する比率の変動を同時に考慮するようなルールを採用した場合について，厚生の比較分析を行っている。分析の結果，リスクプレミアムの大きさを表すパラメータの値が比較的大きい場合には，政策当局が対外債務の産出量に対する比率の変動を考慮して金融政策を行うことにより，厚生を改善させることができることがわかった。一方で，政策当局の政策スタンスが大きくなりすぎると，逆に厚生が悪化してしまうため，厚生の大きさを表す曲線は逆U字型になることも示された。本章の分析は，政策的含意として，リスクプレミアムが高い傾向にある新興国の金融政策には，ブーム時に資本流入が増加した際に金利を引き上げるというマクロプルーデンス的な配慮を加えることが望ましい可能性を示唆するものである。

終章「グローバル流動性の変動と制御──グローバル・プルーデンスの構築に向けて」(松林洋一)では，これまでの各章において考察した様々な問題を総括するとともに，グローバル金融危機の発生に対処すべく，いくつかの新たな施策を提示することにする。その際，国際資金フローの存在を，ネット，グロス，アグリゲイトといった多面的な側面から捉えるためにも，「グローバル流動性」というより広い概念が重要であることを提示することにする。そしてこのグローバル流動性を管理，制御していく施策を，事前の手段と事後の手段に分けて考察していく。

事前の手段としては，「グローバル・プルーデンス」という枠組みを構築することの重要性を指摘することにしたい。より具体的には，グローバルな見地

からの金融規制改革，金融機関の監督，さらには国際金融市場そのもとに対する諸規制の重要性が，グローバル流動性との関連において検討される。政策的な見地から見た場合，グローバル流動性をいかに制御していくのかという課題に対して，各国はすでにいくつかの手段を講じ始めており，バーゼルIIIにおける新たな基準の導入や，IMFにおける資本規制の議論が，このような文脈の中で理解できる。また事後の手段としては，今次の金融危機において新たに創出された「ドル・スワップ協定」の役割に注目する。同協定は，「グローバルな最後の貸し手機能」という新たなメカニズムの創設を意味しており，各国政策当局が，危機の真っただ中において手探りで編み出したものであり，より一層の進化が望まれる施策である。

第Ⅰ部

2000年代におけるグローバル・マネーフローの変化

第1章

国際資金フローの新たな動き
――2000年代の潮流――

松林洋一

1　はじめに――2000年代の国際資金フロー

　本章では2000年代の世界経済において特異な様相を呈していた世界的な対外不均衡の拡大＝グローバル・インバランスを視軸として，同時期の国際資金フローの特徴を展望する。グローバル・インバランスとは経常収支における著しい不均衡をさすが，それを裏の側面から見ると資金余剰国から資金不足国への国際的な資金フローとしてとらえることができる。しかし2000年代の資金フローの動きをより詳細に観察すると，1）欧州域内におけるリジョナルな資金フロー，2）欧州と米国の間での資金フローという諸点も無視することができない。そこで本章では2000年代における国際資金フローの変化を，ネット，グロス，ストックの様々なデータを用いて俯瞰することにする。なお本章における事実確認は，後の章における分析に際しての，導入としての意味合いも持っている。

2　国際資金フローの推移（1）――フローからの視点

　最初に2000年代の世界の対外不均衡の大まかに捉えることによって，どのような国際資金フローの動きが描き出されるのかを整理しておくことにしよう。図1-1には，1980年から2008年にかけての，先進国と新興市場国・発展途上国における経常収支の水準が描かれている。[1]

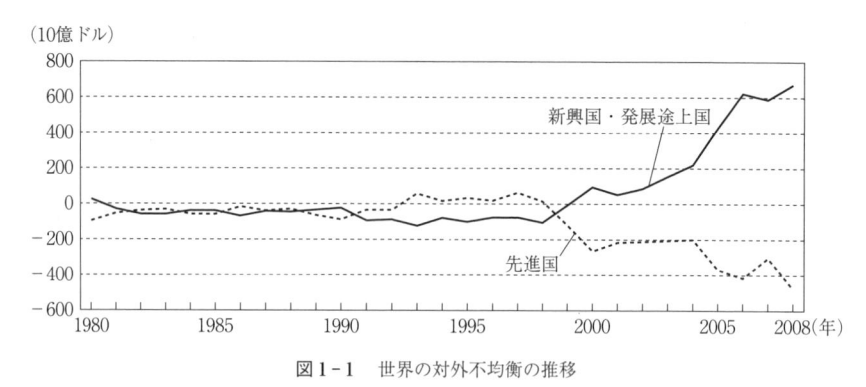

第Ⅰ部 2000年代におけるグローバル・マネーフローの変化

(10億ドル)

図1-1 世界の対外不均衡の推移
(出所) IMF (World Economic Outlook)

　世界の対外不均衡の推移は，ほぼ10年間隔で大きく変化している。1980年代には，両地域では対外不均衡の水準はかなり低いが，1990年代に入ると先進国では経常収支は黒字に転じ，新興国・発展途上国では経常収支赤字が持続している。1990年代に黒字であった先進国は，1998年以降赤字に転じ，2000年代に入ると急速にその赤字幅を拡大させている。他方新興国・発展途上国では，一転して黒字となり，先進国の赤字拡大のペースと歩調を合わせるように，黒字幅を拡大させている。2006年には先進国において，4500億ドルの赤字，新興国・発展途上国では約6200億ドルの黒字となっており，約10年前の1997年の不均衡の水準（約760億ドル）の6倍以上の対外不均衡が発生していることになる。このように世界経済全体を見てみると，2000年代前半に入り不均衡がさらに急速に拡大するという新たな現象が見られ始めている。そして2000年代前半以降のこのような現象は，「世界的な対外不均衡」(global imbalances：以下「グローバル・インバランス」と称する）と呼ばれている。

　国際資金フローの側面から捉えれば，2000年代以降は，ネットで見れば新興国・発展途上国から先進諸国に資金が流れており，その水準は2007年頃まで拡大していたことを示唆している。そこでこの点をより詳細に観察するために，図1-2，図1-3には，先進地域と新興市場地域にわけて対外不均衡の動きを見ておく。

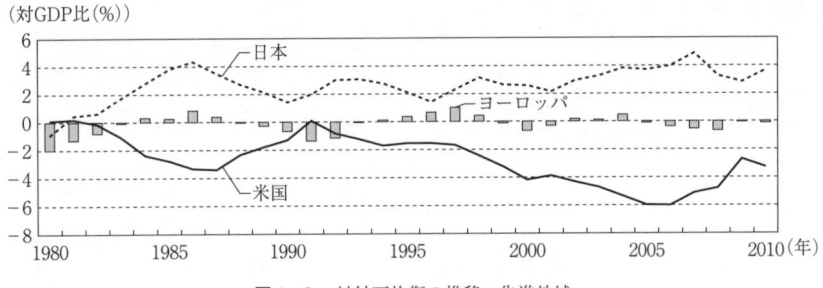

図1-2 対外不均衡の推移：先進地域

（出所）IMF（World Economic Outlook）

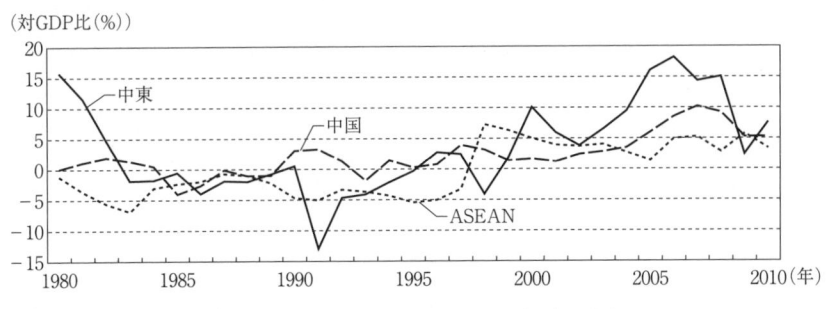

図1-3 対外不均衡の推移：新興・発展途上地域

（出所）IMF（World Economic Outlook）

　グローバル・インバランスの特徴においても指摘したように，最も顕著な特徴は，米国の資金不足を，新興地域では中国，中東諸国が，先進国では日本がファイナンスしていたという点である。1980年代においても米国は経常収支赤字であり資金不足状態にあったが，当時は主に日本の巨額な経常収支黒字が資金供給の役割を担っていた。およそ20年後，資金供給国の主要なメンバーとして中国，中近東諸国といった新興市場諸国が登場し始めたことは，国際資金フローという側面から見ても，世界経済の大きな構造変化であるといえる。
　ここで図1-2においてEU諸国全体の対外不均衡は，期間を通じてほぼ均衡を保っていることがわかる。もちろんEU諸国全体で均衡していても，個々の国々において不均衡が発生している可能性は十分にある。そこで図1-4に

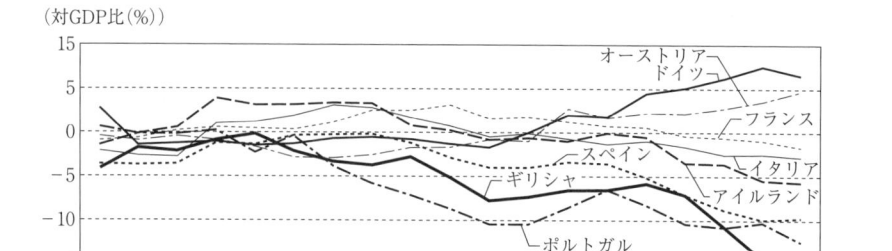

第Ⅰ部 2000年代におけるグローバル・マネーフローの変化

図1-4 対外不均衡の推移：欧州域内
(出所) IMF (World Economic Outlook)

は，EUを構成する代表的な国々における経常収支の推移を示している。

図1-4からもわかるように，2000年代に入り，ドイツ，オーストリアは一貫して黒字基調である。一方，ギリシャ，イタリア，アイルランド，ポルトガル，イタリアといった国々（いわゆるGIIPS諸国）は，2000年代以降経常収支赤字を拡大させていることがわかる。

このようにグローバル・インバランスが顕著となり始めていた2000年代前半以降，欧州圏では，おもに南欧諸国から構成されるGIIPS諸国の資金不足を，ドイツが中心となってファイナンスするという「リジョナル・インバランス」が形成されていたことになる。つまり2000年代の国際資金フローを，インバランスというネットの動きから捉えた場合，米国と欧州という2つの地域において大きな資金の流れが形成されていたことがわかる。ただしこの2つの流れには大きな相違点がある。米国への資金流入は中国，中近東諸国といった新興市場国が資金供給の役割を担っていた。他方欧州では欧州における新興市場地域ともいうべき南欧諸国が，資金不足の状態に陥っていたのである。新興市場国における資金不足の拡大は，中南米諸国や東南アジア諸国においてかつて経験した経済危機が端的に示しているように，経済的に不安定な状態を生み出し，危機へと至る危険性も内包しているのである。2008年以降の欧州金融危機の発生は，このようなネットの動きから把握される国際資金フローの動き

第1章 国際資金フローの新たな動き

によっても，ある程度推測することができるのである．

3 国際資金フローの推移（2）──グロスからの視点

　資金フローの特徴をより詳細に観察するためには，経常収支の情報から得られるネットの取引だけでなく，資金流入と資金流出自体，つまりグロスの側面から資金フローを見ておく必要がある．2節で見たように2000年代の国際資金フローのもっとも顕著な特徴は，グローバル・インバランスという現象に表されるように，世界各国から米国へ資金が流入していたという点である．したがって基本となる視点は，米国から海外へのグロスの資金流入，海外から米国へのグロスの資金流入を把握するという点にある．

　米国商務省の経済分析局（Bureau of Economic Analysis，以下「BEA」と略す）では，世界の主要地域，主要国と米国との実物・金融部門の国際的取引（international transaction）を毎年公表している．BEAでは金融部門における国際取引部門において，米国から海外への資産保有（U.S.-owned assets abroad）と，海外が保有する米国の資産保有（Foreign-owned assets in the United States）のフローの額が計上されている．[2]

　表1-1には，EU諸国，英国，日本，中国，OPEC諸国，中南米諸国の2002年から2010年までの資本流入額・資本流出額と，その差である純資本流出額（プラスの場合は資金流出のほうが多いことを意味する）の数値が整理されている．日本，中国，OPECに対して純資本流出はマイナスであり，米国の資金不足を，同地域がファイナンスしていたことが確認される．この点は2節において見たように，これらの地域が2000年代において経常収支黒字を持続していたこととも整合的である．なお中南米諸国からも旺盛な資金流入が行われていたことがわかる．中国からの純資金流入も2008年まで急速に拡大しており，表1-1に掲載されている諸地域の中で，最も高い水準を示している．米国の資金不足は中国によってファイナンスされていた，といっても過言ではない．

第Ⅰ部 2000年代におけるグローバル・マネーフローの変化

表1-1 米国と主要地域の資本取引

(100万ドル)

		2002	2003	2004	2005	2006	2007	2008	2009	2010
EU	資本流出	33,000	61,213	144,767	71,042	328,686	472,355	273,451	-128,579	10,319
	資本流入	20,041	49,130	103,512	150,886	392,892	308,494	-14,608	-76,913	1,866
	純資本流出	12,959	12,083	41,255	-79,844	-64,206	163,861	288,059	-51,666	8,453
英国	資本流出	95,234	160,688	326,837	142,745	505,470	410,201	-544,918	216,390	212,647
	資本流入	185,476	187,763	423,451	377,987	535,710	555,776	-318,520	-99,842	393,771
	純資本流出	-90,242	-27,075	-96,614	-235,242	-30,240	-145,575	-226,398	316,232	-181,124
日本	資本流出	34,536	58,919	60,937	59,869	45,237	-51,439	73,185	-47,129	125,797
	資本流入	77,153	139,455	237,503	61,935	51,162	60,164	113,457	38,568	169,697
	純資本流出	-42,617	-80,536	-176,566	-2,066	-5,925	-111,603	-40,272	-85,697	-43,900
中国	資本流出	-3,956	-964	9,916	5,395	-5,531	-2,076	-16,539	-10,588	18,980
	資本流入	72,459	74,515	125,252	188,165	233,191	260,111	423,715	151,689	-37,960
	純資本流出	-76,415	-75,479	-115,336	-182,770	-238,722	-262,187	-440,254	-162,277	56,940
OPEC	資本流出	4,535	-4,546	2,717	3,870	7,902	18,933	-9,807	21,289	-1,844
	資本流入	-2,916	6,207	25,766	26,274	41,663	52,976	90,217	20,949	-1,282
	純資本流出	7,451	-10,753	-23,049	-22,404	-33,761	-34,043	-100,024	340	-562
中南米	資本流出	22,297	-15,738	256,431	75,255	270,491	314,951	-81,422	-48,001	312,707
	資本流入	153,212	215,383	361,480	141,099	614,993	537,710	-99,053	-28,330	133,536
	純資本流出	-130,915	-231,121	-105,049	-65,844	-344,502	-222,759	17,631	-19,671	179,171

(出所) BEA (International Transaction)

次に欧州地域を見ておくことにする。EU諸国，英国における特徴は以下の2点である。第1点目は，純資本流入は，EU諸国ではプラスとマイナスの時期が数年おきに続いており，マイナス時における水準も，中国ほど大きくはない。また英国では一貫して米国に対してネットで見て資本流出が続いているが，2000年代後半を見る限り，やはり中国ほど高い水準ではない。

第2点目の特徴は，資本流入，資本流出ともに，絶対額が非常に大きいという点である。たとえば2006年を見た場合，米国のEUへの資金流出は，3286億ドル，英国は5054億ドルであった。他方日本へは452億ドル，中国へは-55億ドルにとどまっている。他方EUから米国への資金流入は，3928億ド

(100万ドル)

図1-5 米国の対欧州とのグロス資金フロー
(出所) BEA (International Transaction)

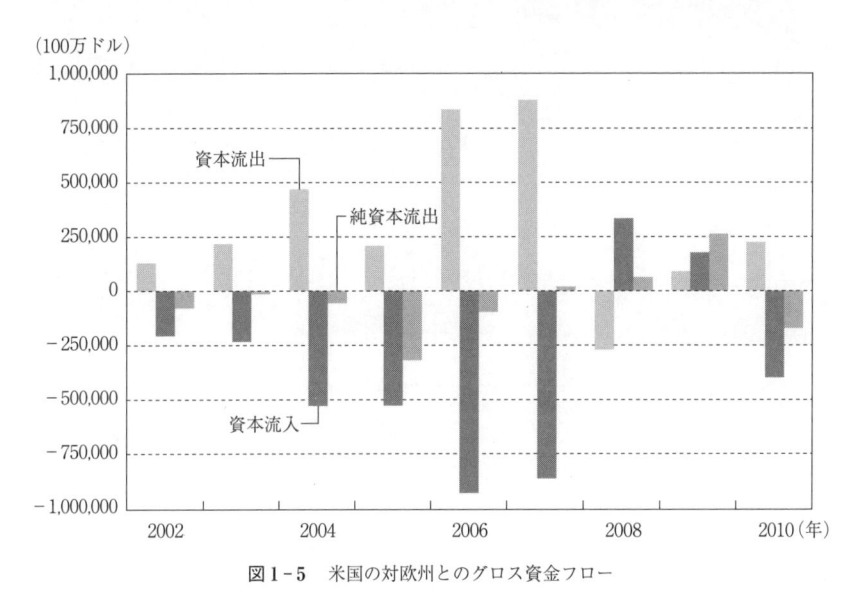

ル，英国からの流入は，5357億ドルもの水準となっている。しかし日本からの流入は511億ドル，中国からの流入も2331億ドルであり，欧州地域の水準には及ばない。

上記の点をより鮮明にイメージするために，図1-5には，EU諸国と英国の資本流入，資本流出，純資本流出の合計額が描かれている。2000年代前半から2007年にかけて，資本流出入ともに急速に拡大しており，ピーク時の2007年には8000億ドルを超える水準に達していたことがわかる。他方，純資本流出で見ると，期間を通じて必ずしも顕著な不均衡は観察されない。

以上の観察を通じてわかる点は，2000年代における米国と欧州の資本取引の特徴を捉える際には，ネットの側面からのみでは不十分であり，資金流出入自体，つまりグロスの側面からの検討が欠かせないということである。2000年代の国際資金フローの特徴を再度要約すれば，1）グローバル・インバランス，リジョナル・インバランスを通じたネットの資金フローの拡大，2）欧州と米国の間のグロスレベルでの巨額な資金フローの存在，という2点にまとめ

第Ⅰ部 2000年代におけるグローバル・マネーフローの変化

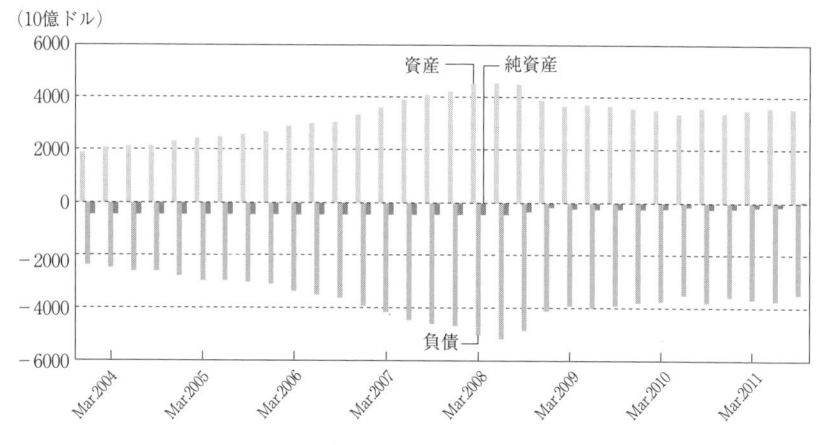

図1-6 ユーロ圏の金融機関の保有するドル建て資産・負債の推移
(出所) BIS

ることができる。こうした特徴は，世界の金融市場におけるグローバル化のより一層の進展を意味しているが，特に2点目の特徴である欧州と米国の巨額な資金取引の背後には，2000年代固有の国際金融取引の新たな姿が潜んでいるはずである。次節ではこの点を見ていくことにしよう。

4　米国と欧州の資金取引

3節では，グロスの側面から見た時，2000年代には，米国と欧州の間では巨額な資金取引がなされていたことがわかる。この取引の詳細については，2007年のサブプライムショック，2008年のリーマンショック直後から，徐々に明らかにされてきた。以下ではその概略を紹介しながら，欧州と米国の資金取引の実態を明らかにしていく。[3]

まず，欧州金融機関（銀行）が保有するドル建て資産・負債残高の推移を図1-6において見ておくことにする。[4] 図1-6からもわかるように，2003年時点におけるドル資産保有とドル負債はともに2兆ドルにも達しており，金融危機の発生した2008年まで増加し続けている。

図1-6はこれまでのフローの側面とは異なり，ストックから見た資金フローの蓄積という意味合いをもっている。ドル負債残高が増えているということは，米国からの欧州へのドル建ての資金流入が増えていたということを意味しており，フローで見た特徴と合致する。他方ドル建て資産も着実に増加しているとことは，フローで見た米国への資金流出が顕著に拡大していることを示唆している。[5]

同地域ではユーロという統一通貨が形成されており，域内での資金取引はきわめて円滑に行われるようになっていたはずである。しかしこのような観察を通じて見えてくる輪郭は，巨額なドル資金を米国で調達し，巨額なドル資産運用を米国で行うという，きわめて特異な投資パターンである。そこで以下では2000年代の欧州と米国との間で行われたドル資金取引の概要を紹介していく。

ドルの調達は，インターバンクからの借入，FXスワップ，MMFなどの短期金融市場からのルートが主流であった。このうち欧州金融機関にとってとりわけ重要なドル資金調達ルートは，米国金融市場におけるMMFである。MMF（Money Market Fund）は，1970年代初頭に米国において開発された投資信託で，おもに公社債や短期金融資産（CP，CD，TBなど）に運用されている。1970年代末以降急速に市場が拡大し，銀行預金と並んで米国個人部門において広く利用されている。欧州金融機関はこのMMFからかなりの額のドル資金を調達していた。なお2008年のBISの報告では，米国と欧州の間での資金取引がピークに達していた2007年第3四半期における資金フローを詳細に計測している。この報告によれば同時期には米国から英国へ巨額な資金流出（ネットで約1700億ドル）が発生しているとともに，英国からユーロ圏へのインターバンクでの資金流入（ネット）も1180億ドルの巨額なものであった。つまりMMFを中心とする米国からの資金流入は，ロンドンのインターバンクを経由して行われていた可能性が高い。

そして欧州諸国（とりわけユーロ圏諸国）では調達したドル資金の多くを，再び英国経由で米国に再投資を行っていた可能性が高い。とりわけロンドンのノンバンク（預金・貸付業務を行わないコマーシャルバンク，コンシューマーバンクな

表 1-2 対米投資の内訳

		2002	2003	2004	2005	2006	2007	2008	2009	2010
英国	公的部門	0.748	0.761	0.707	0.731	0.729	0.753	0.748	0.796	0.860
	民間部門	0.252	0.239	0.293	0.269	0.271	0.247	0.252	0.204	0.140
ドイツ	公的部門	0.736	0.736	0.600	0.542	0.463	0.299	0.435	0.610	0.604
	民間部門	0.264	0.264	0.400	0.458	0.537	0.701	0.565	0.390	0.396
日本	公的部門	0.862	0.896	0.891	0.865	0.877	0.829	0.849	0.875	0.913
	民間部門	0.138	0.104	0.109	0.135	0.123	0.171	0.151	0.125	0.087
中国	公的部門	0.960	0.970	0.940	0.888	0.850	0.814	0.878	0.915	0.908
	民間部門	0.040	0.030	0.060	0.112	0.150	0.186	0.122	0.085	0.092

(注)「公的部門」は,国債と政府機関債向け投資の合計額/投資総額,「民間部門」は,社債と株式投資の合計額/投資総額.
(出所) 米国財務省 (Treasury International Capital)

ど)を経由して米国に投資していた。その投資先は必ずしも明らかではないが,各種民間証券(特に住宅価格に密接に連動する ABS 等の証券化商品)へと加速していた可能性が高い[6]。

ただし先に紹介した BEA では,欧州諸国が米国へどのような投資形態(民間投資と政府部門投資の内訳など)をとっていたのかという内訳は公表されていない[7]。そこで以下では,米国財務省が公表している「Treasury International Capital」(以下 TIC と略す)に基づいて,英国,ドイツ,日本,中国の4か国における対米投資の内訳を見ておくことにする。TIC では投資項目が国債,政府機関債,社債,株式の4つに分類されている。**表 1-2** には,公的金融資産(国債と政府機関債の合計額)の全投資に対するシェア,民間投資(社債と株式の合計額)の全投資に対するシェアが示されている。

表 1-2 からもわかるように,日本や中国では,公的投資がかなりのシェアを占めている。他方ドイツ,英国では 2000 年代に入り,民間部門に対するシェアが相対的に高い点が確認される。これらの特徴と 2 節,3 節において観察したいくつかのファクトを重ね合わせると,2000 年代の国際資金フローの姿がある程度鮮明なものとなってくる。グローバル・インバランスという特異な現象の背後では,米国の資金不足を中国や中近東諸国,日本といった経常収支

黒字国がファイナンスするという動きが発生していた。その投資内訳は，特に中国や日本の場合，国債や政府機関債などへの公的投資が主流であった。

2000年代にはグロスの側面から見た場合にも，特異な姿が観察された。それは欧州と米国における巨額なドル資金の取引であった。欧州から米国へのドル投資の内訳は必ずしも明らかではないが，よりリスクの高い民間部門への投資に傾注していた可能性がある。

5 　国際資金フローと金融危機

（1）欧米間でのグロスの資金フローの影響

以上の考察からもわかるように，2000年代の世界経済では，一面的な見方ではとらえきれない複雑な国際資金フローが発生していた。このような資金フローは，2000年代後半に発生した世界金融危機とどのように結びついているのだろうか。

まず，欧州と米国の間に展開されていたグロスでの巨額な資金取引と金融危機との関連を整理してみる。欧州金融機関の多くは，3節において紹介したように，米国からドル建て資金を短期で借入れ，米国のドル建て資産に，おもに長期で運用していた。このような状況のもとで，2007年，2008年に発生した度重なる金融機関の破綻は，米国短期金融市場において資金調達を急速に困難なものとし，資金流動性が一気に枯渇するという状態を発生させた。金融機関同士での貸し出しが一斉に手控えられると，上記の投資形態をとっていた欧州金融機関の多くは，短期資金の借り換え（ロール・オーバー）が難しくなる。

他方，金融危機の発生によって米国に保有していた民間投資資産（その多くは満期が長期間の金融商品）の資産価値が下がり始めると，資産価値の上昇に伴うキャピタルゲインによって短期調達資金の返済も困難なる。そこで金融危機関は保有資産の投げ売り（いわゆる fire sale）によって，当座の資金返済を行おうとするが，こうした行動は資産価格の一層の下落に拍車をかける。このように金融機関の資金貸借における期間のミスマッチは，本質的に流動性リスクが

内在しているため,金融危機という負のショックが発生すると,リスクが一気に顕在化することになる。表現を変えれば,期間のミスマッチを伴って展開していた欧州と米国の巨額な資金取引は,危機に対して極めて敏感であり,危機を増幅,長期化する危険性を孕んでいたといえる。[8]

(2) グローバル・インバランス・リジョナル・インバランスの影響

インバランスの拡大というネットの変化も,世界金融危機を考察する上で,重要であると考えられる。1990年代後半以降,米国の経常収支赤字は着実に拡大してきた。その要因は,構造的要因(経済主体の合理的行動の結果として発生,変動する要因)や,短期的な循環的要因では説明しきれない要因によって拡大し始めていた。[9]

こうした傾向は,米国の国際的な資金ファイナンスの持続可能性のみならず,米国経済,ひいては世界経済の不安定性を高める危険性を少なからず内包していたのかもしれない。なお4節で見たように,中国,日本の米国への投資は,おもに政府証券に向けられており,住宅価格等に敏感に反応していた証券化商品に大規模に関与していた可能性は低い。ただし,米国政府証券への巨額な投資は,長期金利の低下を通じて米国住宅価格を高騰させ,資産価格高騰に間接的な影響を与えていたかもしれず,米国発の金融危機の素地を助成していた可能性がある。したがってグローバル・インバランスの側面からも,世界金融危機の発生を考える視点を持っておくことは重要であると思われる。

また欧州において発生していたリジョナル・インバランスは,2007,8年に端を発する世界金融危機克服のための大幅な財政出動(すなわち貯蓄・投資バランスの悪化)によって,著しく拡大を余儀なくされていた。しかし詳細に観察すれば,PIIGS諸国では,生産性も低く,貿易面から見れば赤字が恒常化する構造を有しているといえる。またスペインに代表されるように住宅価格の高騰に伴う民間部門の過剰な消費構造は,貯蓄・投資バランスを持続的に悪化させる体質にあったともいえる。つまり欧州におけるリジョナル・インバランスは,PIIGS諸国における実体経済面での構造的問題の投影であり,この構造問題は

早晩何がしかの調整が必要とされていた。

　翻って欧州の多くの国は，単一通貨ユーロに属しており，金融政策も一体化されているため，為替，金利という調整ファクターが機能しない。また各国の生産性格差も大きいため，労働市場の調整も難しい。したがって，欧州諸国の対外不均衡は，調整機能が著しく欠如しているため，自ずと経済は不安定化し，一端マイナスのショックが発生した場合の影響もきわめて大きい。このように欧州経済では，グロス，ネットの両面から見た資金フローに照らし合わせた場合，金融面のみならず実体面においてもきわめて不安的な体質にあるといえる。

6　おわりに——複眼的考察の必要性

　本章では，2000年代に発生していた国際資金フローの特徴を整理，紹介した。大胆に要約すれば，同時期には，1）新興市場国から米国への資金流入（グローバル・インバランス），2）ドイツから南欧への資金流入（リジョナル・インバランス），3）欧州と米国の間の資金取引（グロスのドル取引）という3つの流れが形成されていた。これらの流れは，何らかの形で世界的な金融危機にと結びついていた可能性が高い。これまでの国際金融を巡る議論は，ともすれば，インバランスというネットからの視点にもとづく資金フローに傾注しがちであった。しかし本章でも確認したように，今日の国際資金フローの今一つの特徴は，ネットの姿からは見えてこない，グロスの資金取引もきわめて重要であるという点である。

　グローバル・インバランス，リジョナル・インバランスは，基本的には各国の貯蓄・投資バランスというマクロ経済構造を反映したものであり，資金余剰国から資金不足国へのファイナンスという，経済合理性にかなった現象が基本となっていると考えられる。しかし貯蓄・投資バランス，あるいはネットの視点からのみでは捉えきれない資金フローが，2000年代には米国と欧州の間で発生していたのである。この動きはグローバルな資金過不足の調整という役割を超えて，より投機的色彩の強い資金取引となって拡大していった可能性が高

い。表現を換えれば，こうした巨額な資金フローが何らかのマイナスのショックによって急速に縮小しはじめた場合，欧米のみならず，世界経済全体に対する影響は決して小さなものではないはずである。このように2000年代の国際資金フローの特徴は，我々に複眼的な視点から考察していくことの必要性を示唆しているのかもしれない。

注

(1) 先進国，新興国・発展途上国の構成は，IMFの定義に基づいている。詳しくは松林（2010）第1章に説明されている。
(2) ただしデリバティブ関連投資（financial derivatives）は考慮されていない。
(3) 当時の米欧の資金フローについては，Baba, McCauley and Ramaswamy（2009），McGuire, Peter and Baba（2009），MacGuire and Peter（2009），田中（2010）において詳細な解説，検討がなされている。以下の整理はこれらの文献に基づいている。
(4) 対象国は，ユーロ圏12か国（オーストリア，ベルギー，フィンランド，フランス，ドイツ，ギリシャ，アイルランド，イタリア，ルクセンブルク，オランダ，ポルトガル，スペイン）である。
(5) ドル建て負債やドル建て資産が米国以外の国とも行われている可能性もある。ただし3節での考察を踏まえれば，大半は米国との取引に起因するものであると解釈しても問題はないと思われる。
(6) 米国投資については，McGuire, Peter and Baba（2008），McGuire, and Peter（2009）が詳細に解説している。なお本章第5章では，同時期の欧州金融機関の行動パターンを，ミクロデータを用いて詳細に検討している。
(7) 細目として公表しているのは，国債以外の証券（U.S. securities other than U.S. Treasury securities），直接投資（Direct investment）といった項目に限定されている。
(8) この点は，たとえばBorio and Disyatat（2011），Bruno and Shin（2013），Shin（2010）において考察がなされ始めている。また福田・松林（2013）もこらら の文献の概要を紹介している。
(9) この点については，松林（2010）で詳細に検討されている。なお星野（2013）は，グローバル・インバランスに関する様々な見解について詳細な展望を行っている。
(10) ただしユーロ圏では，経常収支赤字が大幅に拡大し，海外からの資金調達が困難になった場合，ユーロ圏内の中央銀行による決済によって資金調達を補填するメカニズム（TARGET2）を持っており，2000年代後半にいくつかの国で実施されている。この点については第4章において詳細な検討がなされている。
(11) Obstfeld（2012a）（2012b）においても，ネットとグロスの両面からの視点の重要性を指摘している。またShirakawa（2011）では，リーマンショックに端を発する

世界金融危機において，グローバル・インバランスの存在を認めつつも，グロスの資金フローの変化，金融機関における高いレバレッジの発生，資産価格の高騰といった要因も併せて考慮していくことが重要であると指摘している。

参考文献

Baba, N., R. N. McCauley and S. Ramaswamy (2009) "US Dollar Money Market Funds and Non-US Dollar," *BIS Quarterly Review*, March.
Borio, C. and P. Disyatat (2011) "Global Imbalances and the Financial Crisis: Link or No Link?," BIS Working Papers, No.346.
Bruno, V. and H. S. Shin (2013) "Capital Flows, Cross-Border Banking and Global Liquidity," NBER working paper, No.19038.
McGuire, P., G. von Peter and N. Baba (2008) "The U. S. Dollar Shortage in Global Banking," *BIS Quarterly Review*, March.
McGuire, P. and G. von Peter (2009) "The U. S. Dollar Shortage in Global Banking," *BIS Quarterly Review*, March.
Obstfeld, M. (2012a) "Financial Flows, Financial Crises, and Global Imbalances," *Journal of International Money and Finance*, Vol. 31, pp.469-480.
Obstfeld, M. (2012b). "Does the Current Account Still Matter?", *American Economic Review*, 102(3), pp.1-23.
Shin, H. S. (2011) "Global Banking Glut and Loan Risk Premium," Mundell-Fleming Lecture, 12th Jack Pollack Conference, IMF.
Shirakawa, M. (2011), "Global Imbalances and Current Account Imbalances," *Financial Stability Review*, Banque de France.
田中素香 (2010)「「ドル不足」とヨーロッパの金融危機」『経済学論叢』50（3・4）。
福田慎一・松林洋一 (2013)「金融危機とグローバル・インバランス」櫻川昌哉・福田慎一編『なぜ金融危機は起こるのか——金融経済研究のフロンティア』第8章，東洋経済新報社。
星野智樹 (2013)「「グローバル・インバランス」の論じ方」第72回日本国際経済学会全国大会報告。
松林洋一 (2010)『対外不均衡とマクロ経済——理論と実証』東洋経済新報社。
松林洋一 (2012)「対外不均衡と国際資金フロー——グローバル・インバランス論を超えて」貝塚啓明＋財務省財務総合政策研究所編『国際的なマネーフロー研究』第4章，中央経済社。

第2章

世界金融危機後のグローバル・インバランス
――経常収支調整の地域格差とその要因――

五百旗頭真吾

1 はじめに――危機後の経常収支不均衡

　2008年のリーマン・ブラザーズ破綻を発端とする世界金融危機の発生後，グローバル・インバランスは解消したのだろうか。グローバル・インバランスが解消したとすれば，それはどの程度解消し，どのような形で起こったのか。これが本章のテーマである。

　結論から述べる。2012年末時点で評価すれば，世界金融危機を境にグローバル・インバランスは「半分」解消した。「半分」というのは，世界全体の経常収支不均衡が2000年前後水準まで縮小したという意味である。アジア通貨危機が発生した1997年から2000年にかけて米国の経常収支赤字が急速に拡大した。そして，当時から米国の赤字拡大に対して警鐘が鳴らされていた。[1]当時の警鐘が正しいならば，2012年末時点における規模の世界的経常収支不均衡は今なお危機の温床となり得る。そのため，グローバル・インバランスが2012年末段階で完全に解消したと言い切ることはできない。その意味を込めて「半分」の解消と評価する。

　とはいうものの，2005～2008年にかけて膨張したグローバル・インバランスは2009年以降大幅に縮小した。この世界金融危機後のグローバル・インバランス縮小は，赤字国側が米国とスペイン，黒字国側が中国とカナダという，ごく一部の国々によって引き起こされた。経常収支の赤字・黒字が3～4年間にわたって持続的に対GDP比2％以上縮小する状態を経常収支の反転と呼ぶ

ならば，危機後に経常収支が反転した国は上記の大国4カ国を含む20数カ国に過ぎない。

危機後に経常収支が反転した国と反転しなかった国の差は，危機前5年間の信用成長の大きさにある。経常赤字国では民間金融機関信用の伸びが大きかった国ほど，経常黒字国では民間金融機関信用の伸びが小さかった国ほど経常収支反転の確率は高まった。また，危機後に経常収支が赤字から反転した国では，危機後4年間の実質GDP成長率の低下幅が，危機前の赤字規模が同じで赤字が反転しなかった国に比べ大きかった。一方，黒字から反転した国の危機後のGDP成長率が他国より有意に低下したという事実は見当たらなかった。したがって，今回のグローバル・インバランス縮小過程においては，赤字側の担い手の中心である米国とスペインが他国よりも多くの経済調整コストを負担したといえる。

以下，第2節では世界168カ国の経常収支データを整理し，2009年以降グローバル・インバランスが半減したことを示す。第3節では，グローバル・インバランスの縮小に対する寄与度の大きかった国，すなわち経常収支が反転した国を抽出する。第4節では，経常収支の反転確率を高めた要因をプロビット分析によって明らかにする。第5節では，危機後の経常収支反転の有無と危機後のGDP成長率の間に相関があったかどうか検討する。

2　世界金融危機後にグローバル・インバランスは解消したか

世界金融危機の開始時点としては2007年8月のサブプライム危機発生と2008年9月のリーマン・ブラザーズ破綻の2つが考えられる。本章は，世界各国の経常収支の動きを，世界金融危機前後で比較することを目的とする。金融危機がヨーロッパ全域に波及し世界同時不況に陥ったのはリーマン・ショック後なので，ここではリーマン・ブラザーズ破綻を機に世界金融危機が発生したとみなす。

図2-1に世界的な経常収支不均衡の推移を示した。実線は各年の経常黒字

第2章 世界金融危機後のグローバル・インバランス

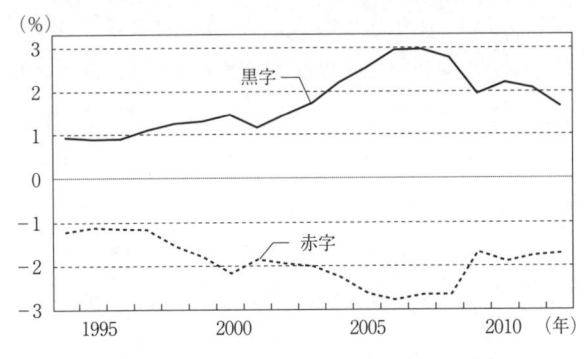

図2-1 世界的経常収支不均衡（対世界GDP比）

(注) 2012年については，WDIの経常収支データがない国に対して，国際通貨基金 *International financial statistics* の経常収支データを代用。数値は各年の黒字合計・赤字合計それぞれの対サンプル国名目GDP合計比。名目GDPは市場レートで換算した米ドル価額。
(出所) 世界銀行 *World development indicators*（WDI）より筆者作成

国の黒字額合計，点線は各年の経常赤字国の赤字額合計で，それぞれ同年の世界GDPで除している[2]。先行研究の多くは地域別の経常収支対GDP比の推移を示してグローバル・インバランスの状況を説明している。しかし，同一地域内に黒字国と赤字国が混在する場合や，同一地域内で赤字を拡大する国と縮小する国が混在する場合には，世界的な経常収支不均衡の大きさを過小評価することになる。たとえば，世界金融危機の発生前にグローバル・インバランスに対する警鐘が鳴らされた際にも，ユーロ圏全体の経常収支がほぼゼロで均衡していたことが強調され，ユーロ圏内の経常収支不均衡（リジョナル・インバランス）に潜む問題は軽視されがちであった。そのように考えると，世界的な経常収支不均衡の大きさを評価するにあたっては期毎に黒字額・赤字額を総計する方が適切であろう。

図2-1が示す通り，2004年から2008年の間，経常収支不均衡が世界的に拡大した。ピークの2006年から2008年にかけては，世界全体の経常黒字額および赤字額が世界GDP比で3%近くに及んだ。しかし，2008年末の世界金融危機発生を境に経常収支は縮小に転じた。特に2009年1年間の変化が急激で，

黒字対世界 GDP 比は 2004 年水準以下まで，赤字対世界 GDP 比は 1999 年水準まで減少した。2010 年以降は世界全体の黒字・赤字が再び拡大することはなく，両者とも 2009 年の水準で横ばいとなっている。2009～2012 年の 4 年間は 2006～2008 年に比べ黒字・赤字ともに世界 GDP 比で約 1 ％縮小している。[3]

地域別に経常収支の推移を示したのが図 2-2 である。2004～2008 年の間に赤字が拡大した国・地域，黒字が拡大した国・地域で分類した。

世界最大の赤字拡大国は米国である（図 2-2(1)）。2006 年まで，米国がグローバル・インバランス拡大の赤字側の牽引役だった。しかしながら，既に 2007～2008 年の 2 年間に米国の赤字は僅かながら縮小に転じていた。むしろ同 2 年間の世界全体で見た「異常な水準の」赤字を支えたのは，2010 年以降国家債務危機に陥ったユーロ圏 5 カ国（ギリシャ・アイルランド・イタリア・ポルトガル・スペイン，以下 GIIPS）と「中東欧・アフリカ・中米・南西アジア」（以下，中東欧その他）の赤字拡大だった。それでもリーマン・ショック後の 2009 年には，米国と同様，GIIPS，中東欧その他も赤字額を半減させた。その後 2012 年にかけて，米国と中東欧その他はそれぞれ 1000 億ドル程度赤字を拡大したものの，GIIPS の赤字は 2012 年にはほぼゼロまで縮小し，2008 年比で 3000 億ドルの減少となった。したがって，2008 年と 2012 年を比較した場合，赤字減少に貢献したのは米国（2000 億ドル減）と GIIPS（3000 億ドル減）であった。同期間の中東欧その他の赤字減少はわずか 750 億ドルにとどまり，英仏・オセアニアの赤字増加（650 億ドル）によってほぼ相殺されている。

次に，黒字拡大地域に目を転じよう。まず危機前の変動を整理すると，2004～2006 年の 3 年間は産油国・欧州黒字地域の黒字拡大が圧倒的であった。2003 年から 2006 年にかけて産油国と欧州黒字地域の経常黒字合計額は 2855 億ドルから 7671 億ドルまで約 5000 億ドル増加したのに対し，中国の黒字拡大額は約 2000 億ドル（460 億ドルから 2318 億ドル）であった。ところが，2007～2008 年の 2 年間については，赤字拡大国と同様，黒字拡大国についても変化が見られた。産油国・欧州黒字地域の黒字拡大ペースが低下したのに対し（2 年間で約 700 億ドル増），中国の黒字は一段と大幅に拡大したのである（同

第2章 世界金融危機後のグローバル・インバランス

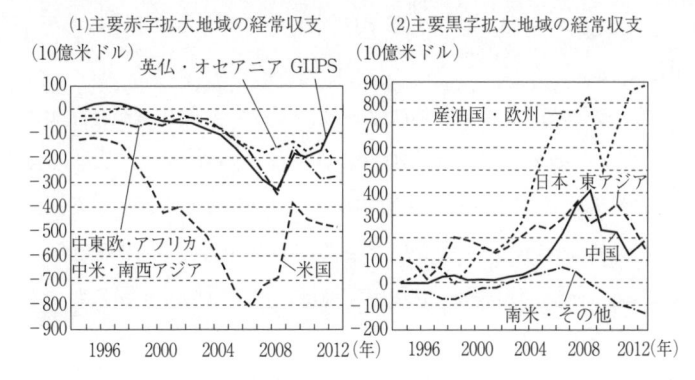

図2-2　経常赤字拡大地域と経常黒字拡大地域

(1)主要赤字拡大地域の経常収支（10億米ドル）／英仏・オセアニア GIIPS／中東欧・アフリカ／中米・南西アジア／米国

(2)主要黒字拡大地域の経常収支（10億米ドル）／産油国・欧州／日本・東アジア／中国／南米・その他

(注) 赤字拡大地域は以下の国々からなる。米国，GIIPS（ギリシャ，アイルランド，イタリア，ポルトガル，スペイン），英仏，オセアニア（オーストラリア，ニュージーランド，ソロモン諸島，フィジー，バヌアツ），中東欧（ポーランド，トルコ，キプロス，マルタ，スロベニア，スロバキア，ハンガリー，ルーマニア，ブルガリア，アルメニア，モルドバ，アルバニア，ベラルーシ，ウクライナ，グルジア，ボスニア・ヘルツェゴビナ，マケドニア，クロアチア，エストニア，ラトビア，リトアニア，アイスランド），アフリカ（南アフリカ，エチオピア，ガーナ，ギニア，マリ，ニジェール，セネガル，スワジランド，ケニア，マラウィ，モーリシャス，モザンビーク，ルワンダ，セイシェル諸島，シエラレオネ，ブルンジ，カーボベルデ，スーダン，ベニン，タンザニア，チュニジア，ウガンダ），中米（メキシコ，アンティグーア・バブーダ，バハマ，ベリーズ，ドミニカ国，ドミニカ共和国，エルサルバドル，コスタリカ，ホンジュラス，ジャマイカ，ニカラグア，パナマ，セイント・キッツネイビス，セイント・ルシア，セント・ヴィンセント・グレナディーン，バルバドス，グレナダ，グアテマラ，コロンビア，ガイアナ），南西アジア（ベトナム，カンボジア，インド，パキスタン，スリランカ，モルディブ，ヨルダン）。黒字拡大地域は以下の通り。中国，日本，東アジア（韓国，シンガポール，香港，マレーシア，タイ，インドネシア，フィリピン，ミャンマー，ネパール），産油国（ノルウェー，ロシア，ベネズエラ，サウジアラビア，クウェート，オマーン，バーレーン，アンゴラ，リビア，ナイジェリア），欧州黒字国（ドイツ，オランダ，スウェーデン，スイス，デンマーク，オーストリア，フィンランド，ルクセンブルク），南米（アルゼンチン，ブラジル，ボリビア，エクアドル，チリ，ペルー），その他（カナダ，イスラエル，エジプト，レソト，モンゴル，アゼルバイジャン，ボツワナ，ナミビア，パプア・ニューギニア，アルバ，トリニダード・トバゴ）

(出所) 世界銀行の *World Development Indicators*，インド連邦準備銀行とスロバキア中央銀行のホームページ（2013年8月27日閲覧）

1900億ドル増）。日本・東アジアの黒字は横ばいで，南米・その他の黒字は750億ドル減少した。

　世界金融危機後の経常収支変動には地域によって大きな差が存在する。中国，日本・東アジア，南米の黒字は，2008年から2012年にかけて大きく減少した。中国の黒字は2000億ドル，日本・東アジアは1000億ドル減少した。南米にいたっては黒字が1250億ドル減少した結果，2012年には約1200億ドルの赤字に転じている。一方，産油国・欧州黒字地域の黒字は同4年間にわずかながら増加している。

　以上の分析をまとめよう。世界金融危機後，グローバル・インバランスは，世界全体の経常収支不均衡の対世界GDP比が半減したという意味において，縮小した。それはGIIPSと米国の赤字縮小，中国・日本・東アジアの黒字縮小，および南米の黒字の赤字化によってもたらされたものであり，産油国と欧州黒字国はグローバル・インバランス縮小に寄与していない。2009年に産油国と欧州黒字国の黒字は一時的に急減したものの，その後は再び拡大し，2012年には危機前と同水準まで回復しているからである。

3　経常収支は反転したか

　前節では世界金融危機前後の経常収支の変化を世界全体および地域ごとに確認した。本節では国別の経常収支の動きを確認し，2009～2012年4年間のグローバル・インバランス縮小に大きく寄与した国々の特徴を明らかにする。

　1国の経常収支不均衡が対GDP比で急激かつ持続的に縮小する現象を「経常収支の反転（current account reversal）」と呼ぶ。先行研究によれば，経常収支の反転は経常赤字が対GDP比5％に近付くと発生することが多い（Freund, 2005）。世界金融危機前には世界全体の経常黒字・赤字が対世界GDP比で3％近くに及んでいたことから，今回のグローバル・インバランス縮小の裏側では多くの国で経常収支反転が発生していた可能性がある。そこで本節では，個別国ごとの経常収支不均衡が世界金融危機を境に「反転」したかどうか分析し，

第2章 世界金融危機後のグローバル・インバランス

「反転国」の特徴を明らかにする。結論からいえば，2009年に経常収支が反転した国は19か国にのぼり，反転規模も過去の事例と比較して大きかった。

（1）経常収支反転国

五百旗頭（2010）と同様に，経常収支の変動が次の3条件を満たした場合，経常収支が反転したものと定義する。先行研究では主に経常赤字の反転が分析されてきたが，ここではグローバル・インバランスの縮小に関心があるため，経常黒字の反転も分析対象に含める。

①反転前3年間の赤字（黒字）対GDP比の平均値が，反転後3年間の平均値を2％ポイント以上上回る。

②反転前3年間の赤字（黒字）対GDP比の最小値が，反転後4年間の最大値より大きい。

③反転後3年間の赤字（黒字）対GDP比の平均値が，反転前3年間の平均値の3分の2以下である。

この3条件を満たすとき，過去3年以上にわたり続いてきた経常収支赤字（黒字）が，「反転」開始年を境に大幅に縮小ないし黒字化（赤字化）し，以後少なくとも3年間はその状態が続いたと判断できる。ここでの関心は，当該国の生産性上昇率に関する認識の修正など何かしらの構造ショックに起因する経常収支水準の持続的変動にある。そのため，経常赤字ないし黒字が1～2年間だけ一時的に急拡大したケースについては，一時的な経済ショック（一時的な景気拡大など）に起因する経常収支の一時的変動と考えられるため，「反転」には含めないことにする。

2009年を反転開始年とした場合，上記の定義に基づき経常収支が反転した国は，赤字からの反転が米国・スペイン・アイルランドなど11カ国，黒字からの反転が中国・カナダなど8カ国存在する（表2-1）。また，2010年を反転開始年とすれば，ギリシャとオーストラリアで経常赤字が，マレーシアとアルゼンチンで経常黒字が反転している。

金額をみると，赤字反転国では米国とスペイン2カ国が，黒字反転国では中

第Ⅰ部 2000年代におけるグローバル・マネーフローの変化

表2-1 世界金融危機時の経常収支反転国

反転年	赤字・黒字の別	(1)国	(2)経常収支/GDP 2004-08年平均	(3)経常収支/GDP 2009-12年平均	(4)(3)-(2)
2009	赤字国	米国	-5.4	-3.0	+2.4
		スペイン	-8.3	-3.5	+4.8
		アイルランド	-3.8	1.2	+5.0
		アイスランド	-18.5	-7.7	+10.8
		ハンガリー	-7.6	0.9	+8.5
		ルーマニア	-10.5	-4.2	+6.3
		ブルガリア	-17.2	-2.9	+14.3
		パキスタン	-5.0	-1.3	+3.7
		グアテマラ	-4.8	-1.9	+2.9
		アンティグーア・バブーダ	-21.8	-11.4	+10.4
		セント・ルシア	-23.1	-16.5	+6.6
	黒字国	中国	7.5	3.3	-4.2
		カナダ	1.3	-3.3	-4.6
		フィンランド	5.0	0.8	-4.2
		ナイジェリア	21.5	6.3	-15.2
		ボリビア	9.2	4.8	-4.4
		エジプト	1.8	-2.2	-4.0
		エクアドル*	2.0	-0.8	-2.8
		レソト*	5.4	-14.5	-19.9
2010**	赤字国	オーストラリア	-5.6	-3.1	+2.5
		ギリシャ	-11.9	-7.9	+4.0
	黒字国	アルゼンチン	2.8	0.0	-2.8
		マレーシア	15.6	9.4	-6.2

(注) 単位はパーセント。
(*) エクアドルとレソトは2011年までのデータに基づく。
(**) 2010年反転国4カ国については、(2)は2005～09年平均、(3)は2010～12年平均。

国，カナダ，ナイジェリア3カ国が大きく，世界全体の反転額の9割を占めている。赤字反転国の経常収支総額について2005～2008年平均と2009～2012年平均を比較すると，赤字反転国全体では反転後に赤字が年平均4150億ドル減少しており，そのうち米国の赤字減少額が2923億ドル（70％），スペインの減少額が728億ドル（18％）に及んでいる。同様に，黒字反転国全体の黒字減少額は1856億ドルであったが，そのうち中国の黒字減少額が819億ドル（44％），カナダが679億ドル（37％），ナイジェリアが184億ドル（10％）を占め，3カ国合計で9割超に及んでいた。

　また，世界全体で見た経常赤字の縮小はほぼすべて赤字反転国の赤字縮小によって実現した。それに対し，世界全体の経常黒字縮小については黒字反転国の黒字縮小が中心ではあるものの，反転国以外の国々の黒字の（規模は小さいものの持続的な）縮小による部分も大きかった。データで示そう。図2-2における赤字拡大地域の経常収支の2009～2012年平均は2005～2008年平均に比べ4148億ドル赤字が減少したが，その規模は赤字反転地域全体の赤字減少額（4154億ドル）とほぼ同じであった。それに対し，黒字拡大地域の経常収支は危機の前後4年間ずつを比較すると平均2759億ドル黒字が減少したが，黒字反転地域全体の黒字減少額はその7割弱（1856億ドル）に止まったのである。このように，世界金融危機後の経常収支調整の担い手は，赤字側では経常収支反転国に集中したのに対し，黒字側では多数の国々に広く分散していた。

　過去の経常収支反転事例と比較すると，今回の反転規模は大きかったのだろうか。赤字反転国のうち先進4カ国（米国，スペイン，アイルランド，アイスランド）の反転規模の平均はGDP比6.5％，中央値が同5.1％であった。これらの数値は，五百旗頭（2010）が確認した1975～2005年における先進国での経常収支反転事例の反転規模の平均（3.7％）ならびに中央値（2.9％）を大きく上回る。もっともこの結果は今回のアイスランドの大規模な反転（13.5％）に引っ張られた面が強いが，スペインの5.2％とアイルランドの4.9％という数値も過去の平均の上下1標準偏差の範囲（1.9％～5.4％）の上端近くに位置している。したがって，今回の経常収支反転規模は少なくともアイスランド，スペイ

ン，アイルランドについては過去と比較して大きかった。米国についても，GDP 比で見れば平均的に見えるが，金額で見ると 3000 億ドルと前例のない規模の反転であった。

（2）経常収支反転国の特徴

経常収支が反転した国とそれ以外の国を分けた要因は何だろうか。経常収支反転の基本的な発生メカニズムを整理することから始めよう。

経常赤字の反転は急激な資本流出によって引き起こされると考えられる。加えて，今回の世界金融危機は欧米の金融資本市場で急激な信用収縮が起こるという形をとった。そのことを考慮すると，赤字反転国では赤字の反転前に，ある小さなきっかけで金融機関のリスク選好度がリスク回避的に変化し信用収縮が起こるという意味での，金融部門の脆弱性が高まっていた可能性が高い。この金融部門脆弱性には，金融機関の過剰なリスク・テイクが行き過ぎた信用ブームを生むという国内的側面と，金融機関や政府が外国から過度に借り入れているという対外的側面の二面がある。国内的な意味での金融脆弱性は，国内信用の急激な伸びや株価急上昇という形で現れるであろう。また，対外的な意味での金融脆弱性は，経常赤字拡大や，対外純債務ないし対外短期債務の累増に投映されるであろう。

一方，経常黒字の反転メカニズムに関しては理論的にも実証的にも研究蓄積が乏しく，有力な仮説は現存しない。そのため，ここでは簡単な推論を試みる。恒常的な経常黒字が突如急減するシナリオとして，マクロ経済政策のレジーム転換（為替相場制度や財政政策スタンスの変化）と，赤字国の赤字反転に伴う輸出急減が挙げられる。たとえば，固定相場制を採用して人為的に自国通貨の為替相場を低位安定化させ，輸出増進を図っていた国があるとする。もしこの国が柔軟な為替相場制度や変動相場制度に移行すると，為替相場上昇による輸出減少で経常黒字が中長期的に縮小するかもしれない。また，政治環境の変化や戦争の勃発は中長期的に財政赤字の増大を招くため，経常黒字急減をもたらす。たとえばドイツの経常収支は 1991 年にそれまでの対 GDP 比 3〜5％の黒字

から同1％の赤字に転落し，以後10年間赤字を継続したが，その裏には東西ドイツ統合による財政赤字急増があった。[6] 恒常的に巨額の経常黒字を出す国は総需要の大部分を輸出に頼る国である。したがって，経常赤字国の赤字が一斉に反転し赤字国向け輸出が急減すると，需要縮小の悪影響を緩和すべく財政支出が拡大するため，経常黒字が急減する。

以上の推論に基づき，以下では，世界金融危機後に経常収支が赤字ないし黒字から反転した国と反転しなかった国の違いを危機前のマクロ経済動向の違いで説明することを試みる。類似の問題意識で実証分析を行った研究に Lane and Milesi-Ferretti（2012）がある。彼らは経常収支対 GDP 比の 2010 年の値と 2005～2008 年平均値の差を被説明変数とする回帰分析を行い，危機前後の経常収支変化の方向および大きさの決定要因を探っている。それによれば，2005～2008 年に中期的均衡値を上回るという意味で[7]「過剰な」経常収支赤字または黒字を出した国ほど，危機後の経常収支の縮小規模は大きかった。それに対し本節の狙いは，危機後の経常収支縮小規模が特に大きくかつ持続的だった国の特徴を明らかにすることである。

(i) 推計方法

そこで以下では，世界金融危機後に経常収支が反転した場合を1，反転しなかった場合を0とする二値変数を被説明変数として，以下のプロビット・モデルを推計する。具体的には，次の推計式を最尤法で推計する。

$$Z_i = \begin{cases} 1, & if \ Z_i^* > 0 \\ 0, & if \ Z_i^* \leq 0 \end{cases} \quad (1)$$

$$Z_i^* = \alpha + \beta CAY_i + \gamma NFA_i + \delta CRY_i + \sum_j \eta_j X_i + \varepsilon_i, \ \varepsilon \sim N(0, \sigma^2) \quad (2)$$

Z は 2009 年に経常収支が反転した場合を1，反転しなかった場合を0とする二値変数である。Z^* は当該国の経常収支が反転するか否かを決定する潜在変数（latent variable）とし，(2)式によって決まると仮定する。CAY は経常収支対 GDP 比の 2004～2008 年平均，NFA は 2007 年末の対外純資産対 GDP 比，

CRY は民間金融機関信用対 GDP 比の 2004 年から 2008 年にかけての変化である。X は潜在変数と相関関係があり，経常収支反転の発生確率に影響すると考えられるその他の諸変数であり，実質実効為替レートの 2003〜2008 年の年平均増価率，輸出と輸入の総和の対 GDP 比，2007 年におけるグロスの対外資産と対外負債の和の対 GDP 比，固定相場制ダミー変数と実質実効為替レート増価率の交差項を含めた。α は定数，ε は誤差項で平均 0，分散一定 (σ^2) の標準正規分布に従うものと仮定する。

(1)(2)式の推計に当たっては，2004〜2008 年に経常赤字が拡大した国と経常黒字が拡大した国にサンプルを分割し，サブ・サンプルごとに推計を行う。このとき，赤字反転と黒字反転の発生確率に影響する説明変数は同じとしても，確率に対する影響の向き，すなわち(2)式の係数は正反対になる点に注意が必要である。

まず経常赤字の反転の有無に関する推計式から説明しよう。上述の対外的な金融脆弱性の代理変数として経常収支対 GDP 比と対外純資産対 GDP 比を用いる。経常赤字対 GDP 比が 3〜5 年にわたり高水準を維持していれば，その裏側で対外純債務が急増し，経常赤字の維持可能性や対外債務の返済可能性に対する疑念が高まる。そのため経常収支反転の確率は高まると考えられるので，予想される β の符号は負となる。また，対外純債務対 GDP 比が高水準で推移している国は元々対外債務支払い能力に対する信用が低いため，経済ファンダメンタルズのわずかな変化が資本流出を引き起こす可能性がある。したがって，γ も負と予想される。

国内的な金融脆弱性の代理変数には民間金融部門信用対 GDP 比の 2004 年から 2008 年にかけての変化を用いた。[8] 金融機関の過剰融資は不良債権増大ならびに株式・不動産バブルの素地を作る。金融機関融資が外国からの資金調達に依存していれば，不良債権の顕在化ならびに株価・不動産バブル崩壊を契機に急激な資本流出，経常赤字の反転が起こる。よって δ は正と予想される。

経常赤字の反転確率を高める要因は金融脆弱性以外にも考えられる。まず，実質為替レートが割高であれば貿易赤字拡大を通じて経常赤字が膨らむ。そし

てあるきっかけで実質為替レートが急落すれば貿易赤字減少を通じて経常赤字も急減する。このメカニズムが今回の危機時に作用したかどうか調べるために X には2003～2008年の実質実効為替レート増価率を加えた。もし実質為替レートの変化が今回の経常収支反転の一因ならば，実質為替レート増価率の係数は正になると予想される。

輸出入対GDP比（以下，貿易開放度）も経常収支反転の発生確率に影響するかもしれない。経常赤字が累積し対外純債務が累増する国であっても貿易開放度が高い場合には，市場から「輸出を通じて対外債務を十分に返済できる」と評価され，急激な資本流出に遭う確率は低いかもしれない。もしそうであれば貿易開放度の係数は負になる。

次に，経常黒字の反転の推計について説明しよう。予想される説明変数の係数の符号がすべて経常赤字反転の場合の逆になる点に注意されたい。まず，危機前の経常黒字対GDP比が大きい国ほど経常黒字の維持可能性に対する疑念が高まり，反転の発生確率が高まる可能性がある。したがって，βの符号は正と予想される。類似の推論から対外純資産の係数 γ も正と予想される。国内金融機関の与信の伸びが低い，ないし伸びがマイナスの国があるとすれば，それは国内の民間投資需要が少なく，民間貯蓄投資バランスにおいて巨額の貯蓄超過が発生している国であろう。そのような国は，経常黒字拡大期には少ない国内民需を外需で補てんしている構造にあるため，いざ経常赤字国の赤字が反転し外需が急減した際には減税や公共支出増大（すなわち財政赤字）によって国内民需の少なさを補てんする可能性が高い。したがって，国内金融部門の信用成長が低い国ほど経常黒字の反転確率は高くなる。よって，δ は負と予想される。

実質為替レートが過少評価されている国ほど経常黒字が膨張する。だが，厳格な固定相場制の放棄等により実質為替レートの過小評価が修正されれば，経常黒字は反転しうる。よって，実質為替レート増価率の係数は負と予想される。貿易開放度の高い経常黒字拡大国では旺盛な輸出が経常黒字の主因になっているかもしれない。その場合，経常赤字国の経常収支反転により赤字国向け輸出が急減することで経常黒字が反転する可能性がある。よって，貿易開放度の係

表2-2 経常収支赤字の反転の決定要因

	(1) 全サンプル	(2) 除く低所得国	(3) 全サンプル	(4) 除く低所得国	(5) 全サンプル	(6) 除く低所得国
定数項	-1.80*** (0.45)	-1.97*** (0.52)	-2.13*** (0.73)	-3.18*** (1.08)	-2.32*** (0.77)	-3.74*** (1.24)
経常収支 2004-2008	-2.32 (3.89)	-3.35 (4.04)	-5.21 (5.66)	-7.56 (6.50)	-4.66 (4.35)	-6.83 (4.97)
対外純資産 2007	-0.20 (0.54)	-0.17 (0.58)	-0.08 (0.75)	-0.00 (0.85)		
信用成長 2004-2008	2.88*** (1.07)	3.05*** (1.16)	3.13*** (1.29)	4.15*** (1.72)	4.40** (2.03)	6.62** (3.05)
貿易開放度 2004-2008			0.24 (0.82)	0.79 (0.92)	0.61 (0.98)	1.47 (1.20)
実質為替レート増価率 2003-2008			1.71 (10.25)	1.75 (11.53)	2.34 (12.35)	1.43 (15.03)
固定相場制ダミー× 実質為替相場増価率					-12.58 (20.31)	-19.99 (25.71)
金融開放度 2007					-0.07 (0.10)	-0.13 (0.13)
観測数	58	49	38	33	38	33
Y=1 の観測数	11	10	10	9	10	9
McFadden R^2	0.18	0.21	0.24	0.34	0.26	0.39

(注) 推計式は次の通り。

$$Z_i = \begin{cases} 1, & if \ Z_i^* > 0 \\ 0, & if \ Z_i^* \leq 0 \end{cases} \ かつ \ Z_i^* = \alpha + \beta CAY_i + \gamma NFA_i + \delta CRY_i + \sum_j \eta_j X_i + \varepsilon_i$$

ただし、$\varepsilon \sim N(0, \sigma^2)$ である。推計には最尤法を用いた。数字の右添え記号 ***, ** は推計値がそれぞれ有意水準1, 5%で統計的に有意であることを示す。カッコ内は標準誤差。

数は正と予想される。

(ii)推計結果

表2-2が経常赤字の反転についての推計結果である。第(1)列は金融脆弱性の代理変数だけを説明変数とした場合の推計結果である。危機前の経常収支と対外純資産の係数はともにマイナスで仮説と整合的だが、統計的に有意ではな

かった。一方，危機前4年間の民間金融機関信用成長の係数はプラスで，かつ統計的にも有意である。したがって，同じ経常赤字拡大国であっても，2008年以前に民間金融機関の信用供給がGDP比で大幅に伸びた国ほど2009年を境に経常収支が反転する可能性が高かったといえる。

サンプルから低所得国（2008年の一人当たりGDPが1000ドル以下の国[9]）を除いても，他の説明変数を加えても，推計結果は基本的に同じであった（第(2)～(6)列）。第(3)列は説明変数に貿易開放度と実質為替レート増価率を加えた場合である。実質為替レートの係数は推論通り正である。この結果は，経常赤字国の中でも2008年以前に実質為替レートが増価した国ほど経常収支反転に遭う確率が高かったと読めるが，係数は統計的に有意でなかった。実質為替レートが増価している経常赤字国の中でも固定相場制を採用している国の方が通貨危機に遭う確率が高いため，経常赤字が反転する確率も高かったかもしれない。この可能性を検証するために，固定相場制のダミー変数と実質為替レート増価率の交差項を説明変数に加えた推計も行った（第(5)列）。だが係数の推計値は統計的に有意でなく，符号も推論と逆であった。

第(5)列の推計では対外的な金融脆弱性の代理変数として対外純債務の代わりに金融開放度（グロスの対外資産・債務の総和の対GDP比）を用いた。グロスの対外資産・債務が多いほど金融機関がよりリスクを取っていた可能性がある[10]。もしそうであれば，小さなきっかけで外国資本が急激に引き上げられ，経常赤字が反転する可能性がある。したがって，金融開放度が高い国ほど経常赤字反転の可能性は大きいと考えられる。しかしながら，金融開放度の係数は負で，統計的にも有意ではなかった。

第(2)，(4)，(6)列は低所得国を除いたサンプルによる推計結果だが，いずれも全サンプルによる結果と変わらなかった。

次に，経常黒字の反転確率を高めた要因を確認しよう。表2-3が経常黒字拡大国をサンプルとした場合の推計結果である。金融脆弱性の代理変数のみを説明変数とした場合の推計結果は赤字からの反転のケースと似通っている（第(1)列）。信用成長の係数が負で，統計的にも有意である。他の条件を一定とす

表 2-3 経常収支黒字の反転の決定要因

	(1)	(2)	(3)	(4)	(5)	(6)	(7)	(8)
	全サンプル	除く低所得国	除く産油国	全サンプル	全サンプル	全サンプル	除く低所得国	除く産油国
定数項	0.98** (0.47)	-1.26** (0.57)	-0.78 (0.57)	4.70 (3.35)	0.82 (0.97)	0.56 (0.84)	0.03 (0.91)	0.25 (0.85)
経常収支 2004-2008	4.12 (4.97)	9.11 (6.33)	-0.58 (8.44)	45.01 (28.33)	0.32 (5.26)	19.13** (9.60)	20.81** (10.20)	35.53 (28.04)
対外純資産 2007	-1.02 (1.67)	-2.43* (1.40)	-0.35 (0.78)	-9.10 (5.78)		-3.16** (1.47)	-3.93** (1.75)	-2.40 (2.12)
信用成長 2004-2008	-4.42** (2.11)	-5.16** (2.28)	-5.67** (2.60)	-11.20* (6.04)	-3.27 (2.41)	-7.62** (3.17)	-7.85** (3.28)	-6.99** (3.39)
貿易開放度 2004-2008				-10.20 (6.36)	-1.15 (1.09)	-3.32** (1.59)	-2.68** (1.43)	-3.57 (2.47)
実質為替レート増価率 2003-2008				-38.31 (30.60)	-6.73 (13.43)			
固定相場制×実質為替増価率					11.77 (19.52)			
金融開放度 2007					-0.14 (0.21)			
観測数	36	34	27	25	25	36	34	27
Y=1 の観測数	7	7	5	6	6	7	7	5
McFadden R^2	0.21	0.30	0.29	0.64	0.27	0.42	0.46	0.46

(注) 推計式は次の通り。
$$Z_i = \begin{cases} 1, & if\ Z_i^* > 0 \\ 0, & if\ Z_i^* \leq 0 \end{cases} \text{ かつ } Z_i^* = \alpha + \beta CAY_i + \gamma NFA_i + \delta CRY_i + \sum_j \eta_j X_i + \varepsilon_i$$
ただし，$\varepsilon \sim N(0, \sigma^2)$ である。推計には最尤法を用いた。数字の右添え記号 **，* は推計値がそれぞれ有意水準 5，10％ で統計的に有意であることを示す。カッコ内は標準誤差。

れば，金融機関信用の伸びが低い国ほど経常黒字が反転する確率は高かったと示唆される。経常収支の係数も推論通り正であるが，統計的には有意でない。低所得国や原油輸出国を除いて推計した場合も信用成長の係数が負で有意だった（第(2)・(3)列）。

貿易開放度と実質為替レート増価率を説明変数に加えた場合の結果が第(4)列である。この場合も信用成長の係数は統計的に有意で，負である。為替レート

の係数は推論通り負だったが,統計的には有意でなかった。貿易開放度の係数は推論とは逆に負となったが,統計的に有意ではなかった。2007年に固定相場制を採用していた場合に1をとる固定相場ダミー変数と為替増価率の交差項を加え,対外的な金融脆弱性の代理変数として対外純資産の代わりに金融開放度を入れて推計しても,新たに有意に効く説明変数はなかった(第(5)列)。

　最後に,金融脆弱性変数に貿易開放度だけを説明変数に加えて推計すると,定数項を除くすべての説明変数が統計的に有意となった。信用成長の係数は他の推計結果と同じく負で,経常収支の係数も推論通り正となった。危機前の経常黒字が大きく,かつ民間金融機関の信用成長が停滞していた国ほど,危機後に経常黒字が反転する傾向にあったと考えられる。一方,対外純資産と貿易開放度の係数はともに推論とは逆の符号で,負となった。すなわち,危機前の対外純資産／GDPが少なく,貿易開放度が低いほど,経常黒字反転の確率が高まった可能性がある。考えられるのは,対外純資産が少なく貿易開放度も低い国では輸出産業の国際競争力が元々盤石ではないため,世界需要減少を受けて輸出が急減したというメカニズムである。対外純資産,貿易開放度と経常黒字反転の関係については今後の研究課題である。

　以上の結果をまとめよう。経常収支反転の発生確率を左右した要因は,危機前5年間の民間金融機関信用の伸びであった。経常収支赤字国については,民間金融機関信用の伸びが大きかった国ほど経常収支が反転する可能性が高くなっていた。逆に経常黒字国については,民間金融機関信用の伸びが小さい,あるいは負の国ほど,経常収支が反転する可能性は高まっていた。

4　経常収支反転は経済成長率を引き下げたか

　次に,グローバル・インバランスの縮小が各国経済にどの程度調整負担を強いたかという問題を検討する。
　理論上,経常赤字・黒字の縮小と実質GDP成長率の同時点の相関関係は正相関,負相関の両方が考えられる。国内総需要の減少が経常赤字縮小の原因で

あれば，経常赤字の縮小はGDP成長率低下を伴う。一方で，為替レート減価など輸出競争力改善による輸出拡大が原因であれば，経常赤字縮小はGDP成長率上昇を伴う。同様に，国内総需要の拡大が経常黒字縮小の原因であれば，経常黒字縮小はGDP成長率上昇と同時に起こる。逆に，実質為替増価による輸入増加・輸出減少が原因であれば，経常黒字縮小はGDP成長率低下を伴う。したがって，必ずしもグローバル・インバランスの縮小が世界各国のGDP成長率低下を伴うとは限らない。

しかしながら，経常赤字が反転する過程では反転国のGDP成長率は低下すると考えられる。大幅な経常赤字の急減は大量に流入していた外国資本が一挙に流出に転じる過程で起こることが多いからだ。大量の資本流入は，経常赤字国の生産性上昇や為替相場安定に対する外国投資家の過剰な期待に起因する。生産性に対する過大評価の修正は資本流出と金利急騰を通じて投資と消費の急減を招く。その結果，総需要急減による経常赤字の縮小とGDP成長率の低下が起こる。固定相場制下で平価が割高と認識された場合には，通貨危機を通じて名目・実質為替相場の急落と交易条件の悪化が起こり，対外債務負担増，国内投資急減，輸入急減・輸出急増につながる。その結果，やはり経常赤字縮小がGDP成長率低下を伴って起こる。

多くの実証研究が，経常赤字の反転は実質GDP成長率の低下を伴うことを明らかにしている（Freund（2005），五百旗頭（2010））。加えて，今回の世界金融危機を境に経常赤字が反転した国とは，言い換えれば危機後に資本の純流入の大幅な減少が続いている国である。そのため，反転していない国に比べると，国内金融システム不安と国内投資減少によってGDP成長率の低迷が長引いていてもおかしくない。

Lane and Milesi-Ferretti（2011）は，世界金融危機時の実質GDP成長率（2008年と2009年の平均成長率）と危機前の諸変数との相関関係を162か国のデータを用いて実証分析し，次のような結果を得ている。まず，危機時のGDP成長率は危機前の経常収支および信用成長と強い相関を持っている。2007年の経常収支赤字対GDP比が大きい国ほど，また2004年から2007年までの3

年間の民間金融機関信用対 GDP 比の伸びが高い国ほど，2008〜2009 年 2 年間の GDP 成長率が低かった，すなわち金融危機時のマクロ経済調整コストが大きかった。加えて 2007 年の一人当たり GDP も危機時の GDP 成長率と負の相関関係を持っていた。言い換えれば，今回の危機は「先進国の現象」だった。

彼らの問題意識は，金融危機のさなかの GDP 成長率の落ち込み度と相関を持つ危機前のマクロ経済指標は何か，その相関度の大きさはどの程度か，という点にある。ここでは，彼らが用いた推計式に経常収支反転のダミー変数を説明変数に加えることで，金融危機後に経常収支が反転した国とそうでない国の間に危機後 4 年間の経済成長率の低下規模に有意な差が存在したか否かを検討する。

(1) 推計式

具体的には次の(3)式および(4)式を最小二乗法で推計し，経常収支の反転の有無が 2009〜2012 年の経済成長率に統計的に有意な影響を持ったかどうか検証する。用いるデータは 92 カ国の年次クロスセクション・データである。

$$G_i^{0912} = c + \beta CAY_i^{0408} + \sum_k \gamma_k X_{i,k} + \lambda_1 RVD_i \times CAY_i^{0408} + \lambda_2 RVS_i \times CAY_i^{0408} + \varepsilon_i \quad (3)$$

$$G_i^{0912} = c + \beta CAY_i^{0408} + \sum_k \gamma_k X_{i,k} + \delta_1 RVD_i + \delta_2 RVS_i + \varepsilon_i \quad (4)$$

G^{0912} は 2009〜2012 年の実質 GDP の平均成長率，CAY^{0408} は 2004〜2008 年の経常収支／GDP の平均値，$\{X_k\}$ は危機後の GDP 成長率に影響を与えうる危機前時点の諸変数である。RVD は，経常収支が赤字から反転した国が 1，それ以外の国は 0 をとるダミー変数である。RVS は，RVD と同様に定義した，経常黒字からの反転ダミーである。

危機前に経常赤字が拡大していた国ほど資本流入が過剰になっていたとすれば，その分対外的な面での金融脆弱性も高まっていたため，世界金融危機が産出量に与えた悪影響は大きかったと考えられる。したがって β の符号は正となる。加えて，この GDP 成長率低下効果は危機後に経常赤字が反転した国ほど大きいと考えられる。なぜなら，経常赤字反転国とは資本純流入減少の規模が大きく，かつその減少がより長期間に渡って続いている国だからである。こ

の経常収支反転の「成長率低下増幅効果」を検証するために，(3)式では反転ダミーと危機前経常収支の交差項を説明変数に加えた。経常赤字の反転が成長率低下増幅効果を持つならば，λ_1 の符号は正になる。また，経常赤字が反転したか否かによって危機後の GDP 成長率に有意な差が生まれたか否かを検証するため，(4)式のように反転ダミー自体を説明変数に加えた推計も行った。

ベクトル X には，Lane and Milesi-Ferretti（2011）にならい，国内民間金融機関信用／GDP の 2004 年から 2008 年にかけての変化，2008 年の 1 人当たり GDP（米ドル・ベース，対数値），実質 GDP のトレンド成長率（1990〜2007 年の成長率の幾何平均），2005〜2008 年の実質 GDP の平均成長率，2007 年末の対外資産負債合計／GDP，2008 年の輸出入合計／GDP，石油輸出国ダミー，固定相場制ダミー，中間的為替相場制ダミーを含めた。

危機前に金融機関がリスク・テイクに積極的で融資が過剰気味だった国ほど危機後はより深刻な金融不安に陥り，成長率の低下が大幅でかつ長引いた可能性が高い。ここでは民間金融機関信用対 GDP 比の伸びを過剰融資の代理変数とした。

先述の通り，Lane and Milesi-Ferretti（2011）はリーマン・ショック後の経済成長率低下は「先進国の現象」だったと指摘している。この仮説を検証するために 2008 年 1 人当り GDP 対数値を説明変数に加えた。仮説が正しければ，1 人当り GDP の係数の符号は負になる。

(3)・(4)式の被説明変数は 2009〜2012 年の実質 GDP 成長率である。長期的に高い経済成長トレンドにある国（たとえば年率 10％で成長している国）と低い成長トレンドにある国（同 2％の国）を比較した場合，仮に危機の前後で両国の成長率がともに 2％低下したとしても危機後の成長率は前者の方が高くなる（8％と 0％）。さらに，仮に前者の成長率低下が後者を上回ったとしても（たとえばマイナス 4％とマイナス 2％），危機後の成長率は依然として前者の方が高い場合がある（6％と 0％）。したがって，金融脆弱性及び経常収支反転が危機後の成長率に及ぼした影響を抽出するためには，長期トレンドの影響を制御しなければならない。直近の成長率についても同様の慣性効果が働く可能性があ

る。これらの効果を制御するため，実質GDPのトレンド成長率と2005～2008年の平均成長率を説明変数に加えた。

このほか石油輸出国の経済成長率は特有の要因（原油価格や石油の生産調整など）の影響を受ける可能性があるため，石油輸出国（産油国）ダミーを説明変数に加えた。[12]また，固定相場制の国が通貨危機等を通じてより深刻なGDP成長率低下に見舞われた可能性を検証するため，固定相場制ダミーと中間的為替相場制ダミーも加えた。中間的為替相場制ダミーとは，IMF（2009）の為替相場制度分類（2007年末時点）[13]においてクローリング・ペッグ，クローリング・バンドと分類されている場合に1，それ以外は0とするダミー変数である。また固定相場制ダミーは，同分類において上記以外の固定相場制ないしカレンシーボード制とされている場合に1をとる変数である。

（2）推計結果

表2-4が推計結果である。第(1)～(4)列は経常収支反転ダミーを含まない場合の推計結果で，(1)が全サンプル，(2)～(4)は低所得国，金融センター，産油国をそれぞれ除いたサブ・サンプルによるものである。まず第(1)列を見ると，経常収支の係数が大きく正で，統計的にも有意である。これは世界金融危機前の経常赤字対GDP比が大きかった国ほど，危機後4年間の実質GDP成長率が低かったことを示している。具体的には，危機前5年間の経常赤字／GDPが他国より5％高い国では，他の条件を一定とした場合，危機後4年間の実質GDP成長率が他国より0.5％低くなった。なお，ここでは被説明変数と説明変数の実質GDP成長率がパーセント表示であることに注意されたい。[14]

次に，1人当りGDPの係数が負で，危機前4年間の実質GDP成長率の係数が正で，それぞれ統計的に有意となった。前者は危機発生時点の1人当りGDPが高い国ほど危機後4年間のGDP成長率は低かったことを示しており，Lane and Milesi-Ferretti（2011）が指摘する通り，今次の危機の実体経済に対する悪影響が先進国に集中していたことを示唆している。後者は，危機前5年間のGDP成長率が1％高いと危機後のGDP成長率も0.26％高かったことを

第Ⅰ部 2000年代におけるグローバル・マネーフローの変化

表2-4 金融危機後の経済成長率の決定要因

	(1) 全サンプル	(2) 除く低所得国	(3) 除く金融センター	(4) 除く産油国	(5) 全サンプル	(6) 除く低所得国	(7) 除く金融センター	(8) 除く産油国	(9) 全サンプル
定数項	5.40***	5.76**	6.28***	3.49*	4.36**	3.95	5.17**	2.62	4.98***
	(1.84)	(2.85)	(2.07)	(1.84)	(1.93)	(3.17)	(2.20)	(1.86)	(1.87)
経常収支 2004-2008	9.71***	10.35***	10.72***	11.73***	7.60***	8.08***	8.43***	10.24***	8.52***
	(2.33)	(2.65)	(2.85)	(2.31)	(2.55)	(2.98)	(3.13)	(2.62)	(2.46)
赤字反転ダミー×経常収支					8.84*	8.05	9.36*	8.61*	
					(4.71)	(5.09)	(5.46)	(4.47)	
黒字反転ダミー×経常収支					5.96	6.17	5.12	-14.50	
					(7.94)	(8.87)	(8.36)	(15.98)	
赤字反転ダミー									-0.96
									(0.64)
黒字反転ダミー									0.26
									(0.76)
信用成長 2004-2008	-0.47	-0.27	-0.66	-0.39	-0.15	0.03	-0.34	-0.24	0.16
	(1.13)	(1.22)	(1.45)	(1.07)	(1.13)	(0.98)	(1.46)	(1.09)	(1.21)
1人当りGDP 2008（対数値）	-0.41**	-0.44	-0.43**	-0.26	-0.32	-0.27	-0.33	-0.18	-0.38*
	(0.19)	(0.29)	(0.22)	(0.19)	(0.20)	(0.32)	(0.23)	(0.19)	(0.19)
トレンド成長率 1990-2008	-0.01	0.02	-0.06	-0.11	-0.06	-0.02	-0.09	-0.14	-0.04
	(0.15)	(0.17)	(0.17)	(0.14)	(0.14)	(0.17)	(0.17)	(0.14)	(0.15)
実質GDP成長率 2004-2008	0.26**	0.22*	0.22*	0.47***	0.32***	0.28**	0.26**	0.53***	0.29***
	(0.11)	(0.12)	(0.12)	(0.12)	(0.11)	(0.13)	(0.12)	(0.12)	(0.11)
産油国ダミー	-2.42**	-2.49**	-2.43**		-2.45**	-2.52**	-2.42**		-2.36**
	(0.92)	(0.98)	(1.01)		(0.94)	(1.02)	(1.03)		(0.93)
金融開放度2007	-0.62	-0.71	-0.89	-0.62*	-0.66*	-0.80*	-0.94	-0.61*	-0.69*
	(0.39)	(0.46)	(0.57)	(0.37)	(0.39)	(0.47)	(0.57)	(0.36)	(0.39)
貿易開放度2008	0.49	0.52	0.12	0.35	0.58	0.64	0.36	0.37	0.57
	(0.43)	(0.46)	(0.73)	(0.40)	(0.42)	(0.46)	(0.74)	(0.41)	(0.43)
固定相場制2007ダミー	0.06	0.15	0.13	0.33	0.09	0.18	0.19	0.33	-0.02
	(0.46)	(0.54)	(0.54)	(0.45)	(0.46)	(0.55)	(0.54)	(0.44)	(0.46)
中間的為替相場制2007ダミー	0.44	0.39	0.59	0.26	0.26	0.27	0.42	0.67	0.30
	(0.85)	(0.99)	(0.89)	(0.79)	(0.87)	(1.01)	(0.91)	(0.93)	(0.88)
観測数	92	81	77	84	92	81	77	84	92
$\bar{R}^2$	0.47	0.44	0.45	0.56	0.48	0.44	0.46	0.58	0.47

(注) 推計式は第(1)〜(8)列が
$$G_i^{0912} = c + \beta CAY_i^{0408} + \sum_k \gamma_k X_{i,k} + \lambda_1 RVD_i \times CAY_i^{0408} + \lambda_2 RVS_i \times CAY_i^{0408} + \varepsilon_i$$
第(9)列は,
$$G_i^{0912} = c + \beta CAY_i^{0408} + \sum_k \gamma_k X_{i,k} + \delta_1 RVD_i + \delta_2 RVS_i + \varepsilon_i$$
である。すべて最小二乗法による推計。数字の右添え記号***, **, *は推計値がそれぞれ有意水準1, 5, 10％で統計的に有意であることを示す。カッコ内は標準誤差。

第2章　世界金融危機後のグローバル・インバランス

示している。

　産油国ダミー変数の係数も統計的に有意で，大きく負となった。石油輸出国である場合，他の条件を一定とすると，危機後4年間のGDP成長率は他の国々より2.4%低くなっている(15)。

　サンプルから低所得国，金融センター，産油国をそれぞれ除いて推計したとしても，以上の結果は基本的に変わらなかった（第(2)〜(4)列）。唯一の違いは，低所得国および産油国を除いた場合に1人当りGDPの係数が符号は負であるものの統計的に有意でなくなった点である（第(2)・(4)列）。これは，低所得国を除いたことで1人当りGDPの標本分散が小さくなったためであり，第(1)列の結果と矛盾するものではない(16)。

　続いて，反転ダミーを経常収支との交差項として加えた場合の推計結果が第(5)列である。赤字からの反転ダミーの係数は有意水準10%で統計的に有意であり，経常赤字反転国ほど危機後の経済成長率が大幅に低くなったことを示唆している。第(5)列より，経常収支／GDPと赤字反転ダミーの交差項の係数は8.8で，経常収支／GDPの係数も7.6でともに統計的に有意である。つまり，反転の有無に関係なく危機前の経常赤字／GDPが5％高ければ危機後のGDP成長率は0.38％低くなったが，危機後に経常赤字が反転した国の場合その効果は0.82％の低下にまで増幅したといえる。サンプルから金融センター国や産油国を除いた場合も結果は同じであった（第(7)・(8)列）。低所得国を除いた場合には交差項の係数は統計的に有意でなくなったが，推計値はほとんど変わらず，標準誤差も僅かに上昇しただけであった（第(6)列）。危機前の経常赤字規模が同程度の2国があるとする。もし一方の国では2009年に経常赤字が反転し，他方の国では経常赤字が反転しなかったとすると，他の条件を一定とすれば2009年以降の実質GDP成長率の低下規模は反転国の方が大きかったといえる。

　経常黒字からの反転ダミーの係数も正であり，黒字から反転した国の危機後の経済成長率が相対的に高かった可能性を示唆している。だが，統計的には有意でなかった。低所得国や金融センターを除いた場合も結果は同じであった（第(6)・(7)列）。産油国を除いた場合は黒字反転ダミーと経常収支の交差項の係

数は大きく負となったが，統計的には有意でなかった。

経常収支反転のダミー変数それ自体を説明変数とした場合の推計結果を第(9)列に示した。赤字からの反転ダミーの係数は推論通り大きく負となったが，統計的には有意でなかった。黒字からの反転ダミーも統計的に有意ではなかった。したがって，経常赤字が反転したか否かは危機後の経済成長率低下に有意な影響を与えたが，それは危機前の経常赤字の大きさが誘発した成長率低下効果を増幅するという形で現れたと理解すべきである。

また，危機前5年間における民間金融部門与信対GDP比の変化が大きいほど危機後の経済成長率が低くなった可能性も示唆されるが，推計値はいずれも統計的に有意でなかった。[17]

以上の結果をまとめよう。2009年に経常赤字が反転した国は反転後4年間，他の赤字国に比べ大幅なGDP成長率低下に見舞われた。だが，経常黒字が反転した国についてはGDP成長率に関して他の黒字国と有意な違いは確認できなかった。むしろ黒字国に関しては産油国であるかどうかがより重要で，産油国の危機後のGDP成長率はその他の国々に比べ約2％低いものとなっている。

5　おわりに——信用成長と経常収支の反転

世界金融危機を境にグローバル・インバランスは2000年前後の規模まで縮小した。縮小をもたらしたのは米国・中国など危機後に経常収支不均衡を大きく縮小させた一部の国々——すなわち，経常収支反転国——であった。経常収支が反転したのは，赤字側では危機前に金融機関信用の伸びが大きかった国々，黒字側では金融機関信用の伸びが低調だった国々である。危機前の経常赤字が大きい国ほど危機後4年間の実質経済成長率が低くなったが，経常赤字が反転した国ではその効果が一段と大きかった。一方，経常黒字の反転と危機後の成長率の間には統計的に有意な関係は見出せなかった。

危機前の信用成長の低さが経常黒字反転の確率を高めたという結果は興味深い。過剰な信用成長が経常赤字の膨張から反転へと至るメカニズムについては

研究蓄積が豊富にある。しかし，過小な信用成長が経常黒字の拡大と反転を招くメカニズムはあまり研究されておらず，今後の研究の進展が期待される。

注

(1) Obstfeld-Rogoff (2000), Mann (2002)。
(2) 経常収支データの存在する国々の GDP 総計。
(3) 2006-08 年平均は赤字が 2.69％，黒字が 2.89％であったのに対し，2009-12 年平均は赤字が 1.76％，黒字が 1.99％に減少した。ただし，2012 年については欠損値が多いので留意が必要である。2011 年以前のデータ数は毎年 147〜168 カ国に及ぶが，2012 年は 109 カ国にとどまる。
(4) 五百旗頭 (2010) では「反転前 3 年間に経常収支赤字の対 GDP 比が 2％以上だった年がある」ことも反転の一要件としているが，本章の関心はグローバル・インバランス縮小をもたらした急激な経常収支の変動に関心があるため，ここでは条件から外した。
(5) 筆者の知る限り，経常黒字の反転を実証的に取り上げた先行研究はほとんど存在しない。今まで経常黒字の反転に関心が向けられなかったのは，過去の赤字からの反転事例が，多くても数カ国同時発生による地域的現象に過ぎず，ある国の赤字反転は他国の赤字拡大で吸収され，裏側で黒字国の黒字反転が同時に発生するということが少なかったためと考えられる。五百旗頭 (2010)，p.101 を参照されたい。
(6) 1986〜1990 年のドイツ（旧西ドイツ）の財政赤字／GDP は平均 1.2％だったのに対し，1991〜1995 年には 4.1％に増大した。1986〜1990 年のデータは IMF の *International Financial Statistics*，1991〜1995 年のデータは IMF の *World Economic Outlook* に基づく。
(7) 経常収支の「中期的均衡値」とは，対外純資産／GDP，財政赤字／GDP，人口構成などによって決定される経常収支の中期的変動（medium-term determinants of current account）のことである（Chinn-Prasad (2003), Chinn-Ito (2007)）。
(8) 「2008 年の民間金融機関信用/GDP」-「2004 年の民間金融機関信用/GDP」のこと。
(9) Lane and Milesi-Ferretti (2011) の低所得国の定義を踏襲した。
(10) Obstfeld (2012)。
(11) 五百旗頭 (2008)。
(12) 石油輸出国に含めたのは次の 9 か国。サウジアラビア，ノルウェー，ベネズエラ，ナイジェリア，クウェート，オマーン，アンゴラ，リビア，エクアドル。
(13) 2008 年末時点の為替相場制度を用いると，リーマン・ショック直後に為替相場制度を変更した場合を含んでしまうため，2007 年末時点の為替相場制度を用いた。
(14) たとえば，GDP 成長率が 3％の場合，推計データには 0.03（小数点表示）ではなく 3.00 を用いている。推計結果の解釈を容易にするためである。

(15)この結果は，2008〜2009年の実質GDP成長率平均を被説明変数として推計したLane and Milesi-Ferretti (2011) の結果とは異なる。彼らの推計では産油国ダミーの係数は正で，かつ統計的に有意でなかった。本稿のサンプルを用いて彼らの推計式を推計しても結果は同じであった。そこで，被説明変数を2009〜2010年の2年間の実質GDP平均成長率として再推計を行ったが，結果は表4第(1)列とほぼ同じで，産油国ダミーの係数は-2.1となり，統計的にも有意であった。したがって，2009年以降の産油国のGDP成長率が2008年以前の経常黒字水準から予測される水準を下回っているものと考えられる。

(16)産油国についてもそのほとんどが相対的に所得の低い国々である。

(17) Lane and Milesi-Ferretti (2011) では信用成長の係数は統計的に有意に負であった。

参考文献

Chinn, M. and E. Prasad (2003) "Medium-term Determinants of Current Accounts in Industrial and Developing Countries: An Empirical Exploration," *Journal of International Economics*, Vol. 59, pp.47-76.

Chinn, M. and H. Ito (2007) "Current Account Balances, Financial Development and Institutions: Assaying the World 'Saving Glut'," *Journal of International Money and Finance*, Vol. 26, pp.546-569.

Freund, S. (2005) "Current Account Adjustment in Industrial Countries," *Journal of International Money and Finance*, 24(8), pp.1278-1298.

International Monetary Fund (2009) *Annual Report on Exchange Rate Arrangements and Exchange Restrictions* (Washington, DC, International Monetary Fund).

Lane, P. R. and G M Milesi-Ferretti (2007) "The External Wealth of Nations Mark II: Revised and Extended Estimates of Foreign Assets and Liabilities, 1970-2004," *Journal of International Economics*, Vol. 73, pp.223-250.

Lane, P. R. and G M Milesi-Ferretti (2011) "The Cross-Country Incidence of the Global Crisis," *IMF Economic Review*, Vol. 59, pp.77-110.

Lane, P. R. and G M Milesi-Ferretti (2012) "External Adjustment and the Global Crisis," *Journal of International Economics*, Vol. 88, pp.252-265.

Mann, C. (2002) "Perspectives on the U. S. Current Account Deficit and Sustainability, *Journal of Economic Perspective*, 10(3), pp.131-152.

Obstfeld, M. (2012) "Does the Current Account Still Matter?," *American Economic Review : Papers & Proceedings*, 102(3), pp.1-23.

Obstfeld, M. and K. Rogoff (2000) "Perspectives on OECD capital market integration: Implications for U. S. current account adjustment," in Federal Reserve Bank of Kansas City, *Global economic integration : Opportunities and challenges*, pp. 169-208.

五百旗頭真吾 (2008)「経常収支の反転──株価バブルとの関連性」『社会科学』Vol.

82, pp.59-85。
五百旗頭真吾（2010）「経常収支の2パターン」藤田誠一・岩壷健太郎編『グローバル・インバランスの経済分析』有斐閣, pp.69-104。

第Ⅱ部

域内資金フローの変化とユーロ危機

第3章

ユーロ圏の域内不均衡と最適通貨圏の基準の内生性
——産業構造・産業内貿易データによる検証——

福本幸男

1 はじめに——最適通貨圏の基準の内生性から域内不均衡を考える

　本章は、ユーロ圏の域内不均衡がユーロ導入に伴う最適通貨圏の基準の内生性による影響であるのかを明らかにすることを試みる。最適通貨圏の基準の内生性についての議論は次節で行うが、簡単に述べると、最適通貨圏とは共通通貨の導入による費用よりもその便益が大きいことで高い経済的厚生が得られる地域である。ここでの費用は自国の景気循環の変動を抑えるために域内各国が独自の金融政策を遂行できないことで生じる費用であり、便益は為替リスクがなくなることで貿易・資本取引が増加することにより生じる便益である。共通通貨の導入による費用は、域内地域の景気循環が同調していない場合に大きくなることから、最適通貨圏の基準は、一般的に、域内地域の景気循環が同調する要件を指している。そして、最適通貨圏の基準の内生性とは、共通通貨圏の形成が域内諸国の最適通貨圏の基準に影響を及ぼすことで景気循環の同調性に変化が生じることを意味している。

　2009年10月のギリシャの政権交代によって発覚した国家財政危機に端を発したユーロ危機から、共通通貨圏に伴う費用は非常に大きいことが明らかになった。とりわけ、ユーロ圏諸国の中でも、GIIPS（ギリシャ、イタリア、アイルランド、ポルトガル、スペイン）諸国がユーロ危機で深刻な影響を受けており、ユーロ圏内の域内不均衡に注目が集まっている。ユーロ危機の一因に、2007年から2008年の米国のサブプライム住宅ローン問題に端を発した世界金融危機

59

があることに議論の余地はないだろう。実際のところ，1999年1月のユーロ導入前から，ユーロ圏諸国において多くのマクロ経済のファンダメンタルズの収斂が観察されており，世界金融危機以降，それらのファンダメンタルズの発散が見られる。しかし，ユーロ圏の域内不均衡はユーロ圏自体に問題があることからも，ユーロ危機は必ずしも世界金融危機で全てを説明できないことは明らかである。本章は，ユーロ圏諸国間の主要なマクロ経済のファンダメンタルズの収斂と発散が最適通貨圏の基準の内生性によるものであり，それが域内不均衡の拡大，そしてユーロ危機を生じさせたのか，もしくは，別の要因によるものなのかをユーロ圏諸国の産業構造・産業内貿易データの動向から検証する。

本章の構成は，以下のとおりである。2節では，まず，最適通貨圏の基準の1つである産業構造の類似性を中心に議論する。その後，最適通貨圏の基準の内生性が共通通貨圏に及ぼす影響を説明する。最後に，最適通貨圏の基準の内生性を考慮して欧州諸国を主要な分析対象とした先行研究を整理する。3節では，域内不均衡の状況を把握するため，1995年から2010年のユーロ圏諸国の主要なマクロ経済のファンダメンタルズの動向を概観する。4節では，1995年から2009年のユーロ圏諸国の産業構造・産業内貿易のデータから，ユーロ圏諸国の経済構造がどのように変化しているかを明らかにし，それが最適通貨圏の基準の内生性によるものかを検証する。5節では，3節と4節から得られた検証結果を関連付けて議論する。

2　産業構造の類似性と欧州諸国を分析対象とした先行研究

（1）最適通貨圏の基準

共通通貨圏における各国の景気循環が同調しているのであれば望ましい金融政策に違いがないことから，必ずしも金融政策の自律性を失うことによる費用は大きくないだろう。通常，最適通貨圏の基準はその費用が小さくなるための要件を意味しており，これまでに，いくつもの最適通貨圏の基準が提唱されてきた。これらに関しては，既にDe Grauwe（2009）等で詳細な説明がなされて

いる。本項では，我々が最適通貨圏の基準として取り上げる Kenen（1969）による「産業構造の類似性」の説明とこの基準を採用する理由を述べる。[1]

　この最適通貨圏の基準について説明する前に，まず，共通通貨圏における各国の景気循環の同調性の低下の要因である「非対称な経済ショック」を明確にしておく必要があるだろう。経済ショックは，大きく分けると，供給ショック（たとえば，石油価格ショックや生産性ショック）と需要ショック（たとえば，財政支出ショックや特定の財に対する需要ショック）がある。共通通貨圏の全ての国に同じ種類で同じ大きさの経済ショックが生じた場合，どの国にも同じような影響が生じる。したがって，景気循環が同調するので経済ショックに対して共通の金融政策で対応が可能である。これは，対称な経済ショックが生じたことを意味している。一方で，共通通貨圏のいずれかの国のみに経済ショックが生じた場合，必ずしも域内の全ての国がその影響を受けないだろう。これは，非対称な経済ショックが生じたことを意味している。

　Kenen（1969）による最適通貨圏の基準である産業構造の類似性は，それが高い場合，非対称な供給ショックが生じる可能性が低く，非対称な需要ショックが生じてもそのショックの影響は域内の全ての国に波及することを示唆している。石油価格ショックはいうまでもなく，生産性ショックについても，産業構造が類似している国は，同じようなショックに直面すると考えられる。そして，仮に一部の国でのみ，財政支出ショックや特定の財に対する需要ショックが生じたとしても，産業構造が類似しているならば産業内貿易を通じてそのショックの影響が波及する。したがって，産業構造の類似性が高ければ，共通の金融政策で対応が可能であり，産業構造の類似性と景気循環の同調性の結びつきは十分に信じられることから，本章では，最適通貨圏の基準として，Kenen（1969）による基準を採用することにする。また，Kenen（1969）は産業構造が多様化している場合についても，特定の経済ショックによって各国で生じる非対称なショックの影響は小さいことを指摘している。実際のところ，各国の産業構造が多様化している場合，経済が成熟しており，共通する産業も数多く存在することから，結果的に産業構造が類似している可能性が高いだろう。

Kenen (1969) による基準がユーロ圏諸国において満たされているかを判断するためには，産業構造が類似しているか，産業内貿易が活発であるかを検証する必要がある。したがって，産業構造・産業内貿易データを用いることにする。

（2）最適通貨圏の基準の内生性

共通通貨の導入は共通通貨圏に属する国の為替リスクがなくなるため，貿易・資本取引が活発化することは明らかである。これは，域内諸国の産業構造，産業内貿易に影響を及ぼすことで，域内諸国間の景気循環の同調性に変化を生じさせる可能性がある。つまり，最適通貨圏の基準の内生性は，共通通貨の導入前においては産業構造の類似性が高く景気循環が同調していたとしても，共通通貨の導入後においては産業構造の類似性が低く景気循環が同調しなくなる可能性があり，また，その逆の可能性もあることを意味している。最適通貨圏の基準の内生性は，Commission of the European Communities (1990) と Krugman (1991) によって注目を集めた。

Commission of the European Communities (1990) は，共通通貨の導入前から産業構造が類似している場合，景気循環の同調性が内生的に高まると指摘している。その理由は，産業内貿易が活発化することで，特定の国にのみ生じた経済ショックがこれまで以上に速やかに他の国に波及するためである。この仮説は，Ricci (1997) も指摘している。一方で，Krugman (1991) は，共通通貨の導入前の産業構造が類似していようが，景気循環の同調性は内生的に低くなると指摘している。その理由は，各国が同一の貿易財を生産していた場合，規模の経済により，その貿易財産業はある国においてのみ生き残り，他の国においては淘汰されるためである。結果的に，産業構造の類似性は低下して，産業間貿易の割合が高くなり，域内諸国のうち，特定の国のみが経済ショックの影響を受けることになる。この仮説は，Eichengreen (1992) も指摘している。

これらの仮説は，ユーロ導入の際に大きな論争になったことは容易に想像がつくだろう。次項で述べるように，ユーロの導入の是非をめぐり，多くの実証

研究によってこれらの仮説の検証がなされてきた。そして，ユーロ危機によって，最適通貨圏の基準の内生性が改めて注目されることが予想される。

（3）欧州諸国を分析対象とした先行研究

これまでに，欧州諸国を主要な分析対象にして最適通貨圏の基準とその内生性を実証的に検証した研究は膨大に存在する。様々な分析アプローチに基づいて，様々な実証結果が報告されているものの，必ずしも結論が出されたとはいえない。本項では，まず，Bayoumi and Eichengreen（1994），Frankel and Rose（1998）を議論する。これらの研究は産業構造データを用いていない分析アプローチであるものの，最適通貨圏の基準とその内生性に関する実証研究として，最も影響力のある論文であることが知られている。その後，産業構造データを用いた分析アプローチを提示している Krugman（1991），Brülhart（2001），Gugler and Pfaffermayr（2004），Brülhart and Traeger（2005）を議論することにする。

Bayoumi and Eichengreen（1994）は，総供給・総需要モデルに基づいて，分析対象国・地域の供給ショックと需要ショックを構造ベクトル自己回帰モデルの分析手法から識別を試みている。そして，各国間の供給ショックの相関係数，各国間の需要ショックの相関係数から，経済ショックの対称性が高いか低いかを判断することを試みている。彼らは①欧州諸国，②東アジア諸国，③北・中・南アメリカ諸国，④米国国内地域の4つのグループで供給ショックと需要ショックの相関係数の大きさを検証している[2]。分析結果については，供給ショックと需要ショックの相関係数ともに，米国国内地域がもっとも高く，次に，欧州諸国，東アジア諸国，北・中・南アメリカ諸国の順となっている。この結果は，米国国内は，既に，米国という1つの共通通貨圏であることを考慮すると，欧州諸国は，他の地域と比べて，最も共通通貨圏の可能性が高いことを示唆している。また，彼らは，西欧諸国の中でも，北に位置するオーストリア，ベルギー，デンマーク，フランス，ドイツ，オランダ，スイスの間の相関が特に強いことを指摘している。欧州諸国の中でも相関の強さに違いがあるこ

とに着目した点も含めて，現在においても非常に示唆に富んでいるだろう。

　Frankel and Rose (1998) は，先進 20 カ国の 30 年間のデータを用いてパネルデータ分析により貿易の結びつきと各国間の景気循環に正の関係があることを示している。つまり，貿易取引の拡大が景気循環の同調性を高めることから，産業構造の類似性が低くなることはなく，貿易構造は産業間貿易ではなく産業内貿易であることを示唆している。また，ユーロ圏諸国以外の国を含んでいる場合でさえも，貿易の拡大は景気循環の同調性を高める可能性があるとの結論は非常に興味深いだろう。ユーロの導入は域内の貿易障壁を低下させるため，間違いなく域内貿易は高まることから，ユーロ圏諸国の景気循環の同調性がより高くなることを意味している。Frankel and Rose (1998) による最適通貨圏の基準の内生性の検証結果は，Krugman (1991) ではなく，Commission of the European Communities (1990) を支持している。

　Bayoumi and Eichengreen (1994) と Frankel and Rose (1998) の分析アプローチの理論的背景には，当然のことながら，各国の産業構造の類似性が考慮されている。しかし，これらの論文に限らず，最適通貨圏の基準，もしくは，その内生性を実証的に検証した多くの先行研究は，産業構造・産業内貿易のデータを直接用いることなく，間接的な証拠からこれらの仮説を検証している。これらの分析アプローチから得られた検証結果が産業構造・産業内貿易の変化によってもたらされているのか，実は，別の要因によってもたらされているのか厳密には判断できないだろう。

　Krugman (1991) は，産業構造のデータから欧州諸国の最適通貨圏の基準の内生性を議論した研究として最も知られている。Krugman (1991) は自動車産業を例に挙げて，欧州諸国と米国の違いを示している。彼は，自動車産業が各国に分布している欧州諸国においても，ユーロ導入によって，米国のようにどこかの地域に集約されうると主張している。ただし，産業構造のデータによる検証ではあるものの，Krugman (1991) は仮説の域を出ていないだろう。つまり，本当に，単一通貨であることが，米国の自動車産業がデトロイトに集中している要因であるのかという点である。実際のところ，日本の自動車産業の場

合，単一通貨であっても現在においても1つの地域に集約されていないことは明らかである。

Krugman（1991）以降，Brülhart（2001），Gugler and Pfaffermayr（2004），Brülhart and Traeger（2005）が産業構造のデータからより精緻な分析を行っている。Brülhart（2001）は1972年から1996年のEU（欧州連合）13カ国において，経済規模の小さい国の産業構造の集中が高く，また，多くの国で1970年代より1990年代の方が，産業構造の集中が高まっていることを示した。Gugler and Pfaffermayr（2004）は1985年から1998年のEU14カ国において，生産性の収斂は見られるが，産業構造の類似性の収斂は見られないことを示した。また，Brülhart and Traeger（2005）は1975年から2000年の欧州17カ国（EU15カ国を含む）において，製造業における産業構造の類似性の収斂は見られたと述べている。

産業構造のデータによる検証ではあるものの，Brülhart（2001），Gugler and Pfaffermayr（2004），Brülhart and Traeger（2005）から得られた結果は，EUにおける経済統合の深化による貿易障壁の低下から生じる産業構造の動向である。また，これらの分析対象期間はユーロ導入直後までに留まっており，ユーロ導入による最適通貨圏の基準の内生性の影響はまだ産業構造・産業内貿易の動向に現れていないだろう。

3　ユーロ圏諸国のマクロ経済の主要ファンダメンタルズ

（1）データ

産業構造・産業内貿易データを検証する前に，本節では，ユーロ圏12カ国のマクロ経済の主要ファンダメンタルズのデータを注視することにしたい。ファンダメンタルズの動向は景気循環の同調性が強まったか弱まったかを判断する最も重要な指標といえる。どのファンダメンタルズにおいて，どの時期に，どの程度，GIIPS諸国と非GIIPS諸国の間で違いが生じたのかを明らかにすることで，ユーロ導入や世界金融危機が域内不均衡に及ぼした影響や最適通貨圏

の基準が内生的に変化しているかを探る手がかりが得られるだろう。

　我々は，マクロ経済の主要ファンダメンタルズとして，1人当たりGDP，産出量ギャップ，物価水準，CPIの変化率（インフレ率），長期金利，失業率，経済全体および産業別の単位労働費用（ユニット・レーバー・コストとも呼ばれる），を用いる。1人当たりGDPと物価水準のデータの出所は，Penn World Table 7.1 である。(3) これら以外のデータの出所は，OECD.Stat Extractsであり，2013年7月にダウンロードしたデータを用いている。(4) また，物価水準に関しては，全ての時点の米国の値を100と基準化しているPenn World Table 7.1のデータを，分析対象全期間のドイツの値を100と基準化する形式に加工している。物価水準以外のデータに関しては対数変換も含めて加工をしていない。分析対象期間は1995年から2010年であり，年次データを用いる。

　ここで扱うユーロ圏12カ国は，1999年のユーロ誕生時点でユーロ圏に加わったドイツ，フランス，オランダ，ベルギー，オーストリア，イタリア，スペイン，ポルトガル，アイルランド，フィンランド，ルクセンブルクと2001年にユーロ圏に加わったギリシャである。2013年9月時点で，ユーロを導入している国は17カ国あることから，ユーロ圏諸国のうち5カ国については，我々は分析対象に含めていない。その理由は，他のユーロ圏諸国と比べて，ユーロを導入している期間がかなり短いことと，経済規模が小さく他のユーロ圏諸国への経済的影響が軽微であると考えられること，そして，いくつかのデータが入手困難であるためである。(5)

（2）ファンダメンタルズの動向

　図3-1は，1人当たりGDPである。ルクセンブルクの数値は他のユーロ圏諸国と比べて極端に大きいが，ルクセンブルクは経済規模が小さく，これが域内不均衡やユーロ危機の要因ではないだろう。アイルランドを除くGIIPS諸国は，多くの非GIIPS諸国と比べて1人当たりGDPは低い水準にあることが確認できる。ポルトガル以外の国は，時間を通じて上昇するトレンドがみられるが，ポルトガルは2002年以降，横ばいの状況となっている。ポルトガル

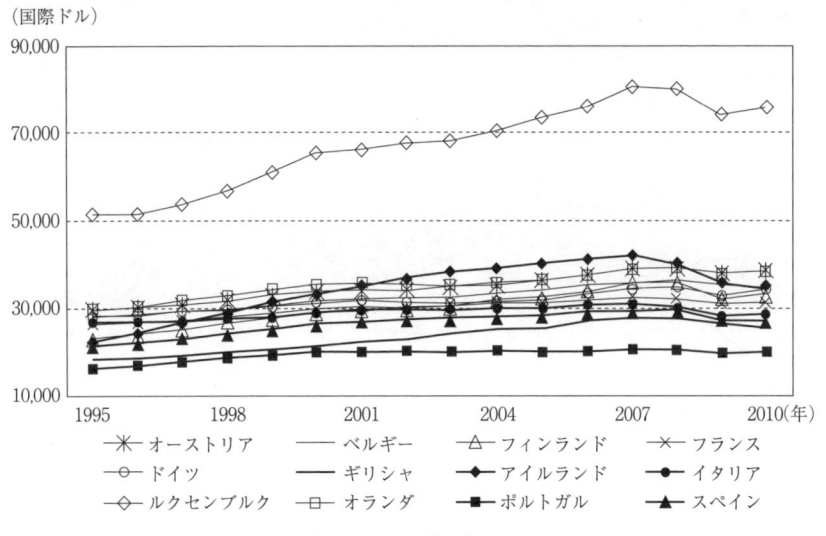

第3章　ユーロ圏の域内不均衡と最適通貨圏の基準の内生性

(国際ドル)

凡例：
- ※ オーストリア
- ― ベルギー
- △ フィンランド
- ✕ フランス
- ○ ドイツ
- ― ギリシャ
- ◆ アイルランド
- ● イタリア
- ◇ ルクセンブルク
- □ オランダ
- ■ ポルトガル
- ▲ スペイン

図3-1　1人当たり GDP

は分析対象国の中でも，1人当たり GDP が低いことから，ルクセンブルクを除くユーロ圏 11 カ国の1人当たり GDP は時間を通じて発散しているようにもみられる。ルクセンブルクとポルトガル以外のユーロ圏諸国においては，収斂や発散している証拠は見られないが，同調している可能性はあるだろう。

図3-2は，産出量ギャップである。他の国と比べて，アイルランドの動きは大きいが，方向は異なっていないようである。ギリシャはユーロ圏に加わるまで産出量ギャップの数値は他の国と比べても低く一貫してマイナスであったが，2003 年以降は他の国と比べても高くプラスに転じている。また，2004 年前後の一時期を除いて 1999 年のユーロ導入から世界金融危機までの期間はユーロ圏 12 カ国において産出量ギャップはおおむねプラスであり，ユーロ圏諸国は好景気の状況が続いていたと判断できる。アイルランド以外のユーロ圏諸国においては，収斂や発散している証拠は見られないが，同調している可能性はあるだろう。

図3-3は，ドイツの物価水準を 100 とした場合の他の国の物価水準である。

第Ⅱ部 域内資金フローの変化とユーロ危機

図3-2 産出量ギャップ

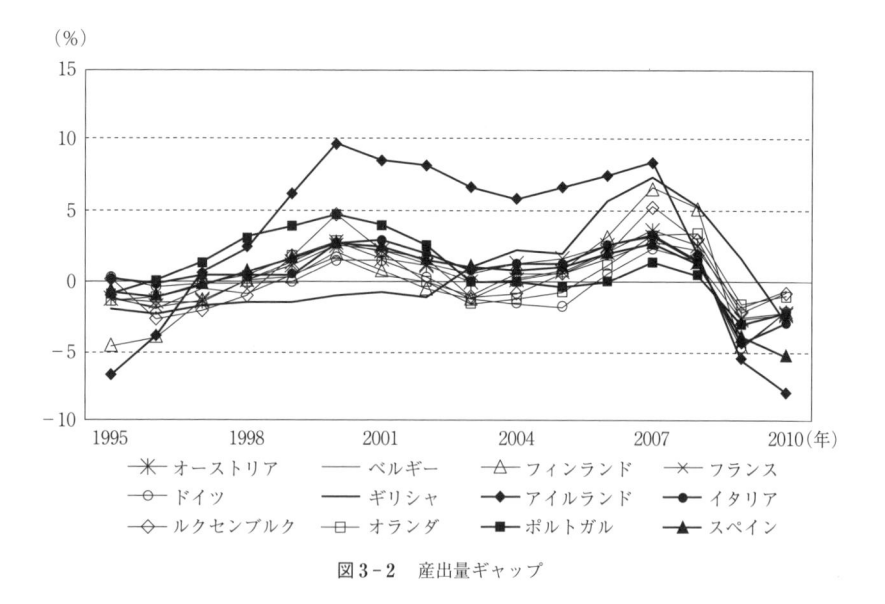

1人当たりGDPと同様に，アイルランドを除くGIIPS諸国は，非GIIPS諸国と比べて物価水準は低い水準にあり，アイルランドは，他の国と比べて，急激に物価が上昇している。アイルランド以外のユーロ圏諸国において，収斂も発散も強い証拠は見られないが，同調している可能性はあるだろう。

図3-4は，CPIの変化率である。2008年まで，GIIPS諸国のインフレ率は，非GIIPS諸国と比べて高い水準にある。GIIPS諸国のインフレ率が1999年までに低下しており，ユーロ圏諸国のインフレ率の収斂に貢献しているようにみられる。ギリシャが最も顕著である。2000年代に入ってからは，収斂が進んでいるようには見られないが，明らかに同調していることが確認できる。しかし，2009年から発散が生じている。2009年以前の2000年代は分析対象国のインフレ率の幅は約3％の範囲で収まっていたものの，2009年，2010年にはインフレ率の幅は約5％の範囲にまで広がっている。ただし，見方を変えると，インフレ率の幅が拡大したのは，アイルランドのインフレ率が大きくマイナスとなったこととギリシャのインフレ率が上昇したことにあり，これらの国以外

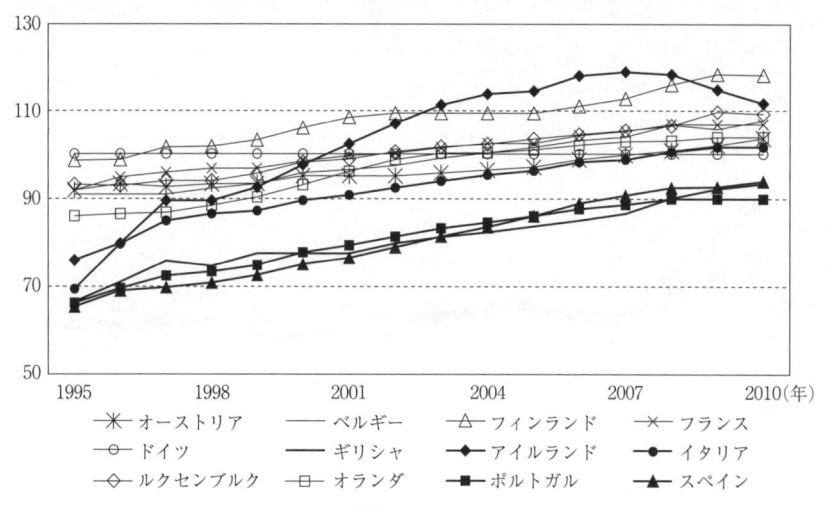

第3章　ユーロ圏の域内不均衡と最適通貨圏の基準の内生性

図3-3　物価水準

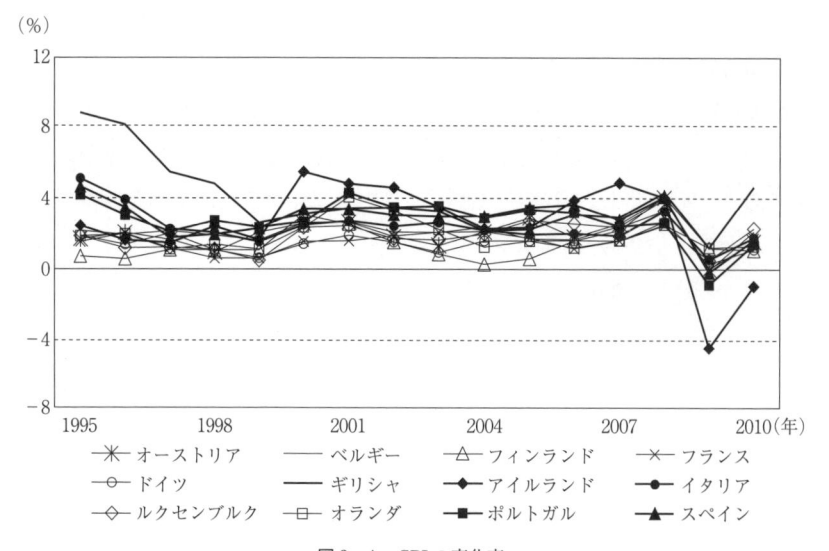

図3-4　CPIの変化率

第Ⅱ部　域内資金フローの変化とユーロ危機

(%)

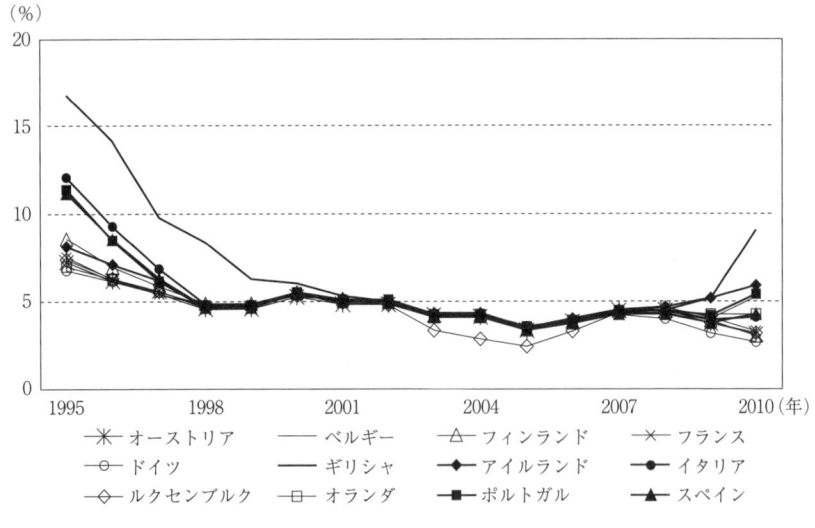

凡例:
×オーストリア　──ベルギー　△フィンランド　✕フランス
○ドイツ　●ギリシャ　◆アイルランド　●イタリア
◇ルクセンブルク　□オランダ　■ポルトガル　▲スペイン

図3-5　長期金利

の諸国間のインフレ率は発散していない。

　図3-5は，長期金利である。2000年までにGIIPS諸国の長期金利が急低下しており，ユーロ圏諸国の長期金利の収斂に貢献している。ギリシャが最も顕著である。2000年から2009年まで，ルクセンブルクの長期金利が他の国と比べて若干低いものの，ルクセンブルク以外の国は違いがみられないほど収斂している。しかし，2009年からは発散している。とりわけ，ギリシャの長期金利の急上昇が顕著であり，GIIPS諸国で上昇する一方で，非GIIPS諸国で低下している。

　図3-6は失業率である。2001年まで急速に収斂が進み，2007年まで緩やかに収斂しているものの，2008年以降，再び，発散に転じている。とりわけ，スペインの変動が顕著であるものの，スペイン以外のGIIPS諸国においても高くなっており，ユーロ圏諸国全体で発散していると判断できる。また，1999年のユーロ導入から世界金融危機までの期間は，ユーロ圏諸国全体で収斂しているものの，GIIPS諸国と非GIIPS諸国の間で失業率の変動に違いが見られる。

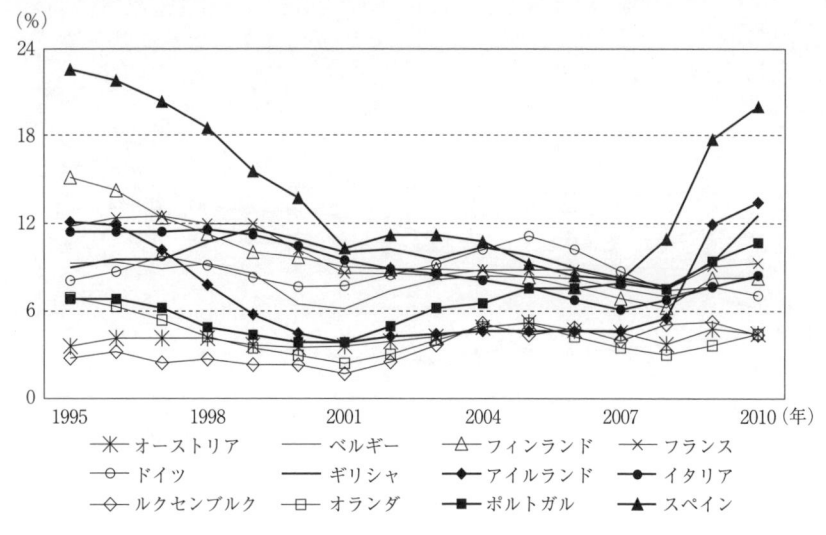

第**3**章　ユーロ圏の域内不均衡と最適通貨圏の基準の内生性

図3-6　失業率

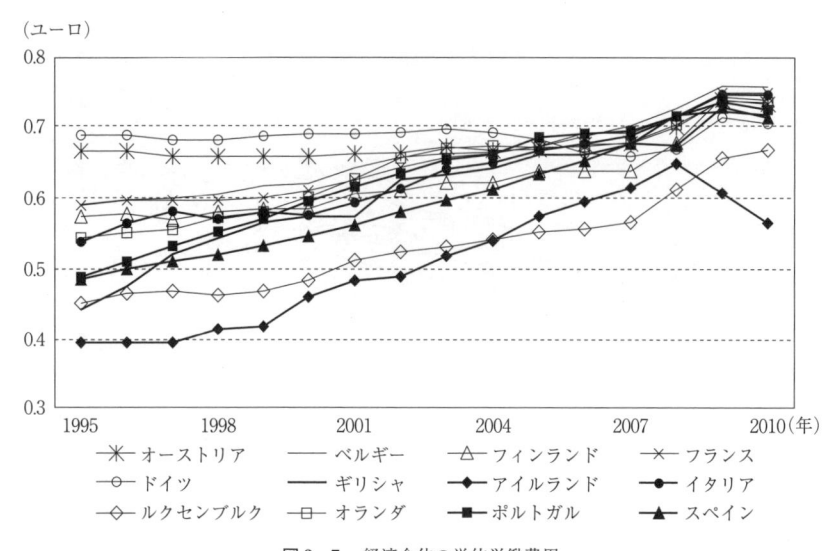

凡例：オーストリア、ベルギー、フィンランド、フランス、ドイツ、ギリシャ、アイルランド、イタリア、ルクセンブルク、オランダ、ポルトガル、スペイン

図3-7　経済全体の単位労働費用

凡例：オーストリア、ベルギー、フィンランド、フランス、ドイツ、ギリシャ、アイルランド、イタリア、ルクセンブルク、オランダ、ポルトガル、スペイン

第Ⅱ部　域内資金フローの変化とユーロ危機

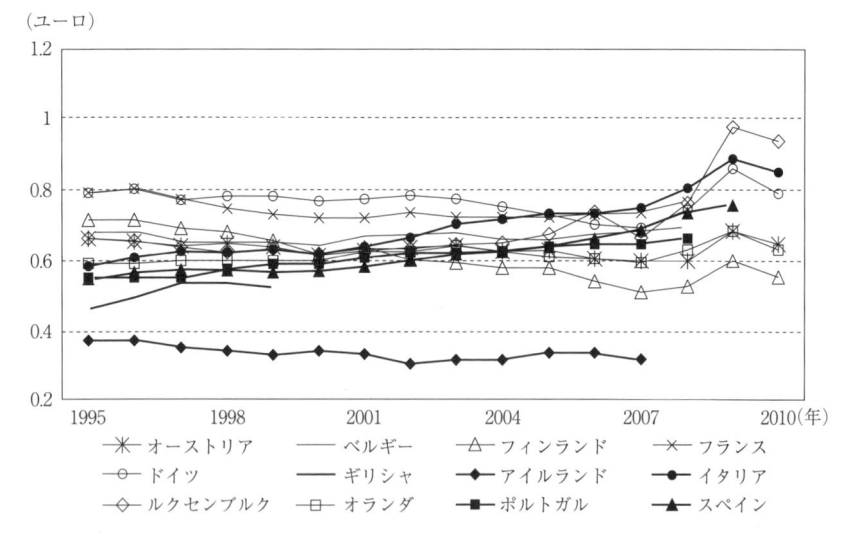

図3-8　製造業の単位労働費用

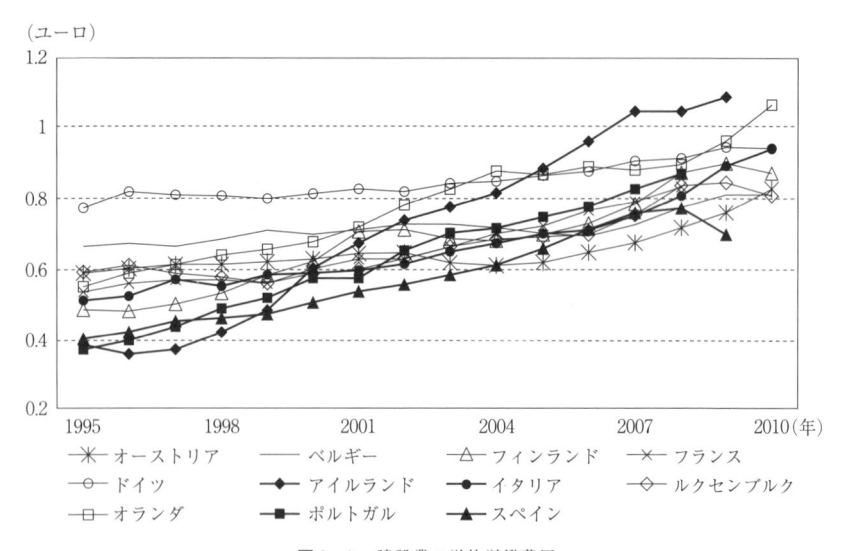

図3-9　建設業の単位労働費用

図3-7から図3-9は経済全体と産業別の単位労働費用である(6)。紙幅の都合でOECD. Stat Extractsから入手可能な全ての産業は掲載しないが，経済全体と産業別のそれぞれで異なる特徴がみられる。まず，**図3-7**の経済全体を見ると，2009年までの期間，単位労働費用の低い国の単位労働費用が急速に上昇しており，明らかに収斂している。アイルランドの単位労働費用が2009年以降，低下しているため，2009年以降，発散しているように見えるが，アイルランド以外の国の単位労働費用は発散していないようである。**図3-8**の製造業を見ると，経済全体とは異なり，全期間を通じて収斂も発散もしていないようである。また，アイルランドの単位労働費用は，他の国と比べても極端に低い水準であることが読み取れる。**図3-9**の建設業を見ると，ドイツ以外の国が上昇しており，とりわけアイルランドは急激に上昇している。全期間を通じて収斂や発散の強い証拠は見られないようである。また，図3-7から図3-9で共通して，1995年時点では低い水準にあったGIIPS諸国が大幅に上昇しており，2010年時点ではいくつかの非GIIPS諸国よりも高い水準になっている。

　図3-1から図3-9を通じて，ユーロ圏諸国間の主要なファンダメンタルズからいくつかの特徴が見られる。まず，図3-1の1人当たりGDP，図3-2の産出量ギャップ，図3-3の物価水準に関しては，収斂も発散もしていないようであるが，1995年から2010年の期間を通じて，変動自体は同方向であるように見られることから，同調していないとはいえないようである。図3-4のCPIの変化率，図3-5の長期金利，図3-6の失業率，図3-7の経済全体の単位労働費用は，ユーロ導入もしくは世界金融危機直前まで収斂しており，2008年もしくは2009年には明らかに発散が生じている。また，分析対象期間を通じて，図3-1と図3-3は，非GIIPS諸国の数値が大きく，図3-4はGIIPS諸国の数値が大きい。そして，図3-1から図3-9の中で，ルクセンブルク以外では，アイルランド，ポルトガル，ギリシャ，スペインといったイタリア以外のGIIPS諸国が他のユーロ圏諸国とは異なる目立った動きが見られることから，GIIPS諸国と非GIIPS諸国の間でファンダメンタルズにおいて違

いがあることが確認できる。

　これらの結果から，いくつかのファンダメンタルズは分析対象期間を通じてGIIPS諸国と非GIIPS諸国の間で乖離があるものの，それ以外のファンダメンタルズの多くは，世界金融危機前まではGIIPS諸国と非GIIPS諸国の間のファンダメンタルズの乖離が小さくなり，世界金融危機後はGIIPS諸国と非GIIPS諸国の間のファンダメンタルズの乖離が大きくなっていると判断できる。つまり，世界金融危機以前は景気循環の同調性が高まっており，それ以降は，逆に低くなった可能性がある。次節では，ユーロ圏諸国間におけるファンダメンタルズの収斂や同調，もしくは，発散が生じていた理由をKenen（1969）による最適通貨圏の基準である産業構造の類似性に基づいて，産業構造でどの程度説明できるのかを検証する。そして，ファンダメンタルズの変動が，景気循環の変化によるのか，その場合は最適通貨圏の基準が内生的に変化したためなのかを明らかにすることを試みる。

4　ユーロ圏諸国における産業構造と産業内貿易

（1）データ

　ユーロ圏諸国の産業構造が類似していれば，各国の産業は経済ショックに対して，同じような影響を受ける。産業構造が類似しているかどうかを示す最も直接的なデータは，各国の経済全体に占める各産業の割合の比較である。最適通貨圏の基準の内生性の影響を受けているかどうかの重要な判断材料は，貿易財を生産する産業・業種の動向であろう。Krugman（1991）の仮説に基づくと，産業間貿易への転換でそれぞれの貿易財の生産は特定の地域に特化するため，ユーロ圏諸国における貿易財を生産する産業・業種の割合の違いは大きくなることで景気循環の同調性は低下するはずである。一方で，Commission of the European Communities（1990）の仮説に基づくと，産業構造の類似性が高い場合，産業内貿易が活発化することで，ユーロ圏諸国間で貿易財を生産する産業・業種の割合の違いは変わることなく経済ショックの対称性は高まるはずで

ある。Commission of the European Communities (1990) の仮説の場合，産業構造の動向だけでは最適通貨圏の基準の内生性の影響を受けているかを判断できないため，我々は各産業・業種で産業内貿易が進んでいるかを併せて検証する。

データの出所は，OECD. Stat Extracts から利用可能な Structural Analysis (STAN) databases の STAN indicators であり，産業構造の類似性の動向を測るための尺度として"経済全体に占める各産業の雇用者数の割合（Employment shares in total economy)"，産業内貿易の進展を測るための尺度として"産業内貿易（Intra-industry trade)"を用いる。[7] 詳細な説明はデータの出所に譲るが，産業内貿易の数値は，0から100までの範囲となっており，一方的に輸出している場合や一方的に輸入している産業・業種については0に近い数値，輸出と輸入の比率がほぼ同じ産業・業種については100に近い数値となる。したがって，産業間貿易が盛んである国の場合は0に近い数値，産業内貿易が盛んである国の場合は100に近い数値が複数の産業・業種で観察されるだろう。[8] 分析対象国は，3節で用いたユーロ圏12カ国である。我々がダウンロードによって入手した2013年7月時点においてさえ，データは最長で2009年までしか利用できないことから，ユーロ圏における最適通貨圏の基準の内生性を産業構造・産業内貿易のデータで世界金融危機以降の状況も踏まえて検証することは，ごく最近になって可能になったといえるだろう。分析対象期間は1995年から2009年であるが，ポルトガルに関しては2006年までしか入手できず，いくつかの国で一部のデータに欠損値があった。

我々は，STAN indicators から入手可能な全産業・業種を検証したものの，紙幅の都合があるため，経済全体に占める割合が低い業種，欠損値の多い業種，以下で議論する業種と同じような特徴を持つ業種を省いている。我々が産業構造の検証で取り上げる産業・業種は，①農林水産業（C01T05 AGRICULTURE, HUNTING, FORESTRY AND FISHING），②製造業（C15T37 MANUFACTURING），そして，製造業の中の③ハイテクおよびミディアム・ハイテク産業（HMHTECH High and medium-high technology manufactures）と④ローテク産業

(LOTECH Low technology manufactures) と⑤自動車産業 (C34 Motor vehicles, trailers and semi-trailers), ⑥建設業 (C45 CONSTRUCTION), ⑦サービス業 (C50T99 TOTAL SERVICES) である。①は第1次産業, ②と⑥は第2次産業, ⑦は第3次産業に属しており, ③と④と⑤は製造業に属している。Krugman (1991) の仮説から, 貿易財を生産している農林水産業と製造業は最適通貨圏の基準の内生性の影響を受ける可能性が考えられる。製造業全体ではなく, 製造業の中で生産する財の特化が国際的に進む場合を考慮して, 我々は製造業の中のハイテクおよびミディアム・ハイテク産業, ローテク産業, 自動車産業を取り上げることにする。自動車産業は, Krugman (1991) でも議論されており, 製造業の中でもとりわけ関心が高いだろう。貿易財を生産する産業だけでなく, 貿易財を生産しない建設業とサービス業の動向を検証することは, ファンダメンタルズの動向が最適通貨圏の基準の内生性の影響によるものかを議論する上で有益であるだろう。また, 産業内貿易の検証で取り上げる産業・業種は, ②製造業, そして, 製造業の中の③ハイテクおよびミディアム・ハイテク産業と④ローテク産業と⑤自動車産業である。産業内貿易の比率と景気循環の同調性に正の関係があることが期待されるため, ユーロ圏12カ国の産業内貿易が活発になっているかを検証する。Krugman (1991) の仮説は産業内貿易の比率の低下, Commission of the European Communities (1990) の仮説は産業内貿易の比率の上昇が最適通貨圏の基準の内生性によって生じると指摘している。

(2) 産業構造の動向

図3-10は農林水産業である。ユーロ圏12カ国ともに低下傾向にあり, これは経済成長の過程で第1次産業の割合が低下するためであろう。ギリシャ, ポルトガルの数値は他の国と比べてかなり大きく, GIIPS諸国が非GIIPS諸国より数値が高い傾向が観察される。分析対象期間を通じて, 最も高い数値のギリシャと最も低い数値のルクセンブルクの範囲は15%から10%に縮小している。したがって, 農林水産業は産業構造の類似性を高めることに貢献しているものの, 依然, 最大で10%の違いがあることから, 農林水産業のみに生じる

第3章 ユーロ圏の域内不均衡と最適通貨圏の基準の内生性

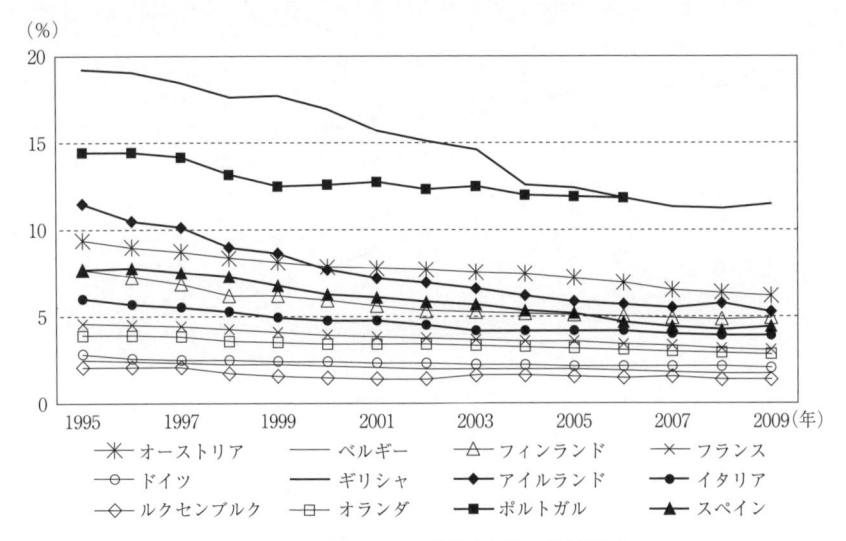

図3-10 全産業に占める農林水産業の雇用者比率

経済ショックがもたらす影響は，GIIPS諸国と非GIIPS諸国の間で異なっていると判断できる。

図3-11は製造業である。ユーロ圏12カ国ともに低下傾向にあり，これは経済成長の過程で第2次産業の割合が低下するためと解釈できる。ギリシャを除いて，GIIPS諸国が非GIIPS諸国より数値が高い傾向が観察される。分析対象期間を通じて，最も数値の高い国と低い国の範囲はほぼ10％で推移しており，各国の差が縮小しているようには見えない。したがって，製造業のみに生じる経済ショックがもたらす影響は，ギリシャを除くGIIPS諸国と非GIIPS諸国の間で異なっていると判断できる。

図3-12は，ハイテクおよびミディアム・ハイテク産業である。最も数値の高いドイツと低いギリシャの範囲はほぼ7％で推移しており，アイルランド以外の国において，分析対象期間を通じてほとんど変化が見られない。GIIPS諸国と非GIIPS諸国での特徴の違いは見られない。

図3-13は，ローテク産業である。1995年時点で最も数値の高いポルトガル

第Ⅱ部　域内資金フローの変化とユーロ危機

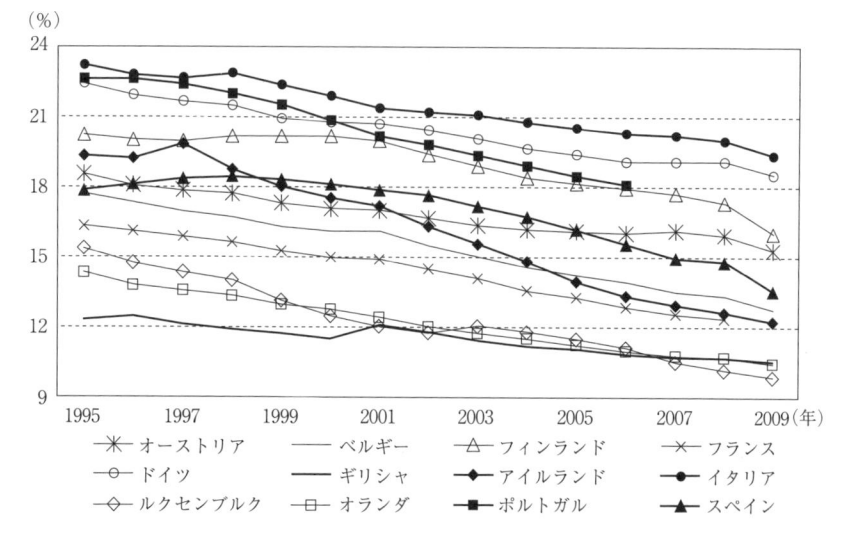

図3-11　全産業に占める製造業の雇用者比率

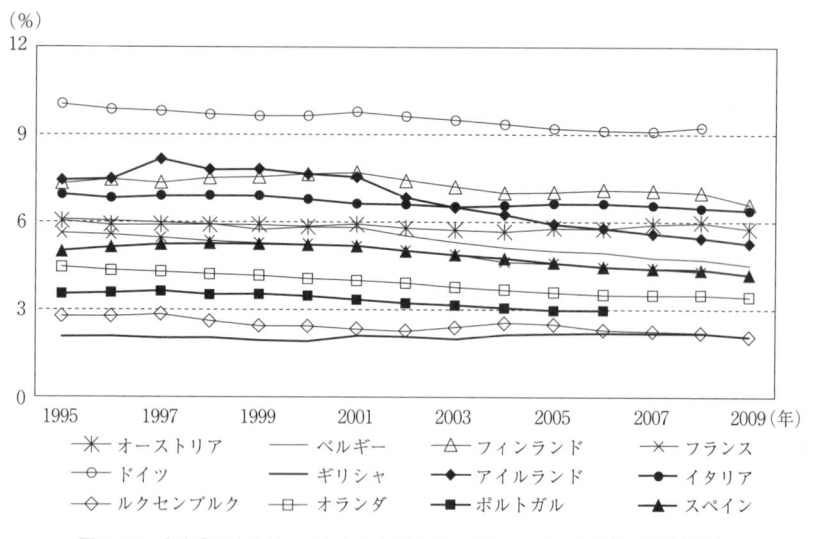

図3-12　全産業に占めるハイテクおよびミディアム・ハイテク産業の雇用者比率

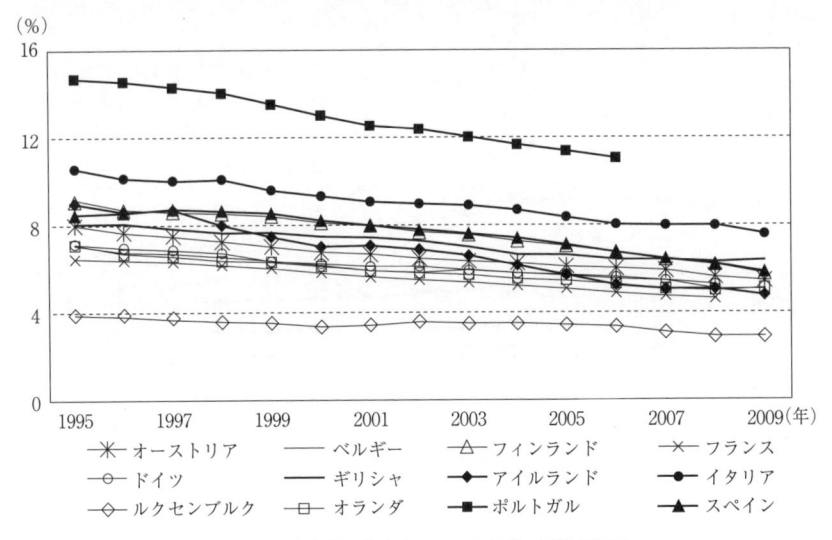

図3-13 全産業に占めるローテク産業の雇用者比率

と低いルクセンブルクの差はほぼ10％であり，ユーロ圏12カ国ともに低下傾向にあるものの，各国の差はあまり縮小していないようである。ローテク産業は分析対象期間を通じて3％低下しており，図3-11の製造業全体の割合の低下とほぼ一致していることから，全産業に占める製造業の割合の低下はローテク産業でほぼ説明できるだろう。GIIPS諸国の割合が高い傾向があることから，ローテク産業のみに生じる経済ショックがもたらす影響は，GIIPS諸国と非GIIPS諸国の間で異なっていると判断できる。

図3-14は，自動車産業である[12]。ドイツが最も高く，ギリシャが最も低いものの，GIIPS諸国と非GIIPS諸国での特徴の違いは見られない。各国の差は拡大も縮小もしていないようである。ただし，ドイツでさえ，2％前後であることを考慮すると，自動車産業のみに生じる経済ショックが経済全体に与える影響はそれほど大きくないかもしれない。また，Krugman（1991）の指摘とは異なり，現状では自動車産業がどこかの国に集中する傾向は見られない。

図3-15は建設業である。ほとんどの非GIIPS諸国については，時間を通じ

第Ⅱ部　域内資金フローの変化とユーロ危機

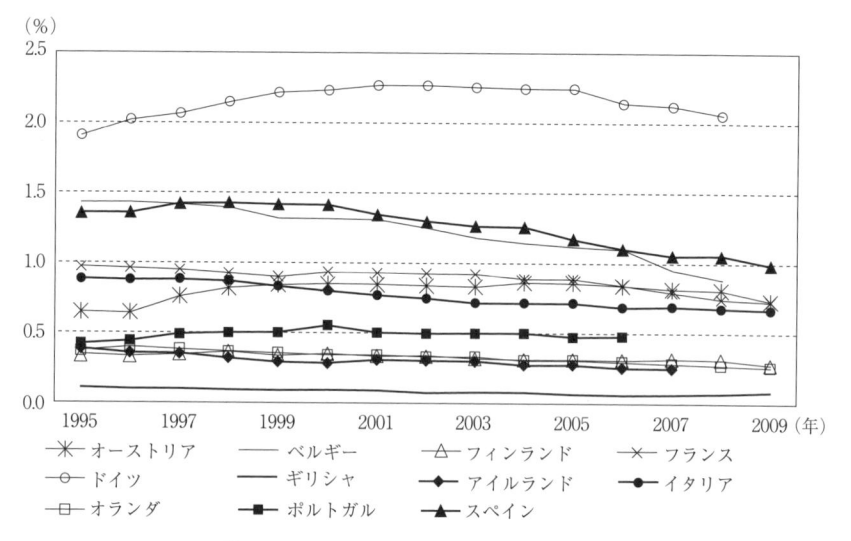

図3-14　全産業に占める自動車産業の雇用者比率

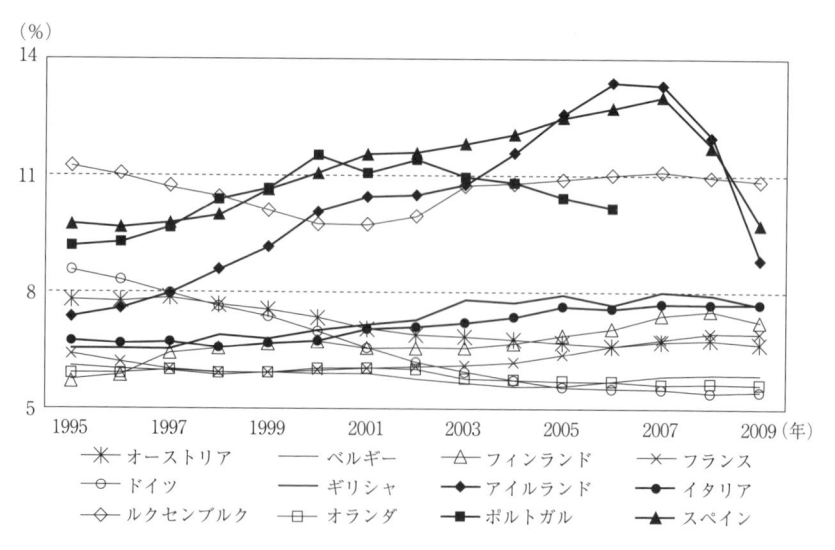

図3-15　全産業に占める建設業の雇用者比率

第3章　ユーロ圏の域内不均衡と最適通貨圏の基準の内生性

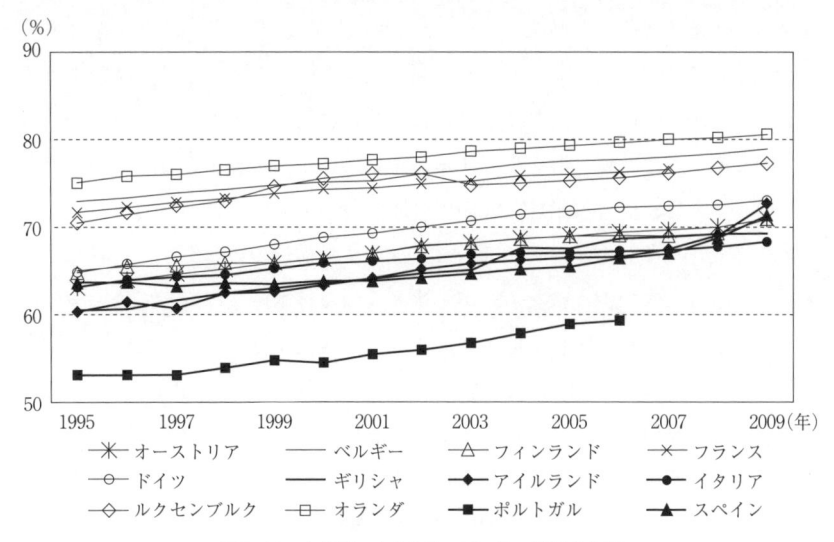

図3-16　全産業に占めるサービス業の雇用者比率

　て低下傾向もしくは横ばいであるのに対して，GIIPS 諸国については程度の差はあるものの世界金融危機直前まで上昇傾向が見られ，その後，低下している。スペインは，9.7％から 13.1％を経て 9.8％，アイルランドは，7.4％から 13.4％を経て 8.9％と非常に大きく変動しており，経済全体に与える影響は無視できないだろう。建設業は第 2 次産業に位置付けられるが，製造業と異なり，貿易財の生産は行わない。したがって，建設業の大きな変動は，最適通貨圏の基準の内生性とは別に議論すべきであろう。また，全体的に見て，GIIPS 諸国が非 GIIPS 諸国より数値が高い傾向が観察される。したがって，建設業のみに生じる経済ショックがもたらす影響は，GIIPS 諸国と非 GIIPS 諸国の間で異なっていると判断できる。

　図 3-16 はサービス業である。ユーロ圏 12 カ国ともに上昇しており，非 GIIPS 諸国においてその割合が高い傾向がある。第 3 次産業であるサービス業の割合が上昇することは，しばしば経済成長の過程で見られることであり，図 3-10 の第 1 次産業である農林水産業，図 3-11 の第 2 次産業である製造業の

81

割合の低下とも整合的である。1995年時点で最も数値の高いオランダと低いポルトガルの差はほぼ20％であり，各国の差はあまり縮小していないようである。したがって，サービス産業のみに生じる経済ショック，もしくは，サービス産業のような非貿易財を生産する産業以外に生じる経済ショックがもたらす影響は，GIIPS諸国と非GIIPS諸国の間で異なっていると判断できる。

図3-10から図3-16のユーロ圏12カ国の産業構造のデータから得られた結果をまとめると次のようになる。第1次産業の農林水産業に関しては，全ての国で経済全体に占める割合が低下傾向にあり，収斂が見られた。第2次産業の製造業に関しては，全ての国で経済全体に占める割合が低下傾向にあるものの，明確な収斂や発散の証拠は得られることはなく，製造業をより細かく分類したデータからも明確な収斂や発散の証拠は得られなかった。同じく第2次産業の建設業に関しては，多くの非GIIPS諸国で緩やかな低下傾向が見られたが，GIIPS諸国ではアップダウンが観察され，GIIPS諸国と非GIIPS諸国で明確な違いが見られる。第3次産業のサービス業に関しては，全ての国で上昇傾向にあるものの，明確な収斂や発散の証拠が得られることはなかった。ここで，最も重要な検証結果は，図3-10から図3-14の貿易財を生産する産業においてユーロ圏諸国間で産業構造の類似性が低くなったとの証拠は得られなかったことである。この段階で，Krugman（1991）による最適通貨圏の基準の内生性の仮説は棄却できるだろう。

（3）産業内貿易の動向

図3-17は製造業の産業内貿易の状況を示している。アイルランドは下降トレンド，ポルトガルは上昇トレンドが見られるが，他の国についてはほとんどが変化していない。ギリシャは他の国と比べて数値がかなり低いが，分析対象期間を通じてほとんど変化が見られない。

図3-18はハイテクおよびミディアム・ハイテク産業の産業内貿易の状況を示している。アイルランドは下降トレンド，他の国と比べて数値がかなり低いギリシャは緩やかな上昇トレンドが見られるが，他の国についてはほとんどが

第**3**章　ユーロ圏の域内不均衡と最適通貨圏の基準の内生性

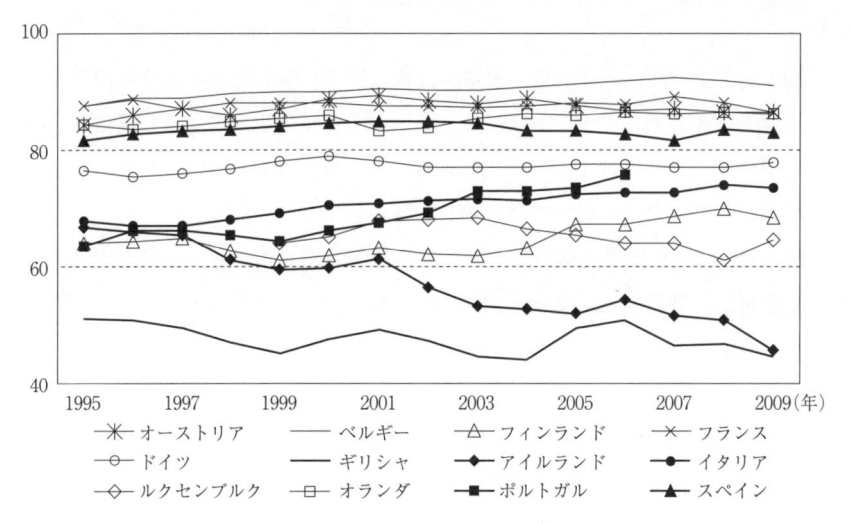

図 3-17　製造業の産業内貿易

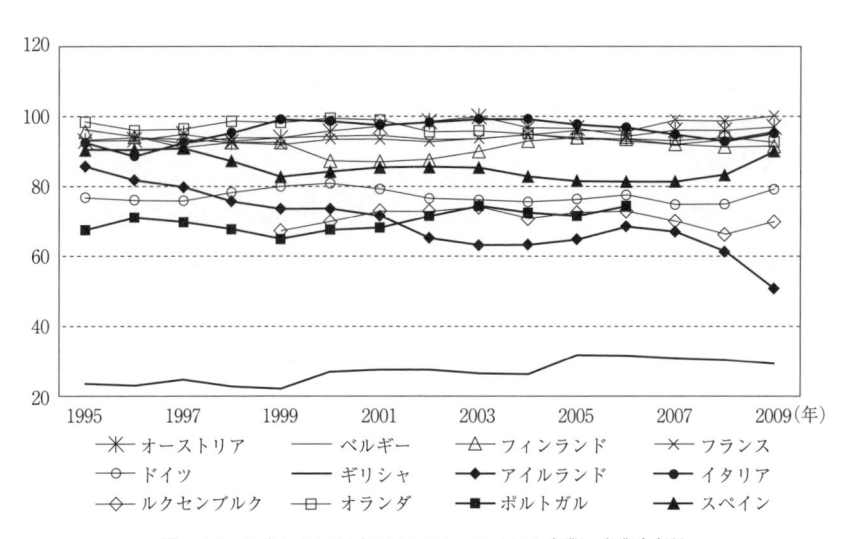

図 3-18　ハイテクおよびミディアム・ハイテク産業の産業内貿易

第Ⅱ部　域内資金フローの変化とユーロ危機

変化していない。

　図3-19は，ローテク産業の産業内貿易の状況を示している。複数の国で下降トレンドや上昇トレンドが見られるが，ユーロ圏12カ国全体で見ると，分析対象期間を通じてほとんど変化が見られないようである。フィンランドは他の国と比較してかなり低い水準で推移している。

　図3-20は，自動車産業の産業内貿易の状況を示している。全ての国において，分析対象期間を通じてほとんど変化が見られないようである。アイルランドとギリシャは他の国よりも数値がかなり低い。

　図3-11から図3-14で得られた製造業における産業構造のデータを考慮した上で，図3-17から図3-20の結果についてまとめると次のようになる。まず，我々は製造業全体でも製造業を細分化した3つの業種でも，産業内貿易の数値が明確に高まっていると判断することはできないだろう。ただし，一部の国を除き，ユーロ圏諸国全体で見て数値が高いため，製造業における産業内貿易は分析対象期間を通じて活発であると判断できる。したがって，製造業に関連する経済ショックはお互いに波及することが読み取れる。また，図3-19のローテク産業でフィンランドの数値が低かったことを除くと，図3-17, 18, 20のアイルランドとギリシャの数値が低い。ギリシャは図3-11, 12, 14から判断して，製造業によって生産される多くの貿易財を輸入に頼る傾向があり，ギリシャの産業構造はユーロ圏12カ国の中で特殊である。また，ドイツは，他の非GIIPS諸国と比較して数値が高くないようである。図3-11, 12, 14から判断して，ギリシャとは反対に製造業によって生産される多くの貿易財を輸入する以上に輸出するためであろう。また，ユーロ圏12カ国において，産業内貿易の数値が大きく変化していない。この要因として，いくつかの国，具体的には，オーストリア，ベルギー，フランス，スペインの数値はユーロ導入前から100にかなり近いため，さらに高くなる余地がほとんどないのかもしれない。また，ギリシャについては，数値がかなり小さいことからこれ以上小さくなることは限られるのかもしれない。しかし，これらの極端に数値が大きい国や小さい国以外のユーロ圏諸国においても，数値に明確な上昇トレンドや下降

第**3**章 ユーロ圏の域内不均衡と最適通貨圏の基準の内生性

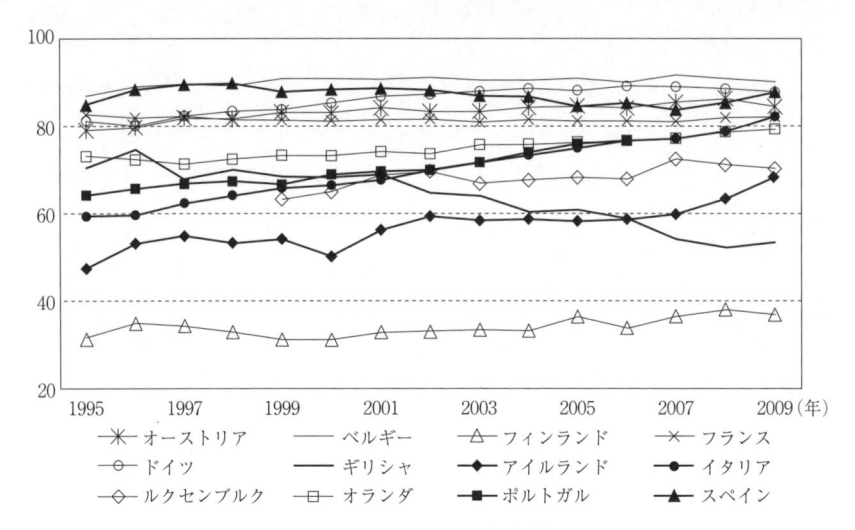

図 3-19 ローテク産業の産業内貿易

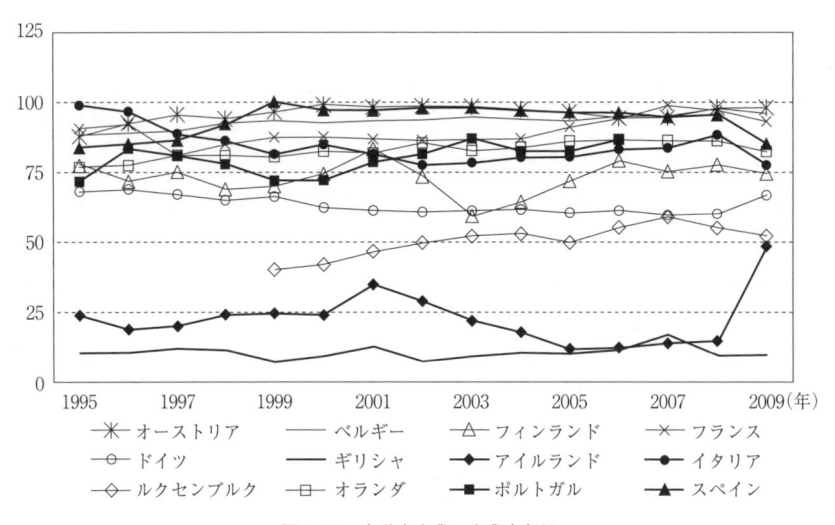

図 3-20 自動車産業の産業内貿易

トレンドが観察されない。[13]ユーロ圏諸国間で，産業内貿易が高まっているという証拠は得られなかったことから，産業構造だけでなく，産業内貿易も最適通貨圏の基準の内生性による影響で変化していない可能性が高いと判断できる。この段階で，Commission of the European Communities（1990）による仮説も棄却できるだろう。

5　おわりに──域内不均衡は改善するか

　本章では，1995年から2010年のユーロ圏12カ国のマクロ経済のファンダメンタルズを概観した上で，それらの産業構造と産業内貿易の状況から，最適通貨圏の基準の内生性を検証してきた。現状においては，ユーロ導入以降の利用可能な分析対象期間が短く，計量経済学的な分析手法を用いることには限界があり，シンプルな分析とならざるを得なかった。しかし，本章の検証から，域内不均衡と特に産業構造の関係について，いくつか興味深い点が明らかになったといえるだろう。

　第1に，ユーロ導入直前およびユーロ導入以降で見られたユーロ圏諸国間のファンダメンタルズの収斂や同調性の高まりと世界金融危機以降のそれらの発散は，最適通貨圏の基準の内生性では説明できないことである。我々の検証から，貿易財を生産する農林水産業と製造業において，GIIPS諸国と非GIIPS諸国の間で産業構造の違いが拡大したとの証拠も製造業の産業内貿易の比率が高まったとの証拠も確認できなかった。さらに，製造業をより細かく分類した業種においても，GIIPS諸国と非GIIPS諸国の間で産業構造の違いが拡大したとの証拠も産業内貿易の比率が高まったとの証拠も確認できなかった。したがって，最適通貨圏の基準の内生性の影響で景気循環の同調性が高まったわけでも，景気循環の同調性が低下したことで域内不均衡の拡大とユーロ危機が生じたわけでもないと判断できる。今回の検証は，最適通貨圏の基準の内生性は信じられてきたほど共通通貨圏に与える影響は大きくないことを示唆している。この背景として，ユーロ導入はユーロ圏諸国間の貿易構造を変えるほどのインパク

トがなかったことが挙げられる。実際のところ，EU の経済統合の影響でユーロ圏諸国の貿易障壁は小さくなっているだろう。そして，ユーロ以前に使用されていた旧通貨間の為替レートはユーロ導入直前には安定していたことから，既に為替リスクはほとんどなく，貿易障壁の低下は非常に限られていた可能性がある。この点に関するさらなる検証は本章で扱う範囲を超えるものの，今後の重要な研究課題と思われる。

　第 2 に，ユーロ圏諸国間のファンダメンタルズの動向，特に失業率の収斂と発散は，GIIPS 諸国の経済全体に占める建設業の雇用の割合でかなり説明できることである。ユーロ導入に伴い，GIIPS 諸国の長期金利の水準はユーロ導入前から非 GIIPS 諸国のそれに収斂する形で急速に低下した一方で，インフレ率の収斂は長期金利ほど進んでいない。その結果，インフレ率の高い GIIPS 諸国の実質金利が大きく低下することで，その影響を最も受ける産業である建設業は GIIPS 諸国において急激かつ大量に雇用を吸収することとなった。このため，GIIPS 諸国と非 GIIPS 諸国の間の経済全体に占める建設業の雇用の割合の違いが拡大する一方で，GIIPS 諸国において失業率が低下することでGIIPS 諸国と非 GIIPS 諸国の間の失業率は収斂したと判断できる。また，世界金融危機による景気の悪化で GIIPS 諸国の建設業は雇用を維持できなくなることで，GIIPS 諸国と非 GIIPS 諸国の間の経済全体に占める建設業の雇用の割合の違いが縮小する一方で，GIIPS 諸国において失業率が上昇することでGIIPS 諸国と非 GIIPS 諸国間の失業率が再び発散したと判断できる。実際のところ，大きな変動が見られるスペインとアイルランドの失業率は，経済全体に占める建設業の雇用の割合と非常にリンクしている。この検証結果から，ユーロ圏諸国間のファンダメンタルズの収斂や発散は，必ずしも産業構造の類似性による影響とは限らないことが読み取れるだろう。

　第 3 に，ユーロ圏諸国の産業構造と所得水準の間に強い関係が見られたことである。産業構造に関しては，GIIPS 諸国の方が農林水産業と製造業のウェートが大きい一方でサービス業のウェートが小さく，GIIPS 諸国も非 GIIPS 諸国も農林水産業と製造業のウェートは低下傾向にある一方で，サービス業のウェ

ートは上昇傾向にあることが観察された。そして，所得水準に関しては，GIIPS諸国の1人当たりGDPは非GIIPS諸国のそれよりも低く，GIIPS諸国も非GIIPS諸国も1人当たりGDPは上昇していることが観察された。Clark（1957）等で議論されてきたように，第1次産業，第2次産業，第3次産業へと経済発展と共に産業構造が転換していくことはよく知られているが，まさに，ユーロ圏諸国の産業構造はこれに当てはまっている。Kenen（1969）による最適通貨圏の基準である産業構造の類似性と照らし合わせると，貿易財を生産する第1次産業と第2次産業のウェートの高いGIIPS諸国が，世界金融危機による貿易財の需要縮小による影響をより強く受けたことで景気循環の同調性が低下し，域内不均衡が拡大した可能性がある。産業構造と所得水準の間の因果関係についての詳細な検証は必要であろうが，経済発展が産業構造の変化をもたらすことは十分にありえるだろう。今回の検証結果は，ユーロ圏諸国間の所得格差の縮小を通じてその産業構造の類似性が高まることにより，域内不均衡がある程度は縮少することを示唆するものと解釈できる。

注

(1) Kenen（1969）による最適通貨圏の基準以外では，Mundell（1961）とMcKinnon（1963）による最適通貨圏の基準がよく知られている。
(2) ここでの欧州諸国とは，ドイツ，フランス，オランダ，ベルギー，デンマーク，オーストリア，スイス，イタリア，イギリス，スペイン，ポルトガル，アイルランド，スウェーデン，ノルウェー，フィンランドである。
(3) World Table 7.1 のデータは，https://pwt.sas.upenn.edu/のウェブアドレスから入手可能である。Penn World Table 7.1 にはいくつか"1人当たりGDP"があるが今回は"rgdpch"を用いる。ただし，rgdpch以外を用いたとしても本節の議論に違いは生じない。また，"物価水準"は，"p"を用いる。
(4) データの出所のウェブアドレスは，http://www.oecd.org/statistics/である。
(5) 我々の分析対象に含めないユーロ圏5カ国は，2007年にユーロを導入したスロベニア，2008年にユーロを導入したキプロスとマルタ，2009年にユーロを導入したスロバキア，2011年にユーロを導入したエストニアである。
(6) 単位労働費用は，しばしば，基準年を100としたケースで用いられる場合が多いが，本章では"水準（level）"を用いている。その理由は，基準年に依存するデータでは，時間を通じて各国間で収束しているのか発散しているのか判断できないためである。

(7)産業構造の類似性を測る尺度は他にも STAN indicators にあるが,どれを用いるかによって以降の議論の本質は変わらないことを確認している。また,STAN indicators で用いられている表記を括弧内に記載している。
(8)我々が用いている産業内貿易の尺度はユーロ圏諸国間のみの貿易に基づいていない。つまり,ユーロ圏諸国以外の国(特にユーロ圏に属さない EU 加盟国やスイス等の EU に加盟していない欧州諸国)との産業内貿易も含まれていることに留意する必要があるだろう。
(9)参考のため,STAN indicators で用いられている各産業・業種の表記を括弧内に記載している。
(10)ハイテク産業(HITECH High-technology manufactures)は STAN indicators から入手可能であるが,分析可能な標本数が減るため,ハイテクおよびミディアム・ハイテク産業を分析対象とした。
(11)非貿易財の生産が中心である建設業とサービス業だけでなく,農林水産業に関しても,STAN indicators から産業内貿易に関するデータを入手できなかった。
(12)STAN indicators では,本節で用いている自動車産業をさらに細分化した分類は扱っていない。
(13)アイルランドについては,図3-17,18は下降トレンド,図3-19は上昇トレンドが見られるため,産業内貿易に変化があったと考えることができる。当然ながら,アイルランドの貿易構造の変化は貿易相手国の貿易構造にも影響を及ぼすはずである。しかし,他のユーロ圏11カ国のデータはアイルランドと同じようなトレンドを有している国は見られない。したがって,アイルランドの貿易構造の変化はユーロ圏諸国以外の国との貿易によるかもしれない。

参考文献

Bayoumi, T. A. and B. J. Eichengreen (1994) "One Money or Many?: Analyzing the Prospects for Monetary Unification in Various Parts of the World," *Princeton Studies in International Finance*, No. 76.

Brülhart, M. (2001) "Growing Alike or Growing Apart? Industrial Specialisation of EU Countries," in Wyplosz, C. ed., *The Impact of EMU on Europe and the Developing Countries*, Oxford University Press.

Brülhart, M. and R. Traeger (2005) "An Account of Geographic Concentration Patterns in Europe," *Regional Science and Urban Economics* Vol. 35, pp. 597-624.

Clark, C. (1957) *The Conditions of Economic Progress*, 3rd edition, Macmillan.

Commission of the European Communities (1990) "One Market, One Money," *European Economy*, No. 44.

De Grauwe, P. (2009) *Economics of Monetary Union*, 8th edition, Oxford University Press.

Eichengreen, B. J. (1992) "Should the Maastricht Treaty be Saved?" *Princeton Studies in International Finance*, No. 74.

Frankel, J. A. and A. K. Rose (1998) "The Endogeneity of the Optimum Currency Area Criteria," *Economic Journal*, Vol. 108, pp. 1009-1025.

Gugler, K. and M. Pfaffermayr (2004) "Convergence in Structure and Productivity in European Manufacturing?" *German Economic Review*, Vol. 5, pp. 61-79.

Kenen, P. B. (1969) "The Theory of Optimum Currency Areas: An Eclectic View," in Mundell, R. and A. K. Swoboda eds., *Monetary Problems of the International Economy*, University of Chicago Press.

Krugman, P. (1991) *Geography and Trade*, MIT Press.

McKinnon, R. (1963) "Optimum Currency Areas," *American Economic Review*, Vol. 53, pp. 717-725.

Mundell, R. (1961) "A Theory of Optimum Currency Areas," *American Economic Review*, Vol. 51, pp. 657-665.

Ricci, L. A. (1997) "Exchange Rate Regimes and Location," *IMF Working Paper* No. 97/69.

第4章

ユーロ圏の隠れた救済メカニズム
――TARGET2インバランスの効果――

山本周吾

1 はじめに――隠れた救済メカニズム

　2008年頃から始まった欧州の信用不安は，2009年のギリシャ政府の債務統計の粉飾疑惑によって債務危機へと深刻化した。その結果，図4-1と図4-2が示すように，ギリシャ，アイルランド，ポルトガル，スペインのGIPS諸国と，アイスランド，ラトビア，リトアニアの非ユーロ加盟国の実質GDP成長率と実質投資成長率は2009年を中心に大きく減少したのである。

　しかし，これらの図を見ると，両地域とも危機の震源地であるにもかかわらず，ユーロに加盟するGIPS諸国では危機のダメージが相対的に小さいが，非ユーロ加盟国ではダメージが相対的に大きいことが示されている。一方で，それとほぼ同時期に，Shinn and Wollmershaeuser (2011) はGIPS諸国において「隠れた救済メカニズム」が働いたことを指摘した。すなわち，ユーロ加盟国で，ドイツやオランダの資金に余裕のある民間銀行が中央銀行に貸越する一方で，スペインやギリシャなどの民間銀行はオペによる借入が大きく，中央銀行からの借入が増大していることを指摘したのである。これはユーロの決済システムであるTARGET2の残高の債権と債務のインバランスという形で計上されている。そこで，本研究では，このTARGET2インバランスという「隠れた救済メカニズム」がGIPS諸国の実体経済の落ち込みを緩和したかどうかを実証的に検証する。

　本研究の構成は以下の通りである。第2節でTARGET2インバランスを基

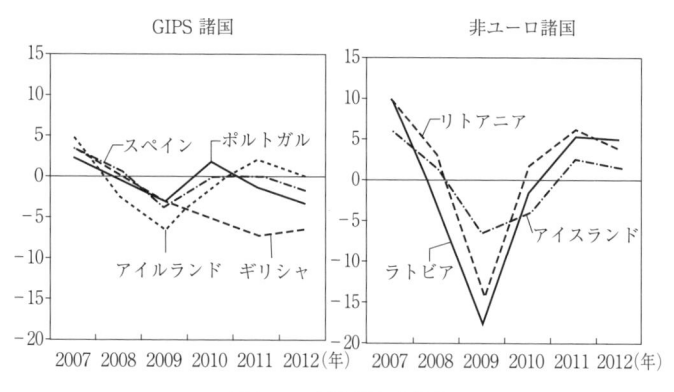

第Ⅱ部　域内資金フローの変化とユーロ危機

図4-1　実質GDP成長率
(出所) EU (Euro Stat) の National Account.

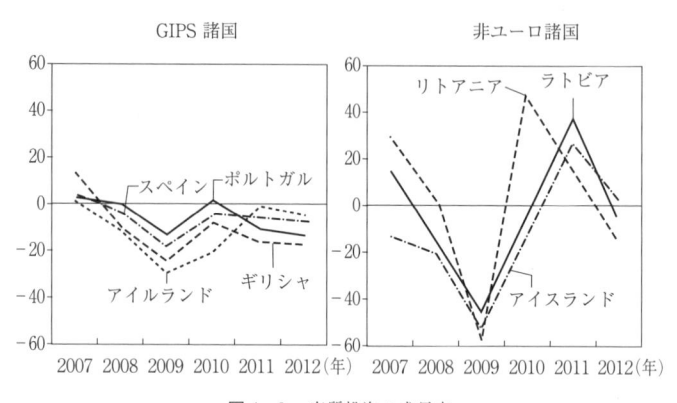

図4-2　実質投資の成長率
(出所) EU (Euro Stat) の National Account.

に「隠れた救済メカニズム」を明らかにする。第3節で「隠れた救済メカニズム」の実体経済への影響について実証的に検証し，第4節で結論を述べる。なお，本研究では時系列分析の手法であるVARモデルを使用するが，データのサンプル数を十分に確保するために分析対象国をスペインのみとした。スペインであればユーロが誕生した1999年以前からデータが入手できるので，分析に必要な最低限のサンプル数を確保することができる。[1]他方アイルランドとポルトガルはTARGET2インバランスのデータが2005年以降しか確保できない

ので，実証分析に必要なサンプル数を確保することができない。さらに，ギリシャでは生産や投資などの GDP 関連の統計が 2011 年第 1 四半期以降は更新されていないので，最新の動向を分析することができない[2]。よって，本研究ではスペインのみに焦点を当てる。

2　TARGET2 の債権・債務のインバランス

（1）「隠れた救済メカニズム」

ユーロ圏における「隠れた救済メカニズム」については Shinn and Wollmershaeuser (2011) をはじめとして，Bindseil (2011) や Cecioni and Ferrero (2012) などの多くの文献がある。また，日本語の文献では伊豆 (2012) や河村 (2012) があり，本節の説明の多くは伊豆 (2012) によるものである。

ユーロシステムとは，ユーロ圏の欧州中央銀行（ECB）と加盟 17 カ国[3]の中央銀行からなる中央銀行制度である。ユーロ圏の金融政策は ECB 政策理事会[4]によって一元的に決定され，加盟中央銀行が原則としてこの決定に従ってオペの実務を実施する。そのために，バランスシートから見てもユーロシステムに占める ECB の割合は 10％にも満たなくて，ECB が行うオペがユーロシステムのオペに占める割合は大きくない[5]。このようにユーロシステムは分権的なシステムであるが，加盟中央銀行は TARGET2（Trans European Automated Real Time Gross Settlement Express Transfer）と呼ばれる即時グロス決済システムによって相互につながれている。なお，この決済システムは米国の連邦準備制度では Fedwire，日本銀行では日銀ネットがこれに相当する。

次に，「隠れた救済メカニズム」を理解するためには TARGET2 の決済システムを理解する必要があるので，ここでは単純にユーロ圏にはスペインとドイツしか存在しないと仮定して説明する。ユーロ圏内の民間及び各中央銀行は複雑に張り巡らされた TARGET2 を経由して銀行間決済を行っている。たとえば，図 4-3 にはスペインの民間銀行がドイツの民間銀行に 100 万ユーロを送金する場面が描かれている[6]。送金はスペインの民間銀行がスペイン中央銀行に

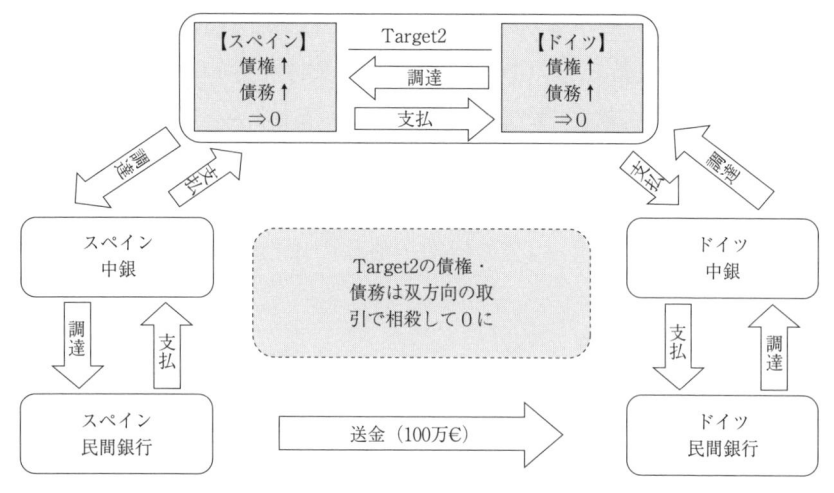

第Ⅱ部　域内資金フローの変化とユーロ危機

図4-3　通常時のTARGET2

（出所）筆者作成

保有する口座に100万ユーロを振り込むことからスタートする。次に，スペイン中央銀行がユーロ圏の加盟中央銀行をつなぐ決済システムであるTARGET2を経由して，ドイツ中央銀行に100万ユーロを振り込む。この際に，スペイン中央銀行はドイツ中央銀行に対してTARGET2債務が計上され，同時にドイツ中央銀行はスペイン中央銀行に対して同額のTARGET2債権が計上される。その結果，TARGET2の債権と債務が一時的にインバランスな状態となる。次に，ドイツ中央銀行はドイツの民間銀行がドイツ中央銀行に保有する口座に100万ユーロを支払うことによって決済は完了する。

　ただし，上記のような状態が継続すると，スペインの民間銀行は支払い超過となり，持続不可能なので通常時であればスペインの民間銀行は同額の資金を市場から調達する。ここでは，スペインの民間銀行はドイツの民間銀行から100万ユーロを調達する場合を考える。欧州の信用不安以前では，スペインなどのGIPS諸国や，中東欧諸国などの新興国に投資することのリスクはあまり認識されておらず，投資のリターンも高かったので魅力的な投資先であった。この結果，図4-3が示すように，ドイツの民間銀行からドイツ中央銀行，

第4章 ユーロ圏の隠れた救済メカニズム

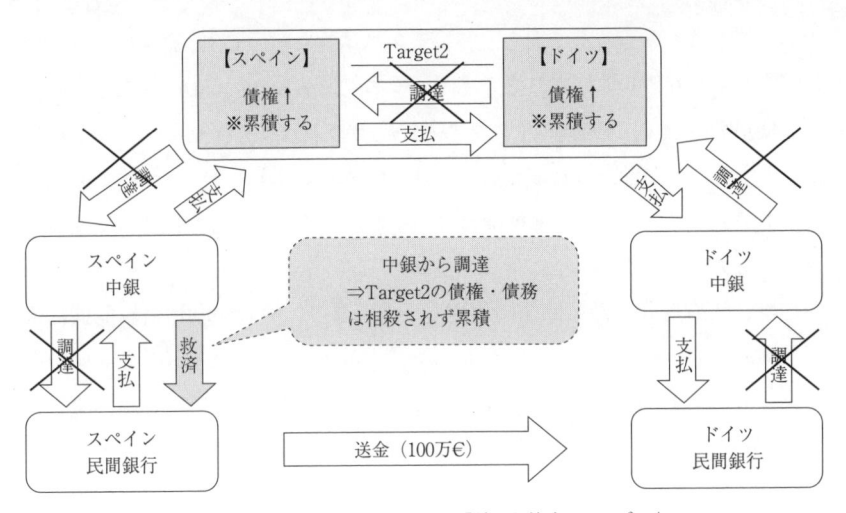

図4-4 非常時のTARGET2と「隠れた救済メカニズム」

(出所) 筆者作成

TARGET2,スペイン中央銀行を経由してスペインの民間銀行へと,先述したのとは正反対の経路で100万ユーロの送金が行われる。この際に,先程とは逆にドイツ中央銀行はスペイン中央銀行に対してTARGET2債務が計上され,同時にスペイン中央銀行はドイツ中央銀行に対して同額のTARGET2債権が計上される。この結果,当初の債権と債務がそれぞれ相殺されるので,TARGET2の債権・債務のインバランスは0となり,バランスすることになる。このように通常時であれば,スペインの民間銀行の資金不足は銀行間市場などを通じて民間の資本移動によってファイナンスすることができたのである。

それでは信用不安が発生した場合について図4-4を用いて見ていこう。先程と同様にスペインの民間銀行がドイツの民間銀行に100万ユーロを送金する場合を考えるので,スペイン中央銀行はドイツ中央銀行に対してTARGET2債務を計上し,同時にドイツ中央銀行はスペイン中央銀行に対して同額のTARGET2債権を計上する。しかし,先程と大きく違うのは,信用不安が発生すると,図4-4が示すようにドイツの民間銀行からスペインの民間銀行への逆方向の資金移動が遮断されて,スペインの民間銀行は支払い超過がファイ

95

ナンスできなくなることである。特に,スペインなどの GIPS 諸国は膨大な経常収支赤字を蓄積しているので,民間の資本流入が Sudden Stop すると国際収支危機が発生して,1997年のアジア通貨危機のような急転直下型の経済危機が発生することが考えられる。あるいは,金融不安によってスペインから大量の資本がドイツの安全な金融機関に流出すると,スペインの民間銀行は支払い超過をファイナンスできなくなってしまう。

しかし,2008年以降に欧州で信用不安が高まり,それが欧州債務危機によって深刻化すると,ユーロシステムに所属するスペインなどの GIPS 諸国の中央銀行は,ECB の政策理事会が決定したオペとは別に,独自の資金供給を行って資金不足をファイナンスした。これが「隠れた救済メカニズム」と呼ばれるものである。以下ではこれをユーロシステムの法的根拠である欧州中央銀行議定書を基に見ていく。[7] 欧州中央銀行議定書第14条第3項では"The national central banks are an integral part of the ESCB and shall act in accordance with the guidelines and instructions of the ECB(一部省略)"とある。すなわち,「加盟中央銀行は,ESCB(European System of Central Banks)の統合された一部であり,ECB のガイドラインと指示に従って行動しなければならない」のである。しかし,同じく14条の第4項には"National central banks may perform functions other than those specified in this Statute unless the Governing Council finds, by a majority of two thirds of the votes cast, that these interfere with the objectives and tasks of the ESCB. Such functions shall be performed on the responsibility and liability of national central banks and shall not be regarded as being part of the functions of the ESCB."とある。すなわち,「加盟中央銀行は,政策理事会が3分の2以上の多数によってそれが ESCB の目的と業務を阻害すると判断しないならば,この議定書に定められた事柄以外の業務を行うことができる。その業務は,加盟中央銀行の責任と責務において行われなければならず,ESCB の業務の一部とみなされてはならない」のである。[8] これは言い換えると,加盟中央銀行は,ECB 政策理事会の決定とは別に,独自に資金供給が可能であることを示している。

欧州議定書第14条第4項を基に，先程の図4-4の事例を用いて信用不安の時期のTARGET2を経由した資金の流れを見ていこう。ユーロシステムに所属のスペインやGIPS諸国の場合，政策理事会によって認められさえすれば，それらの中央銀行は独自の資金供給が可能である。よって，非常時にはスペイン中央銀行からスペインの民間銀行へと公的な資金供給が行われて，「最後の貸し手」機能のように資金不足をファイナンスすることができるのである。この結果，スペインの民間銀行は資金ショートに陥ることはないが，当初のスペイン中央銀行のドイツ中央銀行に対するTARGET2債務は解消できずに蓄積される。同様に，ドイツ中央銀行のスペイン中央銀行に対するTARGET債権も解消されずに蓄積される。

以上を整理すると，通常の状態ではユーロシステム加盟国の中央銀行はECBのガイドラインと指示に従って行動しないといけない。しかし，信用不安のような非常時では，ユーロシステム加盟国の中央銀行は独自の資金供給を行うことができる。したがって，民間の金融市場の資金ショートを公的資金によるファイナンスで代替して，経常収支と資本収支の赤字をファイナンスできる。この結果，TARGET2での債権と債務のインバランスが相殺されないので，スペインではTARGET2債務，ドイツではTARGET2債権が蓄積される。これが「隠れた救済メカニズム」の正体である。TARGET2の債権と債務のデータはECBの統計には記載されておらず，2008年の信用不安が深刻化するまでは，それぞれが相殺されていたのでほぼ0だった。また，ドイツやスペインなどの一部を除いて，TARGET2の債権・債務のデータを公表していないので，2011年にShinn and Wollmershaeuser（2011）がその存在を公表するまでは，この存在は広く知られていなかった。このために，「隠れた」という語句が使用されているのである。

（2）中央銀行のバランスシートとTARGET2の債権・債務

ここではスペイン，ギリシャ，アイルランドの中央銀行のバランスシートを用いて，TARGET2の債権・債務と中央銀行の貸出の関係を明らかにする。

表4-1 ユーロシステム各中央銀行のバランスシートの主要勘定

資　産	負　債
外貨準備	銀行券
貸出	準備預金
MRO 等	当座預金
LTRO	政府預金
証券	
その他資産	
対ユーロシステム債権	対ユーロシステム債務
TARGET2 債権	TARGET2 債務

まず，欧州の加盟中央銀行のバランスシートの主要な勘定を表4-1 より見ていこう。資産側には「外貨準備」，「貸出」，「証券」，「その他資産」，「対ユーロシステム債権」があり，負債側には「銀行券」，「準備預金」，「政府預金」，「対ユーロシステム債務」がある。「貸出」の内訳はMRO（Main Refinancing Operations；満期一週間程度の主要資金供給オペ）にその他の勘定を加えたMRO 等とLTRO（Longer Term Refinancing Operations；長期資金供給オペ）である。「証券」にはCBPP（Covered Bond Purchase Program）と呼ばれる銀行などの金融機関が保有する債権を担保として発行する債券や，SMP（Securities Market Operations）と呼ばれる証券市場化プログラムなどが含まれている。アイルランドやギリシャの場合では「その他資産」にELA（Emergency Liquidity Assistance）と呼ばれる緊急流動性支援が含まれているとされる。ELA とは，ECB 政策理事会が決定したオペとは別に，ユーロシステムの加盟中央銀行が自らの責任と負担で独自に行う例外的なオペであり，中央銀行の「最後の貸手機能」に類似している。最後に，ユーロシステム債権・債務は主にTARGET2 の債権・債務から構成されており，この勘定がユーロシステムの加盟中央銀行の特徴である。なお，ユーロ域内のそれぞれの中央銀行のTARGET2 の債権と債務は互いに相殺するので，この勘定はユーロシステム全体の連結ベースのバランスシートには現れない。

次に，2008 年以降のGIPS 諸国の金融政策について整理しよう。欧州の信用不安や政府債務問題が深刻化すると，民間の金融市場は資金がショートしたので，その対応としてECB やユーロシステムの加盟中央銀行は「非伝統的な金融政策」を行った。具体的には，中央銀行のバランスシートの「貸出」の勘定では，通常時の金融政策の手段であるMRO 以外に，金額の上限を設けずに長

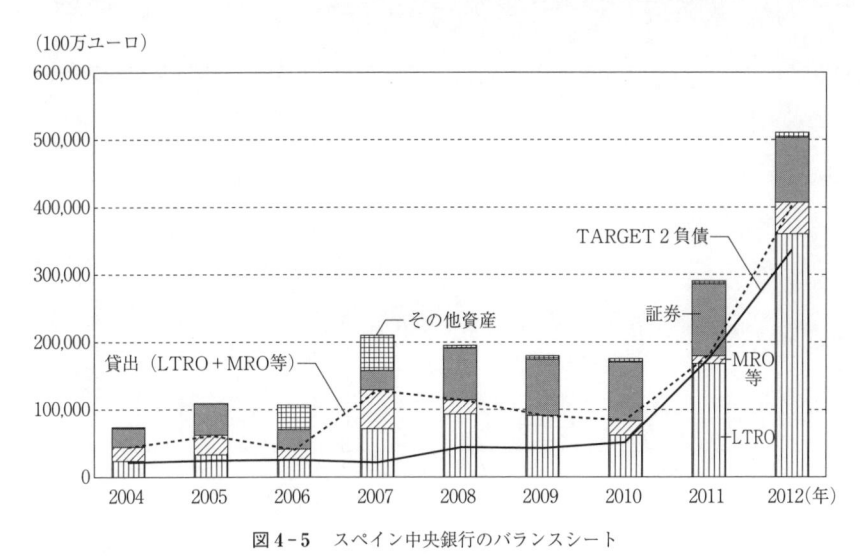

第4章 ユーロ圏の隠れた救済メカニズム

(100万ユーロ)

図4-5 スペイン中央銀行のバランスシート
(出所) スペイン中央銀行の年次報告書の各号

期資金を供給するLTROを実施した。さらに，LTROは最長1年程度であった融資期間が，一気に3年に延長されるなど拡充されて，国債利回りの低下に大きく貢献したことが指摘されている。その結果，従来からのMROに代わりLTROはユーロシステムにおける資金供給の主力の手段となった。さらに，カバードボンドや国債などの買取りによって「証券」のCBPPやSMPなどの勘定が増加したり，ELAの枠組みを利用して緊急貸出が実施されたり，オペに利用できる適格担保基準が緩和されるなどした。以上のような「最後の貸手機能」に類似した「非伝統的金融政策」を行った結果，2008年の信用不安以降にバランスシートの資産の勘定が大きく増加したのである。

それでは，いよいよスペイン，ギリシャ，アイルランドのバランスシートを見ていくが，ここでは資産の「貸出」，「証券」，「その他資産」と，負債の「TARGET2債務」の勘定に焦点を絞る。なお，「貸出」と「TARGET2債務」は折れ線グラフで，それ以外は棒グラフで描かれている。まず，図4-5のスペイン中央銀行のバランスシートを見ると，2010年以降に資産側では

99

第Ⅱ部　域内資金フローの変化とユーロ危機

(100万ユーロ)

図4-6　ギリシャ中央銀行のバランスシート
(出所) ギリシャ中央銀行の年次報告書の各号

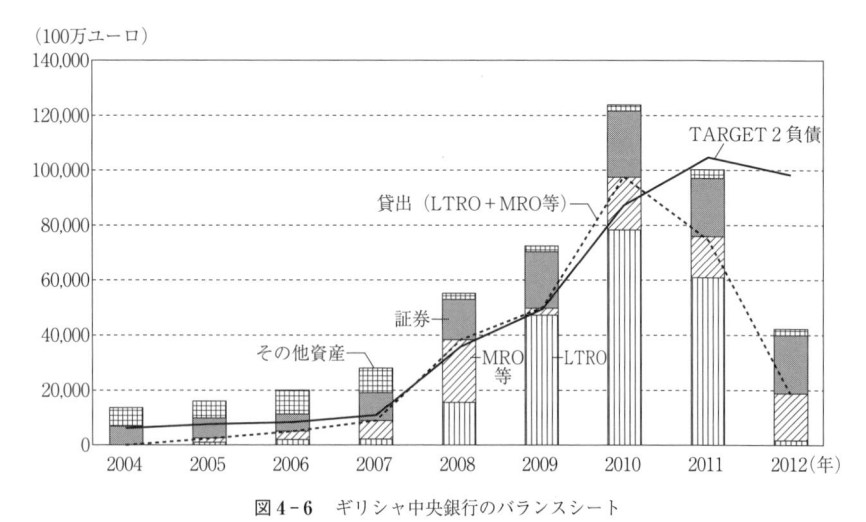

「貸出」を，同時に負債側では対ユーロシステム債務の「TARGET2債務」が急増している。これは，先述した図4-4と整合的であり，貸出とTARGET2債務の相関は非常に強く，2010年以降には民間の金融市場の資金ショートをスペイン中央銀行がファイナンスしたことを示唆している。さらに「貸出」の内訳を見ると，欧州の信用不安が深刻化した2008年以降にLTROの占める割合が急増して，債務危機が深刻化した2010年にはその残高も急増した。そして，LTROと「TARGET2債務」は相関が非常に強いことが示されている。一方で，「証券」は2008年以降に増大したが，それ以降は残高が安定しており，「その他資産」は2007年を除けば目立った動きはしていない。

ギリシャ中央銀行では図4-6より，「貸出」と「TARGET2債務」の相関は全体として強く，2007年以降に双方の残高が急増した。ただし，2010年以降になると「貸出」が急減したが，一方で「TARGET2債務」は引き続き高い残高を保っており，大きなギャップが生じている。「貸出」の内訳を見ると，国家財政の粉飾決算が明らかになった2009年10月以降に，LTROの占める割合と残高の双方が急増して，2010年まではLTROと「TARGET2債務」の

第4章 ユーロ圏の隠れた救済メカニズム

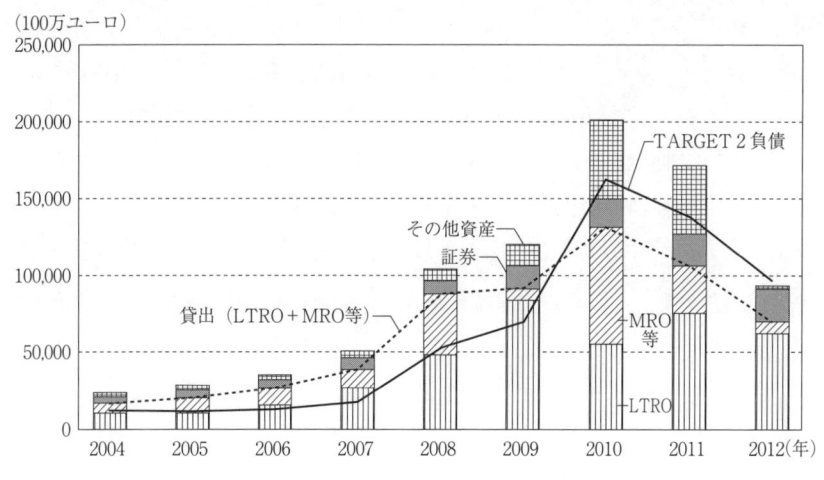

(100万ユーロ)

図4-7 アイルランド中央銀行のバランスシート
(出所) アイルランド中央銀行の年次報告書の各号

相関が非常に強かった。その他の勘定を見ると,「証券」は2008年以降に増大したがそれ以降は残高が安定しており,「その他資産」は目立った動きをしていない。

アイルランドは図4-7より[13],「貸出」と「TARGET2債務」の相関が強く,信用不安が強まった2008年以降から双方の残高が増加傾向にあった。そして,「貸出」と「TARGET2債務」の残高は債務危機が深刻化した2010年にピークを迎えたが,それ以降は減少傾向を見せている。「TARGET2債務」の減少は民間の金融市場の中央銀行への依存度の低下を示しており,アイルランドでは2010年以降に金融市場の機能が回復傾向にあることを示唆している。「貸出」の内訳を見ると,LTROは2009年に割合と残高が共にピークを迎え,一時的にMRO等が急増した2010年を除くと,LTROが「貸出」の大部分を占めている。次に,アイルランドではELAの枠組みの下で緊急融資が行われた。これは統計では「その他資産」に含まれており,実際に「その他資産」の残高が2010年に急増しており,ELAの緊急融資が実施されたことを示唆している[14]。

以上より,全体的に見ると「TARGET2債務」は「貸出」と非常に相関が

強く，図4-4のように，GIPS諸国の中央銀行は民間の資金不足を「貸出」によってファイナンスしたことを示している。特に，GIPS諸国は適格担保基準を緩和するなど，「非伝統的な金融政策」を実施して貸出を積極的におこなったが，この時期とTARGET2債務が拡大した時期はほぼ重なる。このように，TARGET2債権国の中央銀行からTARGET2債務国の中央銀行へとユーロの決済システムであるTARGET2を通じて資金が供給されて，GIPS諸国の資金不足がファイナンスされたのである。

3　TARGET2インバランスの救済効果

（1）実証分析の目的と符号制約VAR

先述した図4-1と図4-2より，「隠れた救済メカニズム」にアクセスできるユーロ加盟国とアクセスできない非加盟国で，欧州の信用不安や債務危機によるダメージに大きな違いがあることが示された。そこで，本節では「隠れた救済メカニズム」，すなわち，TARGET2債務の増大が実体経済へのダメージを緩和したかどうかを実証分析によって明らかにする。しかし，本研究では従来の通貨危機や金融危機を扱った先行研究とは異なり，実体経済を表す変数として生産ではなくて投資を用いる。というのも，Joyce and Nabar（2009）が指摘したように，生産は為替レートの減価による輸出の増大でダメージが緩和されるので，投資の方が経済危機の影響をより体現しているからである。[15]

Mody and Murshid（2005）によると，投資は直接投資，ポートフォリオ投資や，銀行融資などの海外からの資本流入の影響を強く受けるとされている。同様に，欧州の新興国を分析したMileva（2008）も，海外からの資本流入が投資に強い影響を及ぼすことを明らかにした。以上より，本研究では海外からの資本流入と投資の関係を軸に「隠れた救済メカニズム」の効果を明らかにする。そこで，本研究では，時系列の手法である符号制約（Sign Restriction）付きVARを用いて資本流入ショックを識別したTillmann（2013）とSa et al.（2011）のアプローチを参考にする。TARGET2債務もユーロシステムの加盟

中央銀行間の資本移動と解釈できるので、この先行研究と同様のアプローチで、TARGET2 債務の救済効果ショック（TARGET2 ショック）を識別することができるのである。

　VAR モデルは、特に予測に優れ、少ない内生変数で高い予測力を示すことが知られている。さらに、VAR モデルを用いることによって TARGET2 ショックが投資に及ぼす動学的な影響を分析することが可能となり、より詳細な分析が可能となる。しかしながら VAR モデルは経済を分析する道具としてはある弱点を持っている。それは、VAR は誘導形であって、経済学的な意味づけを持たないという点である。このために経済学的に意味のあるショックを識別することができないのである。そこで、リカーシブ制約や長期識別制約等を課しているが、「物価パズル」[16]などの識別の問題が発生する。そこで、本研究では変数に必要最低限の理論的な符号制約を課すことによって構造ショックを識別する Uhlig (2005) の手法を用いる。この手法によって、複雑な複数の構造ショックの識別が可能となり、さらには、誘導形の VAR を推定する際には階差をとる必要がないので、データに含まれる重要な情報が破棄されるのを防ぐことができる[17]。そして、この符号制約付き VAR は、ゼロ制約を用いる従来のコレスキー分解等と違って、構造ショックによっていくつかの変数が正か負のどちらの方向に動くか、という理論的制約を課すことによって構造ショックを識別することができる。具体的には、たとえば金融政策の引締めショックを識別するためには金利には正、貨幣供給量には負の符号制約を課せばよい。このために真のショックを見落とすことが少なくなり、さらには、従来の手法では識別できなかった複雑なショックの識別が可能となり、大変有益な手法であると考えられる。

　Uhlig (2005) の手法は以下の2つのステップから構成される。最初のステップでは誘導形の VAR をベイズの定理を用いて推定して、第2ステップではそこから無数のインパルス反応を発生させて、予め設定した符号制約を満たすショックを抽出するのである。それでは、第1ステップから見ていくが、本研究では以下の誘導形の VAR をベイズの定理を用いて推定する。

$$y_t = B(L)y_{t-1} + u_t \tag{1}$$

(1)式の y_t は内生変数のベクトルで，$B(L)$ はパラメーターのラグ多項式である。また，u_t は誘導形の残差ベクトルであり，これより分散共分散行列が構成される。このパラメーターと分散共分散行列の事前分布が正規ウィシャート分布に従うと仮定すると，その事後分布も同様に正規ウィシャート分布に従う。そして，ベイズの定理を用いてモンテカルロ法によるシミュレーションを繰り返し実行することによって，事後分布を導出してパラメーターと分散共分散行列を推定するのである。第2ステップでは，第1ステップで推定した分散共分散行列 Σ を下式のように分解する。

$$\Sigma = AA' \tag{2}$$

行列 A が求まれば，構造ショック v は誘導形の残差 u より $u = Av$ によって求めることができる。[18] そして，行列 A の列ベクトルを a として，これをインパルス・ベクトルと呼び，先程の分散共分散行列 Σ を(3)式のようにコレスキー分解をする。

$$\Sigma = CC' \tag{3}$$

そして，長さが1のベクトル α とコレスキー分解された C を用いて，インパルス・ベクトル a を下の(4)式のように表す。

$$a = C\alpha \tag{4}$$

次に，上式の α にランダムに乱数を発生させて，インパルス・ベクトル a（行列 A の列ベクトル）と，$u = Av$ を通じてインパルス反応を無数に発生させる。そして，その中から予め設定した符号制約を満たすインパルス反応と，その時のインパルス・ベクトル a を保存することによって構造ショックを抽出するのである。つまり，インパルス・ベクトル a がわかれば，$u = Av$ より，誘導形 VAR の残差 u から構造ショック v がわかるのである。

以上を要約すると，まず，乱数によって誘導形 VAR のパラメーター，分散共分散行列と，長さが1のベクトル α を繰り返し発生させる。次に，毎回インパルス反応を発生させて，予め設定した符号制約を満たす a だけを抽出するのである。なおこれは「Pure Sign Restriction」と呼ばれている。

第4章 ユーロ圏の隠れた救済メカニズム

（2）分析アプローチとデータ

本研究では Tillmann（2013）と Sa et al.（2011）を参考に，TARGET2 ショックと民間資本流入ショックの2つの構造ショックを識別する。5変数の符号制約 VAR を使用し，変数は実質投資の対 GDP 比（IY_t），名目金利（IR_t），株価指数（$STOCK_t$），資本流入（TARGET2 債務を除く）の対 GDP 比（$INFLOWY_t$），TARGET2 債務の対 GDP 比（$TARGET2Y_t$）である。Tillmann（2013）は資本流入に正，GDP に正，実質為替レートに正，金利に負の符号制約を課して正の民間資本流入ショックを識別して資産価格への影響を分析した。また，Sa et al.（2011）は金利に負，実質為替レートに正，経常収支に負の符号制約を課して正の民間資本流入ショックを識別した。そして，本研究もこれに倣って2つの構造ショックを識別する。すなわち，TARGET2 を通じてドイツの中央銀行からスペイン中央銀行に資金が流入すると，スペイン中央銀行の TARGET2 債務が増大して貸出が増加するので，民間の金融市場の資金ショートが緩和されるのである。その結果，金利の低下と株価の上昇によって投資に影響が及ぶことが想定される。よって，IR_t は負，$STOCK_t$ は正，$TARGET2Y_t$ は正の符号制約を課して TARGET2 ショックを識別する。民間資本流入ショックもこれと同様に識別することができ，IR_t は負，$STOCK_t$ は正，$INFLOWY_t$ は正の符号制約を課せばよい。なお，IY_t には符号制約を課しておらず，2つの構造ショックに対する反応はデータによって語らせる形となっている。

次に本研究の実証分析で使用するデータについて述べる。データの出所は全て Eurostat であり，実証分析の期間はスペインがユーロに加盟した 1999 年第1四半期から最新の 2013 年第1四半期の四半期データである。実質の投資を実質 GDP で割って IY_t を算出し，IR_t は "EMU convergence criterion bond yields"，$STOCK_t$ は "Share price indices" を使用した。なお，金融市場の動向を捉えるために金利と株価は名目変数を使用する。国際収支統計の資本収支の項目は大別すると "Direct Investment"，"Portfolio Investment"，"Other Investment" から構成されている。Shinn and Wollmershaeuser（2011）や，Cecioni

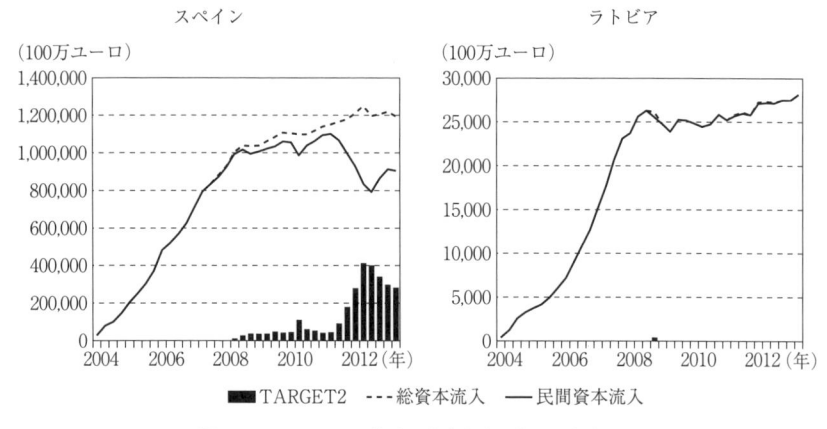

第Ⅱ部　域内資金フローの変化とユーロ危機

スペイン／ラトビア

図4-8　TARGET2債務，総資本流入と民間資本流入

(出所) Eurostat

and Ferrero (2012) などは"Other Investment"に含まれる"Monetary Authority"の負債の項目を TARGET2 債務と定義した。[19]本研究もこれに倣っており，TARGET2 債務を実質 GDP で割って $TARGET2Y_t$ を算出した。また，"Direct Investment"，"Portfolio Investment"，"Other Investment"の負債項目の合計を総資本流入と定義して，これから"Monetary Authority"の負債の項目をマイナスしたものを民間資本流入と定義した。そして，この民間資本流入を実質 GDP で割って $INFLOWY_t$ を算出した。

それでは，ユーロ加盟国のスペインと非加盟国のラトビアの例を用いて，TARGET2 債務の有無によって民間資本流入と総資本流入にどのような乖離が生じるのかを見ていこう。図4-8より，[20]スペインは2008年までは総資本流入と民間資本流入が一致しており，TARGET2 債務がほぼ0であった。しかし，信用不安が深刻した2008年以降には両者が乖離するようになり，2011年の債務危機以降から乖離幅が急拡大した。それと並行して TARGET2 債務も拡大したのである。すなわち，民間資本流入は2011年以降に急激に減少したが，総資本流入は TARGET2 債務による救済のために，むしろ緩やかに増大したのである。一方で，ラトビアはユーロシステムに加盟していないので，

TARGET2債務による救済は働かなかった。そのために総資本流入と民間資本流入の動きは一致しており，2008年の欧州の信用不安以降は資本流入が急減したことが示されている。

（3）実証結果

本研究の実証結果を紹介する。符号制約付きVARによって識別されたTARGET2ショックと民間資本流入ショックが，投資の対GDP比（IY_t），名目金利（IR_t），株価指数（$STOCK_t$），資本流入（TARGET2債務を除く）の対GDP比（$INFLOWY_t$），TARGET2債務の対GDP比（$TARGET2Y_t$）に及ぼしたインパルス反応は図4-9に示されている。まず，TARGET2ショックの識別の際に，IR_tに負，$STOCK_t$に正，$TARGET2Y_t$に正の符号制約を課したので，実際のインパルス反応も符号制約と整合的である。そして，本研究が最も注目している符号制約を課していないIY_tのインパルス反応は有意に正となっている。すなわち，スペイン中央銀行のTARGET2負債が累積すると，「隠れた救済メカニズム」によって投資が増加することを示している。次に，動学的な波及効果を見ると，TARGET2ショックが発生すると1期後，すなわち，3か月後に有意に投資を増加させて，その影響は7から8期後まで持続することが示されている。また，TARGET2ショックは$INFLOWY_t$には影響を及ぼさないことも示されている。

次に，民間資本流入ショックを見ると，ショックの識別の際にはIR_tに負，$STOCK_t$に正，$INFLOWY_t$に正の符号制約を課したので，これらの変数のインパルス反応も符号制約と整合的である。そして，符号制約を課していないIY_tのインパルス反応は有意に正となっており，資本流入は投資を増加させることを示している。これは，パネル分析を用いたMody and Murshid (2005)とMileva (2008)の実証結果と整合的である。次に，動学的な波及効果を見ると，民間資本流入ショックは1期後には有意に投資を増加させて，その影響はしばらく持続することが示されており，TARGET2ショックの波及効果と類似している。

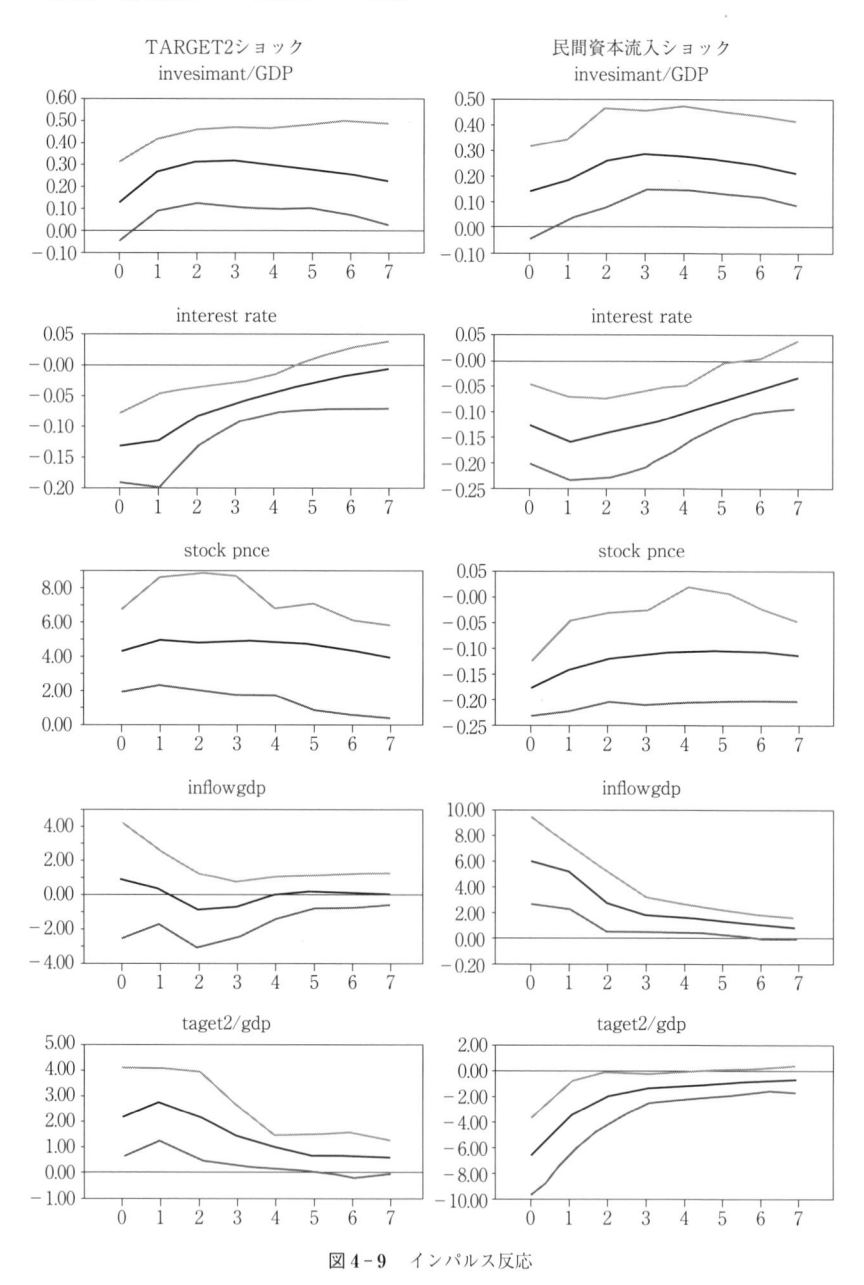

第Ⅱ部 域内資金フローの変化とユーロ危機

図4-9 インパルス反応

第4章 ユーロ圏の隠れた救済メカニズム

次に，分散分解を用いてTARGET2ショックと民間資本流入ショックがIY_tに及ぼした影響の相対的な大きさを見ていこう。分散分解とは各変数の予期しない変動が，どの構造ショックよって生じたのかを示したものである。なお，ここではスペースの節約のために実証結果を表した図表は掲載していない。推定結果によると，TARGET2ショックはIY_tの変動の約10～15％を説明しており，民間資本流入ショックはIY_tの変動の約20～30％を説明している。このように全ての標本期間を見れば，民間資本流入ショックの方がTARGET2ショックよりも大きな影響を投資に及ぼしている。しかし，実際のTARGET2債務は2008年の信用不安以降に急増したので，2008年以降にTARGET2ショックも投資への影響が強まったことが考えられる。よって，標本の全期間を扱った分散分解ではなくて，それぞれの標本期間の各変数の変動を，各ショックの累積的影響に分解したヒストリカル分解の手法を用いた方が望ましい。そこで，以下では2008年第1四半期から2013年第1四半期に期間を限定して，ヒストリカル分解の実証結果を紹介しよう。

図4-10には，TARGET2ショックと民間資本流入ショックがIY_tに及ぼした影響と，IY_tをHodrick-Prescottフィルターによってトレンドを除去したIY_GAPが描かれている。この図より，IY_GAPは2008年第1四半期を境に急減したが，2009年第2四半期に底を打ち，それ以降は緩やかに回復していることが示されている。TARGET2ショックがIY_tに及ぼした影響を見ると，2010年第1四半期以降は正の影響を及ぼしており，「隠れた救済メカニズム」によって投資の落ち込みを緩和していることを示している。これは，TARGET2債務が2008年以降に緩やかに増加して，2011年以降に急増したことを示した図4-8と整合的である。次に，同じく図4-8が示したように，2009年の時点と2011年以降に民間資本流入が急減したので，図4-10より，その時期の民間資本流入ショックはIY_tに負の影響を及ぼした。とりわけ，2011年以降の民間資本流入の減少幅が非常に大きかったので，民間資本流入ショックは投資を大きく減少させた。以上を踏まえると，特に2011年以降では民間資本流入が急減してIY_tに負の影響が及んだが，同時期にTARGET2

第Ⅱ部 域内資金フローの変化とユーロ危機

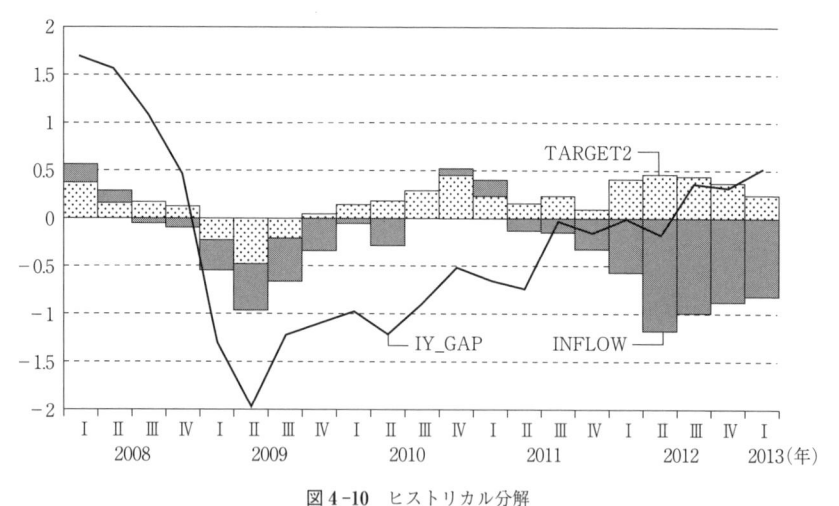

図4-10 ヒストリカル分解

（注）TARGET2とINFLOWはTARGET2ショックと民間資本流入ショックであり，IYをHodrick-Prescottフィルターでトレンドを除去してIY_GAPを算出した

債務の増大によってIY_tに正の影響が及び，ダメージが緩和されたといえる。すなわち，「隠れた救済メカニズム」はスペインの実体経済の落ち込みを緩和したのである。

4 おわりに——ISバランス調整への示唆

2008年以降，信用不安や債務危機によって欧州の実体経済は大きなダメージを受けた。しかし，GIPS諸国は危機の震源地であったにも関わらず，経済の落ち込みが相対的に小さかった。そこで，本研究ではデータが揃っているスペインに注目して，TARGET2債務による「隠れた救済メカニズム」によって，危機のダメージが緩和されたかどうかを検証した。なお，本研究では実体経済を表す変数として生産ではなくて投資に注目している。その結果，インパルス反応を用いた分析によって，TARGET2債務の累積は投資を増加させることを明らかにした。さらに，ヒストリカル分解を用いると，2011年以降に

第4章 ユーロ圏の隠れた救済メカニズム

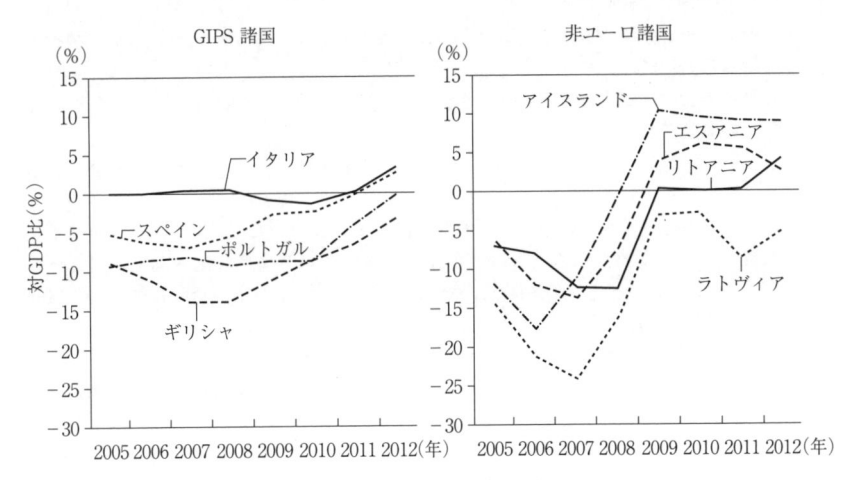

図4-11 GIPSと非ユーロ諸国の貿易収支の推移
（出所）EU統計局（Euro Stat）のNational Accont

　民間資本流入が急減して投資が大きく落ち込んだが，一方で，TARGET2債務の累積によって投資の落ち込みが緩和されたことを明らかにした。以上より，スペインにおいては「隠れた救済メカニズム」は経済へのダメージを緩和したのである。

　図4-11が示すように，本研究の実証結果は非ユーロ加盟国のラトビア，リトアニア，アイスランドと比較して，GIPS諸国の貿易赤字の調整が緩慢な原因を説明することができる。すなわち，「隠れた救済メカニズム」は投資へのダメージを緩和しただけでなく，ISバランス調整を弱めたことを示唆しているのである。

注
(1) 後述するが，本研究の実証分析で使用するTARGET2インバランスのデータの出所はEU統計局（Eurostat）である。
(2) 2013年10月現在。
(3) 2013年8月現在のユーロ加盟国は，オーストリア，ベルギー，キプロス，エストニア，フィンランド，フランス，ドイツ，ギリシャ，アイルランド，イタリア，ル

クセンブルク，マルタ，オランダ，ポルトガル，スロバキア，スロベニア，スペインである。

(4) 政策理事会は総裁と副総裁が各1名，理事4名，加盟中央銀行総裁17名の合計23名から構成される。

(5) ECB の主なオペは FRB とのドル・スワップ関連や証券買取りオペ関連などである。

(6) スペインからドイツへの送金の要因は主に以下の2つがある。1つ目は，スペイン企業のドイツ企業からの輸入の代金支払い（マクロ的に見ればスペインの貿易赤字）。2つ目は，ドイツの民間銀行からの借入の返済や顧客の資金移動（マクロ的に見ればスペインの資本収支赤字）。

(7) 以下では Protocol on the statute of the European system of central banks and of the European central bank (http://www.ecb.europa.eu/ecb/legal/pdf/en_statute_2.pdf) より，一部引用した。

(8) 後述するが，この欧州議定書第14条第4項を根拠に，ELA（Emerging Liquidity Assistance）によってシステミック・リスクによる一時的な流動性不足に対処するために金融支援がアイルランドやベルギーなどで行われた。

(9) その他の勘定の内訳は "Marginal lending facility", "Structural reverse operations", "Fine-tuning reverse operations" などである。

(10) データの出所はスペイン中央銀行の年次報告書各号。「貸出」は "Lending to euro area credit institutions related to monetary policy operations denominated in euro", 「証券」は "Securities of euro area residents denominated in euro", 「その他資産」は "Other assets", TARGET2 債務は "Intra-Eurosystem liabilities" である。

(11) データの出所はギリシャ中央銀行年次報告書各号であり，「貸出」は "Lending to euro area credit institutions related to monetary policy operations denominated in euro", 「証券」は "Securities of euro area residents denominated in euro", 「その他資産」は "Other assets", 「TARGET2 債務」は "Net liabilities related to transactions with the ESCB (TARGET)" である。

(12) このギャップを埋めているのが「ユーロ建てユーロ圏の銀行向けその他債権（Other claims on euro area credit institutions denominated in euro）」等である。

(13) データの出所はアイルランド中央銀行の年次報告書各号。「貸出」は "Lending to euro area credit institutions relating to monetary policy operations in euro", 「証券」は "Securities of other euro area residents in euro", 「その他資産」は "Other assets", 「TARGET2 債務」は "Other liabilities" である。なお，Abad et al.（2011）はこの "Other liabilities" を TARGET2 債務と解釈している。

(14) 伊豆（2012）を参照。

(15) Calvo et al.（2006）はこの通貨・金融危機以降の生産の急激な回復を "Phoenix Miracles" と定義している。なお，図4-1より，アイスランドの実質 GDP 成長率の落ち込みは非ユーロ加盟国の中では相対的に小さい。これは為替レートの急激な減価によって輸出が急増したことが大きく影響しており，"Phoenix Miracles" を示

⑯金利が上昇すると引締め圧力が発生するにも関らず，物価が低下ではなく，上昇すること。
⑰詳細はブラウン・塩路（2004）を参照。
⑱しかし，行列 A は無数に存在して一意に識別することができず，従来ではコレスキー分解や，Blanchard-Quah の長期制約アプローチ等を用いていた。
⑲国際収支統計以外にも，IMF の IFS（International Financial Statistics）や中央銀行のバランスシートを用いて算出する方法がある。詳細は Shinn and Wollmershaeuser（2011）を参照。
⑳フロー変数では変動が激しく把握しづらいので，2004 年から累積したストック変数に変換している。なお，実証分析ではフロー変数を使用している。

参考文献

Abad, J. M., A. Löffler, and H. Zemanek (2011) "TARGET2 Unlimited: Monetary Policy Implications of Asymmetric Liquidity Management within the Euro Area," CEPS Papers 5904, Centre for European Policy Studies.

Bindseil, U. and Ph. König (2011) "The economics of TARGET2 balances", SFB 649 Discussion Paper 2011-035, Humboldt University, Berlin.

Calvo, G. A., A. Izquierdo and E. Talvi (2006) "Sudden Stops and Phoenix Miracles in Emerging Markets." *American Economic* Review, 96(2), pp. 405-410.

Cecioni, M. and G. Ferrero (2012) "Determinants of TARGET2 imbalances," *Questioni di Economia e Finanza (Occasional Papers)* 136, Bank of Italy, Economic Research and International Relations Area.

Mileva, E. (2008) "The impact of capital flows on domestic investment in transition economies," Working Paper Series 0871, European Central Bank.

Mody, A. and A. P. Murshid (2005) "Growing up with capital flows," *Journal of International Economics*, Elsevier, 65(1) pp. 249-266, January.

Sá, F., P. Towbin and T. Wieladek, (2011) "Low interest rates and housing booms: the role of capital inflows, monetary policy and financial innovation," Bank of England working papers 411, Bank of England.

Hans-Werner, S. and T. Wollmershaeuser (2011) "Target Loans, Current Account Balances and Capital Flows: The ECB's Rescue Facility," NBER Working Papers 17626, National Bureau of Economic Research, Inc.

Tillmann, P. (2013) "Capital inflows and asset prices: Evidence from emerging Asia," *Journal of Banking & Finance*, Elsevier, 37(3), pp. 717-729.

Uhlig, H. (2005) "What are the effects of monetary policy on output? Results from an agnostic identification procedure," *Journal of Monetary Economics*, Elsevier, 52(2), pp. 381-419, March.

第Ⅱ部　域内資金フローの変化とユーロ危機

伊豆久（2012）「欧州中央銀行における不均衡問題」『証券経済研究』Vol. 78。
河村小百合（2012）「欧州債務問題長期化のからくり」『JRI レビュー』1(1)，日本総合研究所。
アントン，B・R，塩路悦朗（2004）」「日本における技術的ショックと総労働時間——新しい VAR アプローチによる分析」『経済研究』55(4)，289-298 頁。

第5章

2000年代における欧州金融機関の対米投資
——ミクロデータによる検証——

松林洋一・藤田誠一・北野重人

1 はじめに——2000年代の欧州金融機関

　本章では，2000年代における欧州金融機関の行動様式を定量的に考察していく。1999年のユーロ導入によって，ユーロ加盟国の金融機関は，より高い収益を獲得すべく，新たな展開を模索し始めた。特に顕著な特徴は，第1章で紹介したように，2000年代以降，米国において進展の著しい証券投資へ，深く関わり始めていた点である。ただし詳細に観察すると，その姿は国によって多様であることがわかり，このような差異が，その後の金融危機に対する影響の違いとなって浮き彫りにされることになる。本章では，欧州金融機関の行動をグローバルな資金フローとの関係において捉え，その特異な行動様式と金融危機との関係を，個別金融機関のデータにまで立ち返って精査していくことにする。構成は以下の通りである。第2節では，2000年代における欧州各国の対米与信の推移を概観する。第3節，4節では欧州金融機関の特徴をミクロデータによって観察し，併せて定量分析が試みられる。第5節では金融危機後の欧州金融機関の与信の変化が整理される。本章を通じて得られた知見は第6節において要約される。

2 欧州金融機関の米国への与信

　第1章において考察したように，2000年代には，米国と欧州の間で巨額な

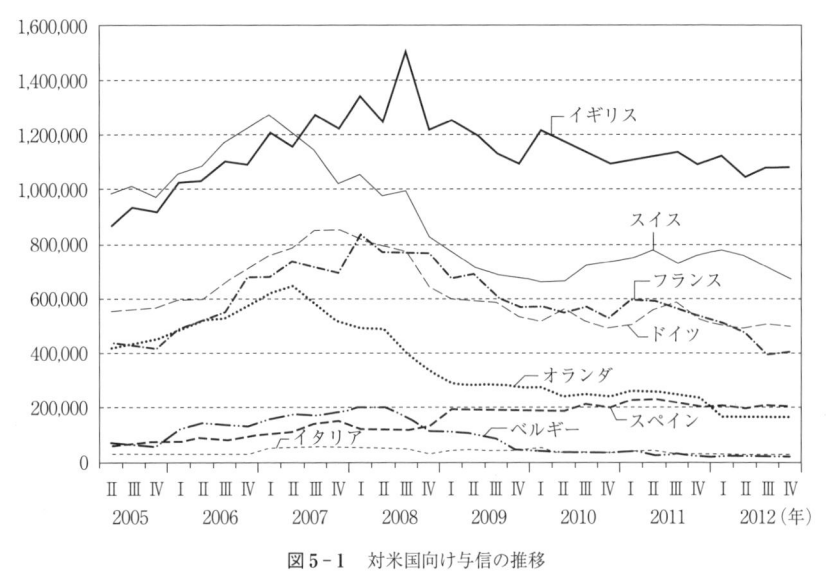

第Ⅱ部　域内資金フローの変化とユーロ危機

図5-1　対米国向け与信の推移

（出所）BIS

資金取引がなされていた。欧州から米国への投資の内訳は定かではないが，米国財務省の対米投資データ（TIC）を見る限り，ドイツやイギリスでは，アジア諸国と比べ，民間投資の割合が高かった。そこで図5-1には，欧州の金融機関が2000年代において，どのような対米与信を展開していたのかを，国際決済銀行（Bank of International Settlement，以下BISと略す）のデータを用いて見ておくことにする。[1]

図5-1には，2005年から2012年にかけての，欧州主要国の対米与信の推移が描かれている。2006年まではいずれの国も対米与信を増加させており，2006年時点での順位は，スイス，イギリス，ドイツ，フランス，オランダ，イタリア，ベルギー，スペインである。ピークとなる時期は2007年がドイツ，フランス，スイス，オランダ，イギリス，ベルギーは2008年となっている。ピークを過ぎると，ほとんどの国で対米与信は減少しており，米国への資金流出が縮小している姿が，BISのデータからも確認できる。

図5-2には，全世界への与信に占める米国への与信の割合を，対米与信の

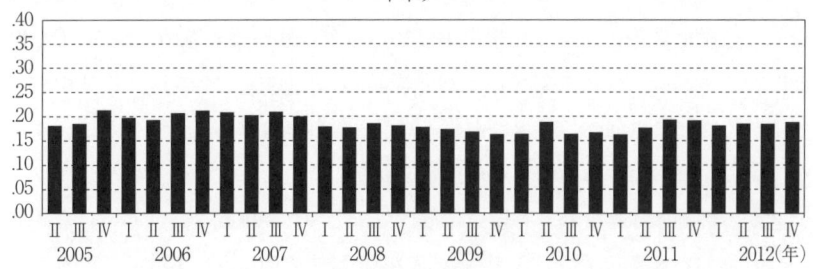

第5章　2000年代における欧州金融機関の対米投資

ドイツ

イギリス

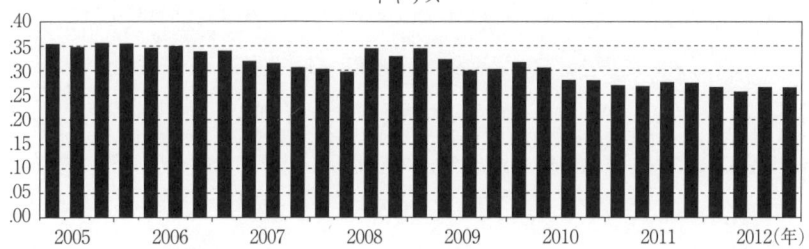

フランス

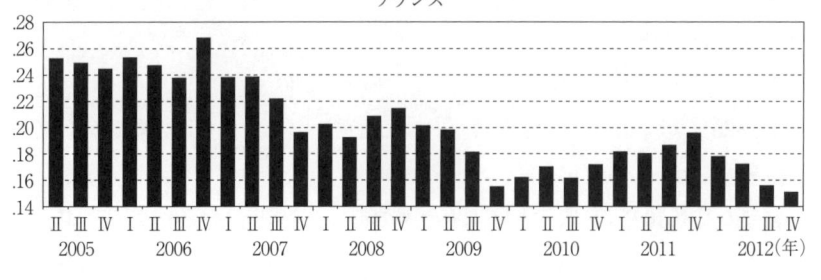

図 5-2　全世界与信に対する対米国与信比率

(出所) BIS

水準が高いドイツ，イギリス，フランスの3国についてプロットしたものである。

　イギリスは，2005年時点では対米与信は約35％のシェアとなっていた。しかし2007年以降そのシェアは低下し始めていることがわかる。他方，ドイツの対米与信のシェアは，若干少なく，2005年時点で約20％となっている。し

かしイギリスやフランスと異なるのは，2007年以降もシェアに大きな変化はなく，金融危機後に大きく比率を下げている姿は観察できない。図5-1で確認したように，ドイツの対米与信の水準自体は，2007年をピークに減少している。しかし全世界への与信に占める対米与信の割合はあまり変化していないのである。この点は積極的な対米投資を展開していたドイツ，イギリス，フランスが，詳細に観察すれば特に金融危機後にその行動様式を異にしていた，という点において興味深い。この特徴については後の節において改めて触れることにする。

3 欧州金融機関の特徴

本節では，個別金融機関の財務データを用いて，欧州金融機関の特徴を精査していく。利用するデータベースは，世界各国の金融機関の財務データを収録した「Bankscope」である。同データベースは，統一された国際会計基準（IFRS）のもとで，データが収集，整理されており，各国の金融機関の特性が，同一の基準で比較できる。本章では，ドイツ，イギリス，フランス，イタリア，スイス，オランダ，ベルギー，スペインの8か国である。標本期間は，2005年から2011年であり，世界金融危機の発生前から，危機の発生後にかけての情報を含んでいることになる。データの収集に際しては，まず各国金融機関の総資産の上位100行を取り上げ，その中でデータ利用可能な銀行を絞り込むという手順を踏んだ。この手続きにより，実際に分析に利用することが可能となった金融機関の数は，**表5-1**の通りである。

次に各国金融機関の収益率の特徴を見ておく。収益率の指標としては，総資産収益率（総資産に対する営業利益の比率）の指標を用いることにする。表5-2には，2005年から2011年にかけての推移が示されている。[2]

期間中の平均収益率がもっとも高いのはイギリス（1.47％）であり，次いでベルギー（1.14％），オランダ（0.88％），スイス（0.87％）となっている。他方，収益率が最も低いのは，ドイツ（0.46％），次いでスペイン（0.65％），フラン

第5章　2000年代における欧州金融機関の対米投資

表5-1　欧州金融機関の標本数

国	データが利用可能な銀行数
ドイツ	74
イギリス	55
フランス	74
イタリア	88
スイス	84
オランダ	50
ベルギー	57
スペイン	61

（出所）Bankscope

表5-2　欧州金融機関の収益率

（単位：％）

	ドイツ	イギリス	フランス	イタリア	スイス	ベルギー	オランダ	スペイン
2005	0.67	1.15	0.96	1.16	0.38	1.36	2.16	0.85
2006	0.61	2.27	0.93	1.28	0.67	1.74	1.04	0.95
2007	0.49	2.29	0.88	1.19	1.95	1.31	1.15	0.91
2008	0.01	1.59	0.47	0.70	0.91	0.60	-1.25	0.69
2009	0.35	1.58	0.66	0.51	0.83	1.11	0.98	0.32
2010	0.59	0.89	0.78	0.47	0.72	1.00	1.98	0.53
2011	0.53	0.53	0.69	0.35	0.66	0.88	0.14	0.33
平均	0.464	1.471	0.767	0.808	0.874	1.142	0.885	0.654
変動係数	0.484	0.452	0.226	0.482	0.574	0.119	1.307	0.266
最大値	0.67 (2005)	2.29 (2007)	0.96 (2005)	1.28 (2006)	1.95 (2007)	1.74 (2006)	2.16 (2005)	0.95 (2006)
最小値	0.01 (2008)	0.53 (2011)	0.47 (2008)	0.35 (2011)	0.38 (2005)	0.60 (2008)	-1.25 (2008)	0.32 (2009)

（注）最大値，最小値における（　　　）内の値は，それぞれの該当年を示している。
（出所）Bankscope

ス（0.76％）の順となっている。イギリス，ベルギー，オランダにおける相対的に高い収益率は，これらの国々が歴史的に国際金融取引の盛んな地域であったことが背景にある可能性が高い。各国とも収益率が最大となるのは，2005

表5-3 欧州金融機関のレバレッジ比率

	ドイツ	イギリス	フランス	イタリア	スイス	ベルギー	オランダ	スペイン
2005	28.24	25.42	20.86	16.85	13.55	21.19	20.20	18.59
2006	28.95	24.18	20.14	16.82	14.31	18.78	20.65	21.31
2007	29.52	24.18	20.63	17.40	14.28	16.68	18.82	21.71
2008	32.19	27.61	19.74	17.71	13.66	18.07	22.27	20.15
2009	29.35	23.78	17.14	15.82	13.39	15.46	19.84	18.43
2010	27.39	21.65	16.71	15.57	13.35	14.63	18.50	17.75
2011	27.14	20.16	17.23	16.85	14.09	16.75	19.88	19.00
平均	28.968	23.854	18.921	16.717	13.804	17.365	20.022	19.562
変動係数	0.058	0.102	0.096	0.046	0.030	0.127	0.062	0.078
最大値	32.19 (2008)	27.61 (2008)	20.86 (2005)	17.71 (2008)	14.31 (2006)	21.19 (2005)	22.27 (2008)	21.71 (2007)
最小値	27.14 (2011)	20.16 (2011)	16.71 (2010)	15.57 (2010)	13.35 (2010)	14.63 (2010)	18.50 (2010)	17.75 (2010)

(出所) Bankscope

年から2007年の間でありほぼ共通している。またもっとも低い値となるのは、スイスを除けば、2008年のリーマンショック以降である。収益率の変動（変動係数値）は、各国でバラツキがあり、最も安定しているのはベルギーであり、オランダは高収益率の時期（2005年）と、急速な悪化期（2008年）の差を反映し、変動が激しくなっている。

次に各国金融機関のレバレッジ比率（自己資本（株式）に対する総資産の比率）の特徴を見ておく（表5-3）。レバレッジ比率の平均値のもっとも高い国は、ドイツ（28.96）であり、次いでイギリス（23.85）、オランダ（20.02）の順となっており、いずれもかなり高い水準となっている。たとえば米国の投資銀行の場合、2008年のレバレッジ比率の平均値は約23、商業銀行の場合は約15であった。また破綻直前時（2008年前半）のリーマン・ブラザーズのレバレッジ比率は約30であった。このように米国と比べた場合、欧州金融機関のレバレッジ比率の水準は相対的に高く、その最高値は各国とも2005年から2008年の金融危機発生前に集中している。とくに注目すべき国はドイツである。ドイツで

は最高値は32.19(2008)と突出しており，金融危機後も，レバレッジ比率が大きく低下している様子はうかがわれず，高い水準が続いていることが確認できる。

4　欧州金融機関の行動様式

（1）定量的検証

図5-1で見たように，欧州諸国の米国への与信は，国によって違いがあり，特にイギリス，ドイツ，スイスでは，金融危機前に積極的に対米与信を展開していた。このような行動パターンは，3節で整理した各国金融機関の特徴とどのように結びついているのだろうか。以下ではこの点に関する計量分析を試みることにする。

欧州金融機関の顕著な特徴は，レバレッジ比率の高さであった。レバレッジ比率とは，金融機関がどの程度積極的に投資（あるいは貸出）を行うのかを，自己資本を基準として捉えたものである。したがって2000年代における欧州金融機関のレバレッジ比率の高さは，同時期におけるきわめて積極的な投資パターンを示唆しているのかもしれない。第1章で詳細に観察したように，欧米諸国は2000年代に入り，米国とのドル資金取引を活発化させてきた。

また本章第2節で見たように，この動きは特にイギリス，ドイツといった国で顕著であった。つまりこれらの国々におけるレバレッジ比率の高さは，米国への積極的な投資と関連しているのかもしれない。さらに米国への投資は住宅価格に依存する金融資産であった可能性が高い点も，第1章において指摘していた。したがってこのような金融商品の収益率が上がれば，レバレッジ比率もさらに上昇していた可能性もある。

以上の推測を踏まえ，我々は（5-1）式で示される推定式をセットすることにした。

$$Leverage\ ratio_{ijt} = \alpha + \alpha_{ij} + \beta proft\ rate_{ijt-1} + \gamma(mbs_{US_t} - TB_{it}) + \delta FC_{it-1}$$

$$(5-1)$$

$Leverage\ ratio_{ijt}$ はレバレッジ比率であり,推定式における被説明変数となっている。$profit\ rate_{ijt-1}$ は資産収益率の一期ラグを,$mbs_{US_t} - TB_{it}$ は米国 MBS (Mortgage-Backed Securities (不動産担保証券)) 利回りと自国国債利回りのスプレッドを,FC_{it-1} は対米与信 (GDP 比) の一期ラグを示している。各変数の下付きの添え字 i は国のインデックスを,j は各国の金融機関のインデックスを,t は推定期間を表している。本稿ではすべての国のデータを一括して扱うのではなく,国ごとのパネル推定を行っているので,推定結果は8つ存在することになる。推定期間 (t) は 2005 年から 2011 年で,固定効果モデルを用いている。不動産担保証券とは,米国において不動産価格 (住宅価格) に連動して担保価値が設定され,この不動産担保融資を裏付けとして組成,発行された証券化商品である。この金融商品は,2000 年代米国において,高い魅力をもった投資対象であり,米国以外の国々 (とくに欧州諸国) によって購入されていた可能性が高く,レベレッジ比率上昇の有力な要因となりうる。

ここで各変数の符号条件を明らかにしておく。収益率がレバレッジ比率に与える影響 (β) は,2つの可能性がある。第1は,収益率の上昇が,更なる収益増加を見込んで,より資産購入の誘因を上昇させレバレッジを高める可能性がある。第2は,収益率の落ち込みが逆に金融機関にレバレッジの上昇を通じて収益改善に向かわせる可能性がある。したがって符号条件は一概に確定できない。

米国モーゲージ債の利回り上昇は,米国投資の魅力を上昇させ,より一層の資産購入を促し,レバレッジ比率は上昇すると考えられる。したがって,MBS 利回りのスプレッド (γ) は,プラスであると想定される。最後に対米与信の一期ラグの効果 (δ) はプラスであると想定される。これは同時期の対米投資の動向を踏まえると,一期前の対米与信が,一種の慣性として作用し,より一層の資産購入 (すなわちレバレッジ比率の上昇) につながると想定されるからである。

表5-4には,推定結果が整理されている。本章の定量分析において中心となる MBS スプレッドは,ドイツ,イギリス,フランスにおいて有意にプラス

表 5-4 推定結果

	定数項	収益率	MBS スプレッド	対米与信一期ラグ	ad-R2
ドイツ	21.163 (12.698)***	133.283 (2.692)***	0.488 (2.008)**	38.452 (4.223)***	0.833
イギリス	11.190 (2.353)**	11.555 (0.513)	1.059 (2.123)**	28.678 (2.152)**	0.759
フランス	14.469 (9.367)***	71.581 (0.948)	0.540 (1.848)*	9.603 (1.424)	0.828
イタリア	17.534 (39.231)***	-43.970 (-1.408)	-0.519 (-2.905)	126.545 (2.364)**	0.757
スイス	13.812 (20.180)***	-19.424 (-1.747)	0.065 (0.459)	-0.167 (-0.586)	0.817
オランダ	18.222 (10.924)***	4.307 (0.506)	0.086 (0.229)	2.270 (0.866)	0.756
ベルギー	15.843 (14.153)***	4.012 (0.139)	-0.223 (-0.809)	10.286 (2.866)***	0.812
スペイン	20.684 (11.786)***	176.22 (1.711)*	-0.476 (-1.617)	-24.995 (-1.519)	0.736

(注) ad-R2 の値は自由度修正済み決定係数を,（　　　）内の値は t 値を示す。また
***, **, * はそれぞれ有意水準 1％, 5％, 10％で有意であることを示す。

に効いている。ドイツ, フランスでは MBS スプレッドの 1％ポイントの上昇は, レバレッジ比率をおよそ 0.5 上昇, イギリスで 1 上昇させる。その他の国では有意な結果は得られていない。2 節の図 5-1 で確認したように, スイス, オランダでは 2006 年頃まで対米与信を増加させていた。しかし推定結果における MBS スプレッドの係数の符号条件は満たしているものの, 必ずしも有意ではない。両国ではいずれもごく少数の金融機関が突出して高い資産を保有するとともに, 高いレバレッジ比率を示しているため, クロスセクションの情報に偏りが生じていることに起因しているのかもしれない。なお対米与信の一期ラグは, ドイツ, イギリス, ベルギー, スペインにおいて有意にプラスに効いている。

収益率の効果は, ドイツのみで有意に強くプラスに効いており, その他の国ではその影響が確認できない。先に説明したように, 収益率のレバレッジ比率

に与える効果は,プラスとマイナスの両面が想定される。各国の推定結果はフランスとスイスでマイナスであり,それ以外の国ではプラスとなっているが,ドイツを除くと有意性は低い。欧州金融機関がレバレッジを高める際,収益率は必ずしも重要な要因とはなっていないのかもしれない。この点についてはより詳細な検討が必要である[(3)]。

最後に定数項の結果について見ておく。本章の分析では,各国の個別金融機関の個別効果はダミーとして取り除いているので,表5-4の定数項は,レバレッジ比率に対する各国固有の効果を反映していると思われる。表5-3で見たように,ドイツのレバレッジ比率の高さは突出していたが,この点は定数項の大きさにも現れている。またスペインでは住宅価格の高騰を反映した不動産融資の拡大などから,金融機関がレバレッジを高めていたと推測できるが,この点は定数項の大きさからもある程度示唆される[(4)]。

これまでに素描した推定結果を再度要約すると以下の通りとなる。2000年代のドイツ,イギリスでは,MBSを始めとする対米投資が積極的に行われ,その行動はレバレッジ比率の上昇となって表れていた可能性が高い。フランス,スイス,オランダの金融機関においても同様の行動がとられていた可能性が高いが,ドイツ,イギリスには至らない。またイタリア,スペインでは対米投資を積極化していたとは思われない。第1章の図1-5,図1-6において確認したように,ユーロ圏諸国では,2000年代前半から半ばにかけて巨額な対米資金流出がおこなわれ,ドル資産が蓄積していた。ただし本章での定量分析から得られた結果を考慮すると,ユーロ圏における金融機関の対米与信の姿は,同一のものではなく,国によって様々であることが示唆される[(5)]。

(2) 補足的検証

先に試みた定量分析より,欧州の金融機関の対米投資の行動パターンは,国によってかなり異なっていることが確認された。そこでこの点をより詳細に見ておくことにしよう。表5-5には,ドイツ,イギリス,フランス,スペインを代表する大手金融機関の2006年における対米国出資状況(米国において

表5-5 欧州大手金融機関の対米出資状況（2006）

		Deutsche B （ドイツ）	Barclays （イギリス）	BNP Paribas （フランス）	UBS （スイス）	Santander （スペイン）
A	対米国出資会社総数 （＝B＋C＋D）	142	42	38	34	7
B	金融等	79	40	36	32	7
C	非金融	39	2	2	2	0
D	その他	24	1	0	0	0
E	総資産 （10億ドル：2006）	2070.02	1956.15	1440.34	1922.77	1098.21
F	総資産で基準化した 金融等への出資状況 （＝B/E）	0.038	0.02	0.025	0.017	0.006

（注）「その他」（D行目）は検索上，分類が困難である会社が該当している。
（出所）ORBIS

100％出資した会社の数）を整理したものである。[6]

2006年は，本章図5-1でも見たように，欧州各国における金融機関の対米与信が急速に増加している年であり，対米出資状況を見るには最も適した時期であるといえる。表5-6から得られる特徴は以下の3点である。1点目は，Deutsche Bank（ドイツ）の対米国出資会社の総数は，際立って多いという点である。2点目は，Barclays（イギリス），BNP Paribas（フランス），UBS（スイス）の出資数はドイツと比べかなり少なく，その数は3行で大きな違いはない。またSantander（スペイン）では米国出資はきわめてわずかである。この特徴は，各行の総資産で基準化した指標（表5-5のF行目）においても確認できる。3点目は，Deutsche Bankでは，金融関連の出資とともに，非金融関連への出資も少なからず存在しているという点である。[7] 第1，第2の特徴は，前項4（1）で試みた計量分析から得られた知見とも概ね整合的であり，米国への出資件数というミクロデータによる検討からも，ドイツ，イギリスの積極的な対米投資の姿が見て取れる。

さらに興味深い点はドイツの場合，非金融部門への出資が他国と比べかなり多いという点である。金融関連の子会社の設立および撤退は，当該会社の業績

（あるいは本国の親会社の業績）如何によって比較的容易に調整が可能である。他方製造業をはじめとする非金融部門では，工場設備等の建設，生産物の販路の確保など，中長期的な視野から意思決定がなされる側面が強く，それゆえ撤退に伴う調整コストも高くつくことになる。2008年のリーマンショックの発生によって，米国における金融ビジネスは，軒並み縮小，撤退を余儀なくされていたと思われるが，Deutsche Bankの場合，米国子会社から大幅な撤退がなされていたか否かは必ずしも明らかではない。[8]

図5-2では，イギリス，フランスの対米与信（対全世界与信比率）が，2008年以降低下している反面，ドイツでは必ずしも顕著な低下は見られない点を確認した。このような特徴は，表5-5から得られた知見と，ある程度関連があるのかもしれない。

5　金融危機後の欧州各国の対米与信

図5-1で見たように，ドイツ，イギリス，フランスは2000年代半ばまで積極的に米国に与信を拡大させていたが，金融危機後には一斉に縮小に転じていた。では各国は危機後に与信先をどのように変化させていたのだろうか。この点に関する精緻な考察は，2009年に顕在化した欧州金融危機と2007年，8年に発生した米国発の金融危機との関連を考察していくうえでも，きわめて重要である。この問題についての個別金融機関のデータを用いたより詳細な考察は今後の検討課題とし，本章ではBISの与信データによって，若干の展望を行うことにする。

図5-3には，イギリス，ドイツ，フランスの全欧州への与信に占める，対PIIGS諸国向けの与信の推移が示されている。ドイツ。イギリスでは2009年をピークにPIIGS諸国向けの与信を落としていることがわかる。他方，フランスは2009年以降若干の低下を示しているものの，ドイツ，イギリスほどの低下は見られない。フランスはイタリアとの経済的結びつきが高い点がこのような特徴となって表れていると考えられる。

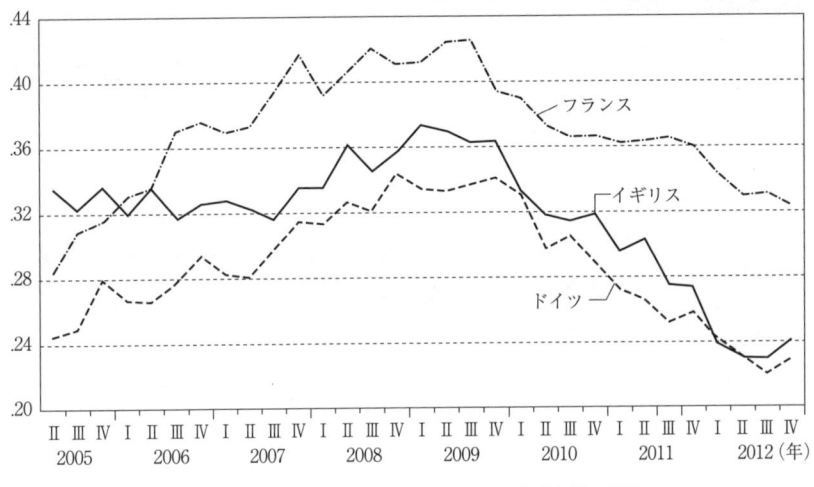

第5章 2000年代における欧州金融機関の対米投資

図5-3 全欧州向け与信に対するPIIGS向け与信の推移

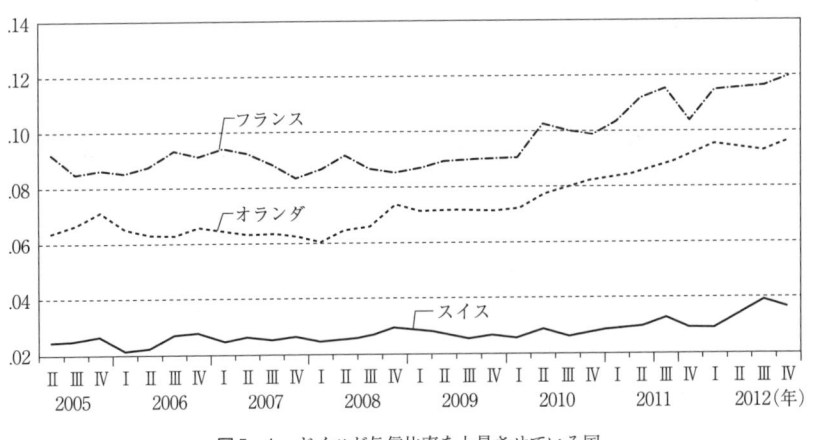

図5-4 ドイツが与信比率を上昇させている国

　ではドイツ，イギリス，フランスは欧州圏のどの国々への与信を増加させているのだろうか。その様子を示したのが，図5-4，図5-5，図5-6である。
　いずれの国についても，近隣の欧州大陸国へと与信をシフトさせている姿が見て取れる。2007，8年の米国発の金融危機，2009年のギリシャ発の欧州金融危機は，ドイツ，イギリス，フランスの資金取引を自国の近隣諸国に戻し始

127

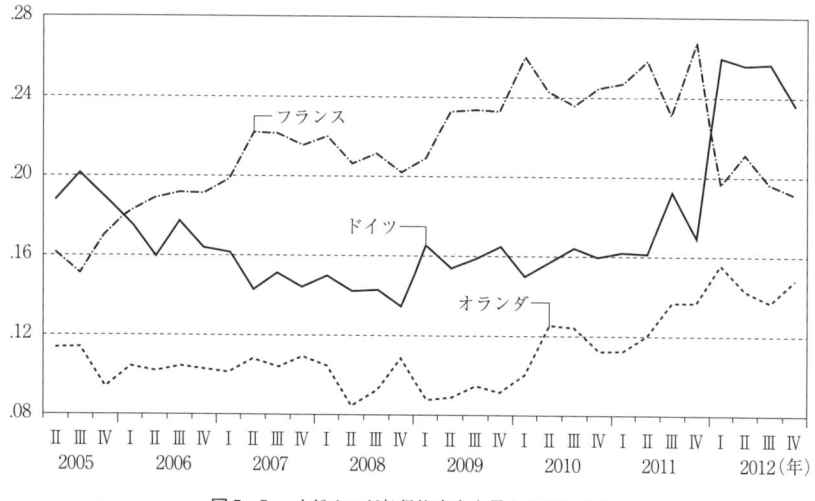

第Ⅱ部　域内資金フローの変化とユーロ危機

図5-5　イギリスが与信比率を上昇させている国

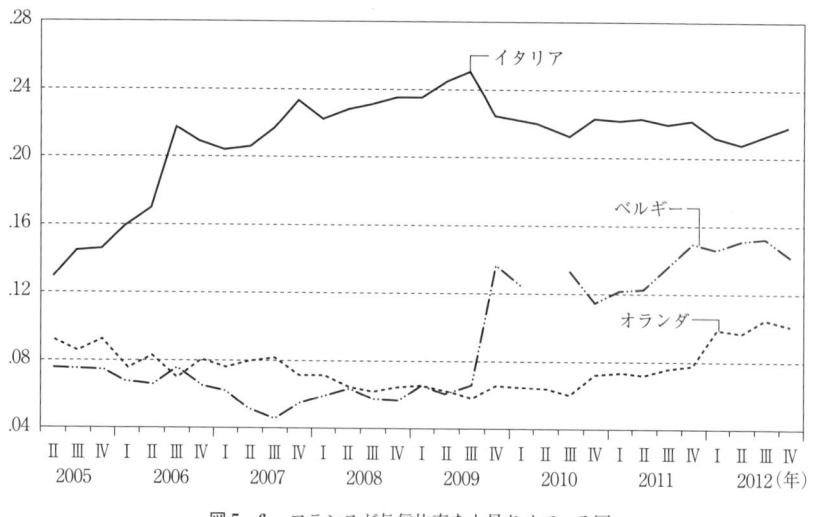

図5-6　フランスが与信比率を上昇させている国

ている可能性が高い。もちろん図5-2で見たように，ドイツの対米与信のシェアはあまり大きくは変化していない。また図5-3，図5-6からもわかるように，フランスのイタリア向け与信のシェアに大きな変化は見られない。しか

し趨勢としてみれば,欧州主要国の資金フローの動きは,米国発,欧州発の2度の金融危機を経て,積極的な投資から慎重な投資へと転換し始めているといえる。

6　おわりに——グローバル・バンキングの興隆

本章では,2000年代以降の欧州金融機関の行動様式を,特に対米国投資をモチーフとしながら,詳細に検討してきた。欧州,とくにユーロ圏の金融機関の多く,ユーロ導入によって為替変動に伴う収益が消滅し,欧州域内における(名目)金利が収斂し始めると,域内の「核」となる国々から投資収益は格段に低下し始める。必然的に投資先は,より高い収益が見込まれる「周辺」地域へと転換していくことになる。

欧州では,ドイツ,フランスなどの中核国の地理的外縁をなす,ギリシャ,スペイン,ポルトガルといった南欧諸国が「周辺」に該当し,同地域への投資が拡大していた。そして米国では,返済能力すら判然としないサブプライム層が,きわめて魅力的な経済的「周辺」となるのである。このように,空間的により広いアングルから見据えることによって,欧州金融機関の行動様式の変化を,レリーフすることが可能となるはずである。さらにこうした考察を通じて,我々は金融機関の新たな行動様式を想起することができる。それは,「中核」から「周辺」へと国境を越えて展開していく「グローバル・バンキング」の興隆と呼べるかもしれない。そしてこのような動きは,世界経済の新たな潮流,構造変化として捉えることができるのかもしれない。2000年代における欧州金融機関の姿は,我々にこのような姿を告げているように感じる。

注

(1) 具体的にはBISにおける「consolidated banking statistics (9D Foreign claims by nationality of reporting banks)」から入手している。BISの金融機関統計については勝(2010)において丁寧な解説がなされている。

(2) 各期の値は,毎年の個別金融機関の収益率を金融機関数で単純平均したものである。
(3) Graf (2011) は,米国と欧州の金融機関のレバレッジの決定要因を,ミクロデータを用いて詳細に検討している。同論文では銀行の規模,規制の状況などいくつかの変数でコントロールしたのち,資産収益率 (ROA) や資本収益率 (ROE) の一期ラグが,米国,欧州ともに有意にマイナスに効いているという結果を提示している。
(4) (5-1) 式では,対米投資とレバレッジ比率の関係に注目して説明変数がセットされている。したがって国内のその他諸要因を説明変数として付加すれば,定数項や収益率の効果は変化すると思われる。この点については今後の検討課題としたい。
(5) 各国の跛行性については,McGuire and Peter (2009) 図4において,詳細に解説がなされており,イギリス,ドイツ,スイスにおける対米投資の拡大を指摘している。また田中 (2010) も,欧州各国の金融機関を,対米与信との関係において,1) イギリス,スイス,ドイツ,オランダ,2) フランス,ベルギー,3) イタリア,オーストリア,スウェーデン,ポルトガルという3つの範疇に分類している。本章での計量分析から得られた結果も,これらの先行研究における知見と概ね同じであると考えられる。
(6) データは,ビューロ・ヴァンダイクの「ORBIS」(全世界の上場・未上場企業の財務データ) から入手した。
(7) 具体的な製造業,インフラ関連などの会社がリストされている。
(8) この点をデータから確認するには,金融危機後の時期 (たとえば2009年) における米国出資状況を,表5-5と同じ形式で収集,整理するという方法が考えられる。ただしデータ元である「ORBIS」は,データベース自体を年々充実,拡張している (標本数を増やしている) ため,2時点間の比較が単純にはできないという問題がある。
(9) 欧州の金融機関は,米国やPIIGS諸国への投資のみならず,アジアの新興市場国や中南米諸国へも少なからず投資している。これらの地域への資金フローが危機後どのように推移したのかについては本章では触れていない。この点にはついてはたとえば内閣府 (2012) が丁寧な解説を行っている。
(10) このようなアングルから考察は,竹森 (2012) においてなされている。なお,1990年以降の欧州金融機関の構造変化については,岩田 (2010),星野 (2009) が詳細な考察を行っている。

参考文献

Bruno, V. and H. S. Shin (2013) "Capital Flows, Cross-Border Banking and Global Liquidity," NBER working paper, No.19038.

Graf, F. (2011) "Leverage Profitability and Risk of Banks: An Empirical Analysis," University of Konstanz.

McGuire, P. and G. von Peter (2009) "The U.S. Dollar Shortage in Global Banking,"

BIS Quarterly Review, March.

岩田健治（2010）「世界金融危機と欧州金融システム」田中素香編『世界経済・金融危機とヨーロッパ』第3章。

勝悦子（2011）『新しい国際金融論——理論・歴史・現実』有斐閣。

田中素香（2010）「「ドル不足」とヨーロッパの金融危機」『経済学論叢』50（3・4）。

竹森俊平（2012）『ユーロ破綻——そしてドイツだけが残った』日本経済新聞社。

星野郁（2009）「ヨーロッパの金融構造の変貌と金融危機」『世界経済評論』3月号。

内閣府（2012）『世界経済の潮流　2012-Ⅰ』。

松林洋一・藤田誠一・北野重人（2013）「国際資金フロー・欧州金融機関・グローバル金融危機」平成25年度日本金融学会秋季大会『国際資金フローとグローバル金融危機』パネル報告。

第Ⅲ部

金融危機後のグローバル・マネーフローの新たな潮流

第6章

先進国金融政策の国際的波及
―― 国際資金フローに対するグローバル・スピルオーバー効果 ――

柴本昌彦

1 はじめに ―― 先進国金融政策の新たな国際波及経路

　国境を越えた経済活動やグローバルな投資行動の活発化を背景として，実体経済面での国際的な結びつきが強まるとともに，金融市場の国際的な連動性も高まっている。特に，90年代後半以降，金融技術の深化や金融の自由化を伴い，金融市場のグローバル化が急速に進展してきた。金融市場のグローバル化は，金融市場の国際的な連動性を増幅させる一因になっている可能性は高い。

　金融市場の国際的な連動性の高まりとともに，国境をまたいだ資金フローの量及び変動も急速に拡大している。Borio and Disyatat（2011），Obstfeld（2012），及び Broner, et al.（2013）等は，国際資金フローをグロスの資本流入（外国人投資家による自国資産のネットでの買い）とグロスの資本流出（国内投資家による外国資産のネットでの買い）に分解すると，90年代後半以降，グロスの資本フローが流入・流出ともに拡大していることを指摘している。加えて，彼らは，ネットの意味での資本収支自体は90年代後半以降の急激な国際資本移動が拡大・収縮している状況を反映しておらず，グローバル・インバランス及びグローバルな金融危機の背後にある源泉を正しく見通す上では不十分であると指摘している。

　近年，先進国金融政策が金融市場のグローバル化による金融機関の国際的な金融取引を通じて国際的に波及する経路の可能性が指摘されている。たとえば，先進国による金融緩和は，自国の金融機関のみならず外国の金融機関の自国通

貨での資金調達を容易にするだろう。そして，各国の金融機関は，調達した資金を元手に，より高いリターンを求めて，リスクの高い外国の株式や債券などに投資，運用するかもしれない。そして，そういった各国の金融機関の国境をまたいだ取引の拡大を通じて，各国の為替市場・株式市場等の金融市場の過熱を促し，最終的には各国の実体経済にもスピルオーバーするという経路が考えられる。[1]このような先進国金融政策のグローバルスピルオーバー効果は，金融市場のグローバル化の進展により新たに出現した現象と考えられる。

更に，非伝統的金融政策運営下において，上記のグローバルスピルオーバー効果は強まる可能性もある。[2]2008年に発生したグローバルな金融危機以降，米国の連邦準備銀行，日本銀行，欧州中央銀行，イングランド銀行といった先進国の中央銀行は，危機への対応として非伝統的金融政策を発動した。先進国の中央銀行は，リスク資産の購入，フォワードガイダンス，量的緩和といった非伝統的なオペレーションを行うことで，金融機関を中心としたポートフォリオのリバランスを促し，投資を中心とした総需要を喚起することを意図している。そのような非伝統的な政策オペレーションが，世界中の金融機関の国際的な資本取引の更なる拡大をもたらしているかもしれない。

本章では，時系列分析を用いて，先進国・新興国・発展途上国を含めた各国の国際資金フローに関する実証分析を行う。具体的には，国際資金フローをグロスの資本流入と資本流出に分解し，それらの時系列的・各国の横断的な特徴を分析する。更に，各国のグロスの国際資金フローの動学を経済・金融市場のグローバル化を取り入れた形で実証分析を行うことを試みる。そして，グローバル要因の変動要因の1つとしての先進国の金融政策に注目し，グローバルな経路を通じた各国のグロスの資金フローに与える先進国の金融政策のスピルオーバー効果を分析する。

本章の実証結果から得られた主要な結論は以下の通りである。先進国金融政策のグロスの国際資金フローに与えるグローバルスピルオーバー効果に関して，各国の金融機関が重要な役割を果たしていることが示唆された。特に，先進国の金融政策は，グロスの国際資金フローの流入（たとえば，外国からの低利での

資金借り入れ・外国人投資家の自国での資金運用)・流出（たとえば，自国投資家の外国での資金運用）両方の意味で拡大させる傾向があることが分かった。更に，その影響度は各国の金融機関の深化度，リスクテイク度に依存しており，金融機関の国際的な取引を通じた金融政策の国際的なリスクテイキングチャネルの存在を支持することが分かった。そして，このような先進国金融政策のグローバルな経路を通じたスピルオーバー効果は，90年代後半以降のグロスの国際資金フローの流入・流出両方が持続的に拡大した背景にある要因の1つであった可能性がある。

本章の構成は以下の通りである。2節では，グロスの資本流入と資本流出の時系列的・各国の横断的な特徴を概観する。3節では，経済・金融市場のグローバル化を考慮に入れた資本流入及び資本流出の動学をDynamic Factor Model（DFM）で特定化を行い，グロスの資本フローの動きをグローバル要因と各国特有要因に分解する。そして，グローバル要因と各国特有要因が各国の資本流入及び流出に与える影響に違いがあるのかを分析する。4節では，グローバルなショックの1つとしての先進国の金融政策のグロスの資金フローに与える効果を分析する。特に米国の伝統的金融政策及び日本の非伝統的金融政策に注目し，これらの金融政策の各国の資本流入及び流出に与える影響に違いがあるのか，そしてその影響度の国ごとの異質性は何かという点について分析する。5節は，本章の実証結果のまとめと政策インプリケーションに関して述べる。

2　グロスの国際資金フローの特徴の整理

本節では，各国のグロスの資本流入と資本流出の特徴を概観する。特に，サンプル期間を通じた共通的な時系列的な特徴を確認すると共に，各国の横断的な異質性をその国の特性と関連付けて分析を行う。

本研究では，先進国・新興国・発展途上国を含めた65か国を対象とする[3]。サンプル期間は1984年第1四半期から2008年第4四半期までとする[4]。

はじめに，各国のグロスの資本流入・流出を計算する。多くの先行研究に従

い，グロスの資本流入（流出）を国際収支統計上でのグロスの対外負債（資産）の増加であると考え，IMFの *International Financial Statistics*（IFS）データベースから海外直接投資，証券投資，その他投資の負債サイド及び資産サイドのネットの変化を足し合わせたものをそれぞれグロスの資本流入及び流出として計算する。本研究では，各国のグロスの資本フローを当該国の名目GDPで割る（年次データを4で割ったもの）ことで標準化を行う。なお，本章で扱ったグロスの資本フローデータは，新興国・発展途上国を中心として，サンプル期間全体をカバーしていないものも数多く存在しており，非バランスパネルデータとなっている。

最初に，代表的な国のグロスの資本流入及び流出の時系列的な動きを概観する。図6-1は，米国，日本，スペイン，南アフリカ，韓国，ロシア，インド，ブラジル，トルコの9か国のグロスの資本流入および資本流出の四半期データをプロットしたものである。実線は資本流入を，破線は資本流出をそれぞれ示している。

図から3つの点を指摘することができる。第1に，Borio and Disyatat (2011)，Obstfeld (2012)，Broner, et al. (2013) 等の先行研究が指摘した，流出と流入の同時点において正の相関があること，そして資本流入・流出ともに変動が近年高まっている傾向があることが改めて確認できる。図から明らかなように，資本流入が拡大している時期においては，資本流出も同様に拡大する傾向にある。また，90年代後半以降，資本流入・流出ともに変動が次第に高まっている様子が伺える。その傾向は，米国，日本，スペインといった先進国において特に顕著である。

第2に，資本流入及び流出の拡大・縮小する時期が各国共通している傾向があり，かつその傾向には持続性があることが分かる。特に，各国共通した傾向として，90年代後半以降に資本流入・流出両方が持続的に拡大している様子が伺える。一方，リーマンショックが起こった2008年において，資本流入・流出ともに大きく縮小している。このことは，金融市場のグローバル化等により，国際金融市場の連動性が高まっていることが示唆されるとともに，そのグ

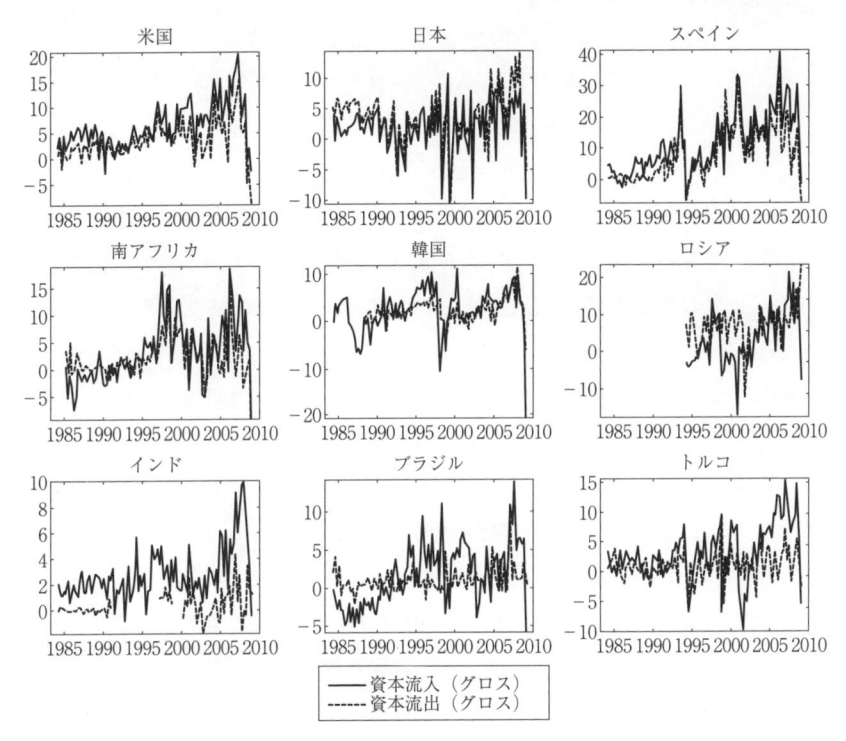

第6章 先進国金融政策の国際的波及

図6-1 9カ国（アメリカ，日本，スペイン，南アフリカ，韓国，ロシア，インド，ブラジル，トルコ）の資本フロー（グロス）の推移

ローバルな影響は持続的な影響を及ぼしている可能性がある。

第3に，必ずしも全ての国において上記の傾向が伺える訳ではないことも指摘できる。特に，インド，ブラジル，トルコといった国では，2000年代において，資本流入の拡大が顕著であるものの，資本流出に関しては，拡大傾向が限定的であることが分かる。このことは，各国の資本流入と資本流出は，金融市場のグローバル化の影響を強く受けているものとそうでもないものと存在していることが示唆される。

次に，資本流入及び流出の国別サンプル期間を通じた平均，及び変動がどのような各国特性によって横断面的に特徴づけられるか確認する。具体的には，以下のような回帰式を考える。

$$Mean(CIF)_c = \alpha^{MCIF} + \beta^{MCIF} X_c + \xi_c^{MCIF} \tag{1}$$

$$Mean(COD)_c = \alpha^{MCOD} + \beta^{MCOD} X_c + \xi_c^{MCOD} \tag{2}$$

$$Std(CIF)_c = \alpha^{DCIF} + \beta^{DCIF} X_c + \xi_c^{DCIF} \tag{3}$$

$$Std(COD)_c = \alpha^{DCOD} + \beta^{DCOD} X_c + \xi_c^{DCOD} \tag{4}$$

なお，$Mean(CIF)_c$，$Mean(COD)_c$，$Std(CIF)_c$，$Std(COD)_c$ は，それぞれ，c 国のグロスの資本流入（CIF）及び資本流出（COD）のサンプル期間平均（$Mean$），及び標準偏差（Std）を表している。X_c は c 国の特性を特徴づける説明変数を表している。

本章では，各国の為替レートレジーム，金融市場の対外開放度・特性に注目して，各国のグロスの資金フローの特徴を捉えることを試みる。具体的には，国の特性を表す説明変数 X_c の候補として，(i)法定上（de-jure）で変動相場を採用しているか否か，(ii)高所得国か否か，(iii)法定上（de-jure）の対外開放度を表す指標，(iv)金融機関の深化度を表す指標，(v)株式市場化の進展度を表す指標，(vi)金融機関の効率性に関する指標，(vii)金融機関の安定性に関する指標を考える。[7]

表 6-1 は，(1)から(4)式を，(i)～(vii)の各国特性を説明変数 X_c としてそれぞれ回帰した推定結果を示している。左側は各国のグロスの資本流入及び流出のサンプル期間を通じた平均値を被説明変数とした場合の推定結果であり，右側は各国のグロスの資本流入及び流出のサンプル期間を通じた標準偏差を被説明変数とした場合の推定結果を示している。

表から明らかなように，資本流入及び流出の国ごとの異質性は，平均・変動両方とも，同様の各国特性で説明することができることが分かる。特に，金融市場の対外開放度に関する係数が期間平均及び変動に関しては正で有意であり，金融市場の対外開放度が高い国ほど資本流入及び流出共に平均的に多く，かつ変動も高いことが分かる。また，株式市場化の進展度に関する係数が正で，かつ有意であり，株式市場化が進展している国ほど資本の流入，及び資本流出が平均的に多く，かつ変動が高い傾向があることが分かる。更に，金融機関の安定性尺度に関する係数が負でかつ有意であり，金融機関が安定的な国ほど資本流入及び資本流出が少なく，かつ変動が小さい傾向があることが分かる。

表 6-1 資本フロー（グロス）の平均，分散の決定要因に関するクロスカントリー回帰

	平均		標準偏差	
	資本流入	資本流出	資本流入	資本流出
変動相場ダミー	-5.021*	-1.094	-7.543**	-4.845
	(-1.755)	(-0.309)	(-2.077)	(-1.275)
高所得国ダミー	3.537*	4.120**	3.291	2.591
	(1.827)	(2.128)	(1.285)	(1.030)
金融市場の対外開放度	2.115***	1.570**	1.862**	1.904**
	(3.680)	(2.504)	(2.264)	(2.370)
金融機関深化度	0.071*	0.060	0.140**	0.142**
	(1.722)	(1.407)	(2.398)	(2.428)
株式市場進展度	0.036**	0.084***	0.075***	0.083***
	(2.282)	(4.131)	(3.007)	(3.197)
金融機関効率性	-1.274***	-0.361	-0.478	-0.167
	(-2.823)	(-0.758)	(-0.661)	(-0.244)
金融機関安定性	-0.225**	-0.181	-0.376***	-0.354***
	(-2.119)	(-1.497)	(-2.875)	(-2.797)
決定係数	0.419	0.489	0.490	0.533

（注）括弧の中の数字は White(1980) による分散の不均一性を考慮に入れた t 統計量。***，**，* はそれぞれ 1%，5%，10% 水準で統計的に有意であることを表す。

一方，資本流入と資本流出との間の決定要因に若干の違いがあることも確認できる。特に，変動相場制を採用している国は，平均して資本流入が少なく，かつ変動も小さい傾向があるものの，資本流出に関しては変動相場制を採用しているか否かに関する差は有意ではないことが分かる。このことは，為替レートの変化を通じて国際収支の調整が行われていることで，資本流入が平均的にも変動の意味でも影響を抑える役割を果たしていることを示唆しているものの，資本流出に関しては限定的であることを示唆している。

また，期間平均と変動の間の決定要因にも若干の違いも確認できる。特に，金融機関の深化度に関する係数は変動に関しては正で有意であり，かつ統計的にも有意である一方，平均では限定的である。変動の違いは，主に短期的な経済変動の影響度の違いを反映していることが考えられるため，短期的な経済変動に対するグロスの国際資金フローの影響は，長期的な経済特性に関わらず，

その国の金融機関の深化度に依存して異質性を持つことを示唆している。また，先進国ダミーに関する係数は期間平均に関してはグロスの資本流入及び流出ともに正で有意なものの，変動に関しては限定的である。このことは，先進国は平均すると国際資金フローが高い傾向にあるものの，短期的な経済変動に対するグロスの国際資金フローの影響度は，先進国と新興国・発展途上国との間でそれ程差は見られないことを示唆している。

3　グロスの資本流入及び流出のグローバルな影響

（1）グローバル要因を取り入れた国際資金フローの動学に関する実証モデル

本節では，2節で確認されたグロスの資本流入・流出の時系列的・横断面的を概観した際の特徴を基に，経済・金融市場のグローバル化を考慮に入れた資本流入及び資本流出の動学をモデル化することを考える。

具体的には，以下の3点を考慮に入れる。第1に，各国のグロスの国際資金フローの動きには相応の共通の動きや変動の上昇を確認することができた。そこで，本研究では，各国，各経済変数に含まれる（少数の）共通要因から生じる変動要因をグローバル要因として捉えることとする。第2に，各国・各経済変数でグローバルな変動による影響度は異なるという点である。そこで，共通要因が及ぼす影響度が各国・各経済変数で異なりうることを許すモデルを構築する必要がある。第3点目として，共通要因を導出する際，各国の資本流入・流出のデータのみならず，各国の他の金融変数，実物変数も考慮に入れる必要がある。なぜならば，各国の国際資金フローは，自国や他国の資本フローのみならず，為替レートや株価といった他の金融変数，及び生産や物価といった実体経済にも影響を受けるものと考えられるからである。[8]

以上の点を考慮した上で，以下のようなDFMを考える。[9]

$$X_{it} = \lambda'_i F_t + \mu_i + \tilde{e}_{it} = \lambda'_i F_t + e_{it}, \quad i=1, \cdots, N \tag{5}$$

$$F_t = \Phi_1 F_{t-1} + \cdots + \Phi_p F_{t-p} + u_t = \Phi(L) F_t + u_t, \tag{6}$$

$$e_{it} = \rho_{1i} e_{it-1} + \cdots + \rho_{qi} e_{it-q} + w_{it} = \rho_i(L) e_{it} + w_{it}, \quad i=1, \cdots, N \tag{7}$$

なお、$X_{it}(i=1, \cdots, N)$ は、各国の経済変数を表している。F_t は、各国・各経済変数の背後にある共通要因を表す $k \times 1 (k \ll N)$ ベクトルであり、グローバルな変動の本源が共通要因にあることを含意している。$\lambda_i(i=1, \cdots, N)$ は、各国・各経済変数で異なる共通要因 F_t に関する $k \times 1$ 係数ベクトルである。e_{it}（$=\mu_i+\tilde{e}_{it}$、μ_i は各国各経済変数の時間を通じた固定効果、$E(\tilde{e}_{it})=0$）$(i=1, \cdots, N)$ は各国各経済変数特有要因を表している。(5)式は、各経済変数 X_{it} がグローバル要因 $\lambda'_i F_t$ と各国各経済変数特有要因 e_{it} によって成り立っていることを意味しており、λ_i の値によって、グローバルな影響度が各国・各経済変数で異なりうることを含意している。(6)式は、共通要因 F_t がベクトル自己回帰（VAR）過程に従って動学的に変動することを意味している。u_t は平均ゼロ、分散共分散行列 Ω を持つ誘導形 VAR モデルのイノベーションベクトルである。(7)式は、各国・各経済変数特有要因 e_{it} が自己回帰（AR）過程に従って動学的に変動することを意味しており、その動学過程は各国・各経済変数で異なりうることを含意している。w_{it} は平均ゼロ、分散 σ_i^2 を持つ AR モデルのイノベーションを表す。$\Phi(L)=\Phi_1 L+\cdots+\Phi_p L^p$、$\rho_i(L)=\rho_{1i}L+\cdots+\rho_{pi}L^q$ $(i=1, \cdots, N)$ であり、L はラグオペレータを表す。

本研究では、各国・各経済変数に対して主成分分析を適用することで、(5)式における F_t、λ_i、および、e_{it} を推定する。ただし、本稿が扱うデータは非バランスパネルデータ、かつ経済変数ごとの頻度も異なりうるデータセットとなっているので、通常の主成分分析を適用することができない。そこで、本研究では、Stock and Watson (2002) による EM アルゴリズムを応用した主成分分析を適用することで、F_t、λ_i、および、e_{it} を推定する。

F_t、λ_i、および、e_{it} が推定されると、F_t と e_{it} をそれぞれ(6)式、(7)式に従って回帰を行い、F_t と e_{it} の動学を推定する。本研究では、主成分 F_t の個数 k を 8 に設定する。また、(6)式、(7)式に含まれるラグ数 p 及び q を 2 に設定する。

（2）実証結果

表6-2の左側は、各国のグロスの資本流入及び資本流出（X_{it}）、及び、(5)式

表6-2 資本フロー（グロス）の変動と持続性

		変動				持続性		
		X_{it}	$\lambda'_i F_t$	e_{it}	R^2	X_{it}	$\lambda'_i F_t$	e_{it}
資本流入	平均	13.130	8.933	8.872	0.437	0.452	0.871	-0.037
	メディアン	8.437	5.139	5.703	0.468	0.528	0.888	-0.042
資本流出	平均	11.469	7.652	7.875	0.356	0.296	0.844	-0.129
	メディアン	6.323	3.018	4.654	0.363	0.335	0.852	-0.105

を推定したことによって得られたグローバル要因（$\lambda'_i F_t$）と各国特有要因（e_{it}）の期間を通じた標準偏差，そして各国の資本流入及び資本流出（X_{it}）の全変動の内でグローバル要因（$\lambda'_i F_t$）の変動が占める割合（R^2）の各国平均とメディアンを報告している。

表から分かるように，各国のグロスの資本流入及び資本流出の全変動に占めるグローバル要因の変動の割合は極めて高いことが分かる。実際，8個の主成分F_tによって，平均すると各国の資本流入の全変動の内の約44％，資本流出の全変動の内の約36％をグローバル要因の変動で占められていることが分かる。このことは，グロスの資本フローの背後にはグローバルな要因と考えらえる共通要因があり，（国ごとに差があるものの）共通要因に強い影響を受けていることを示唆している。

表6-2の右側は，各国のグロスの資本流入及び資本流出（X_{it}），グローバル要因（$\lambda'_i F_t$）と各国特有要因（e_{it}）の持続性の程度を表している。具体的には，各国の資本流入及び資本流出（X_{it}），グローバル要因（$\lambda'_i F_t$）と各国特有要因（e_{it}）に関してAR(2)過程を仮定し，各国のX_{it}，$\lambda'_i F_t$，e_{it}のAR係数を推定した上で，その平均及びメディアンの値を報告している。[14]

表から分かるように，各国の資本流入及び資本流出（X_{it}）は，平均すると，それぞれ0.45及び0.30程度あることが分かる。このことは，図6-1で指摘したように，各国の資本流入及び資本流出には相応の持続性があることを示唆している。

更に，グローバル要因（$\lambda'_i F_t$）と各国特有要因（e_{it}）の結果を比較すると，2つの要因の持続性の程度には大きな差があることが分かる。特に，グローバ

ル要因（$\lambda'_i F_t$）に関しては資本流入・流出ともに強い持続性（それぞれ，平均して 0.87, 0.84）を持つ一方，各国特有要因（e_{it}）の持続性は極めて低い（それぞれ，平均して−0.04, −0.13）ことが分かる。このことは，各国の資本流入及び資本流出の持続性の源泉はグローバル要因にあることを示唆している。一方，各国特有要因による資本流入及び流出に与える影響は極めて短期的であることを示唆している。

次に，各国のグロスの資本フローの変動をグローバル要因と各国特有要因に分けて，変動の各国の異質性が要因によって異なるか確認する。グローバル要因と各国特有要因は独立かつ各要因の動学プロセスも異なっているので，グローバル要因のショック，及び各国特有の要因のショックが各国の資本フローに与える影響も異なることが予想される。ただし，ショック自体に違いはあっても，ショックに直面する各国の経済構造自体はショックの違いに関わらず一定なので，影響度の各国異質性がショックの違いによって異なるかどうかは自明ではない。

図6-2は横軸にグローバル要因の標準偏差，縦軸に各国特有要因の標準偏差にとった場合の各国のグロスの資金フローに関する散布図を表したものである。実線は，説明変数として定数とグローバル要因の標準偏差を，被説明変数として各国特有要因の標準偏差を用いて回帰を行った場合の fitted value を表したものである（推定結果は図6-2の右下に表示。括弧内の数字は推定値の標準誤差を表す）。

図から明らかなように，グローバル要因によるグロスの資金フローの変動と，各国特有要因による資金フローの変動との間には，明確な正の相関関係があることが分かる。つまり，グローバルなショックによる国際資金フローの変動が大きい国は，各国特有のショックによる国際資金フローの変動も大きく，変動の各国の異質性に関しては，要因によってそれほど異ならないということを意味している。

表6-3の左側は，(3)式及び(4)式の被説明変数をグロスの資金フロー（流入と流出）のグローバル要因の標準偏差に置き換えて回帰を行った実証結果，表

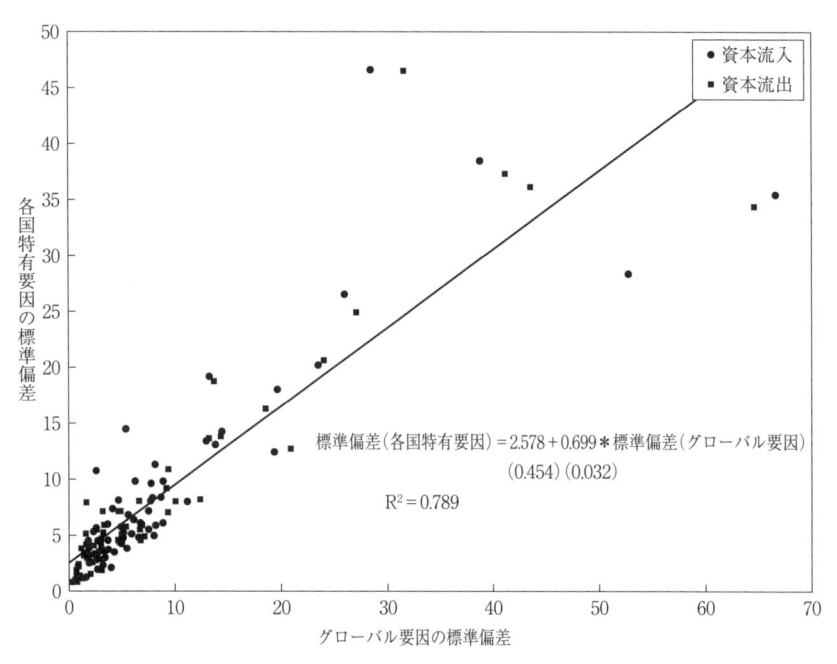

第Ⅲ部　金融危機後のグローバル・マネーフローの新たな潮流

図6-2　資本フロー（グロス）のグローバル要因及び各国特有要因の分散に関する散布図

6-3の右側は，(3)式及び(4)式の被説明変数をグロスの資金フロー（流入と流出）の各国特有要因の標準偏差に置き換えて回帰した実証結果を示している。

　表から明らかなように，グロスの資金フローの変動の決定要因は，グローバル要因と各国特有要因の違いにかかわらず，共通している傾向が伺える。特に，金融機関の深化度の高い，株式市場化の進展度が進んでいる，金融機関の安定度の低い国は，グローバル要因及び各国特有要因両方の資本流入・流出の変動が大きい傾向があることが分かる。また，変動相場制を採用している国は，グローバル要因及び各国特有要因両方の資本流入の変動が小さく，金融市場の対外開放度が高い国はグローバル要因及び各国特有要因両方の資本流出の変動が大きい傾向があることが分かる。

　一方，グローバル要因と各国特有要因の変動に関する決定要因に若干の違いがあることも指摘できる。特に，金融市場の対外開放度が高い国ほど資本流入

第6章　先進国金融政策の国際的波及

表6-3　資本フロー（グロス）のグローバル要因及び各国特有要因の変動に関するクロスカントリー回帰

	グローバル要因		各国特有要因	
	資本流入	資本流出	資本流入	資本流出
変動相場ダミー	-5.458**	-2.975	-4.611*	-3.687
	(-2.009)	(-1.057)	(-1.914)	(-1.474)
高所得国ダミー	2.472	2.130	1.984	1.189
	(1.169)	(1.067)	(1.323)	(0.767)
金融市場の対外開放度	0.957	1.315**	1.530***	1.274**
	(1.548)	(2.187)	(2.879)	(2.443)
金融機関深化度	0.123**	0.110**	0.066**	0.085**
	(2.483)	(2.431)	(2.040)	(2.356)
株式市場進展度	0.040**	0.050***	0.061***	0.062***
	(2.347)	(2.706)	(3.035)	(3.149)
金融機関効率性	-0.514	-0.319	-0.094	0.022
	(-0.870)	(-0.630)	(-0.211)	(0.048)
金融機関安定性	-0.293***	-0.261**	-0.211**	-0.218***
	(-2.769)	(-2.664)	(-2.583)	(-2.710)
決定係数	0.441	0.489	0.511	0.562

(注) 括弧の中の数字は White(1980)による分散の不均一性を考慮に入れた t 統計量。***，**，*はそれぞれ1％，5％，10％水準で統計的に有意であることを表す。

の各国特有要因の変動に関しては高い傾向が見られるものの，資本流入のグローバル要因に関しては，金融市場の対外開放度の差に関して限定的であることが分かる。一般的には，金融市場の対外開放度が高い国ほど資本流入の変動が高まることが予想されるものの，グローバルなショックに対する資本流入の変動の大きさの違いを説明する上で，金融市場の対外開放度の違いの差は限定的であることを意味している。[15]

4　先進国金融政策の国際資金フローに対するグローバル・スピルオーバー効果

（1）金融政策のグローバルスピルオーバー効果の識別・推定

本節では，グローバル要因の変動要因の1つとして先進国の金融政策の影響を考え，先進国の金融政策がグローバル要因を通じて，各国のグロスの資金フロ

ーに与える影響を分析する。

　グローバル要因を変動させるショックの1つとして，先進国の金融政策ショックを考え，そのグローバルな影響を捉えるためのモデルを考える。具体的には，Bernanke and Kuttner（2005）や Wright（2012）で使われた，以下のような金融政策ショックを外生変数として(6)式の VAR モデルに含めたモデルを考える。[16]

$$F_t = \Phi(L)F_t + \Psi MP_t + \tilde{u}_t \tag{8}$$

MP_t は金融政策ショックであり，Ψ は t 期の金融政策ショックに対する共通要因 F_t に含まれる各変数の同時点間の反応を表す $k \times 1$ ベクトルを表している。$\tilde{u}_t$ は金融政策ショック MP_t と直交している $k \times 1$ イノベーションベクトルを表している。(5)式と(8)式から，各国・各経済変数 X_i の金融政策ショックに対するインパルス反応関数は以下のようになる。

$$IRF_{Xi} = \lambda_i (I - \Phi(L))^{-1} \Psi \tag{9}$$

　Ψ の推定値を得るために，Bernanke and Kuttner（2005）に従い，2段階に分けて回帰を行う。具体的には，最初に，(5)，(6)式からなる DFM を推定し，推定結果から残差 $\hat{u}_t$ を計算する。次に，$\hat{u}_t$ を MP_t で回帰し，その係数推定値を Ψ とする。

　本研究では，先進国の違い，伝統的金融政策と非伝統的金融政策の違いを考えるために，MP_t に関して2種類の金融政策ショックを考える。1つ目は，米国の伝統的金融政策下における効果を分析した Sims and Zha（2006）で識別された米国の貨幣供給ショックを用いる。2つ目は，日本の非伝統的金融政策下における効果を分析した Shibamoto and Tachibana（2013）で識別された日本の量的緩和ショックを用いる。[17]

（2）実証結果

　図6-3の右側は米国の伝統的金融政策ショックがグロスの資本流入（上図），資本流出（下図）に与える影響，左図は日本の非伝統的金融政策ショックがグロスの資本流入（上図），資本流出（下図）に与える影響の12か月先までのイ

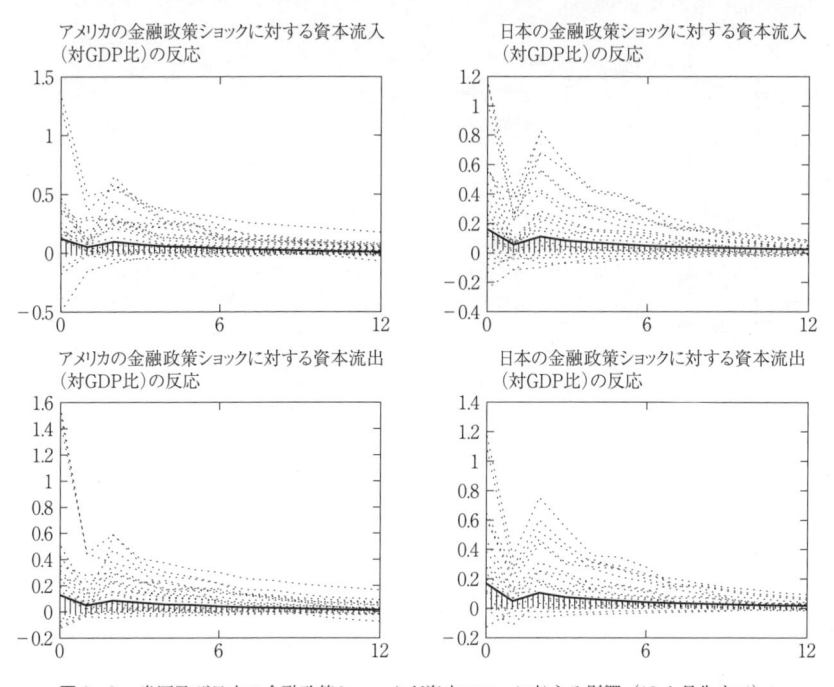

図6-3 米国及び日本の金融政策ショックが資本フローに与える影響（12カ月先まで）

ンパルス反応を表したものである。点線は，65カ国の資本フローに与える影響を，実線はその平均値をそれぞれ表している。

図から明らかなように，米国の伝統的金融政策，及び日本の非伝統的金融政策に関わらず，金融政策ショックは，全体的に各国の資本流入及び資本流出ともに即座に上昇させ，その影響は1年ほど持続する傾向があることが分かる。平均値で見ても，その傾向が確認される。このことは，先進国の金融政策ショックが，グロスの資本フローを一方向で拡大することでネットのフローが拡大するという様相を示すのではなく，流入・流出ともにグロスで拡大する傾向があることを意味している。

次に，先進国の金融政策が各国のグロスの資金フローに与える影響に関する影響度の違いを分析する。**表6-4**は，(3)式及び(4)式の被説明変数を，先進国

表6-4 金融政策が資本フロー（グロス）に与える影響（12カ月先まで）の決定要因に関するクロスカントリー回帰

	米国の貨幣供給ショック		日本の量的緩和ショック	
	資本流入	資本流出	資本流入	資本流出
変動相場ダミー	-0.036	-0.029	0.057	0.169
	(-0.123)	(-0.105)	(0.192)	(0.595)
高所得国ダミー	-0.015	-0.129	0.038	0.002
	(-0.087)	(-0.739)	(0.192)	(0.009)
金融市場の対外開放度	0.064	0.120***	0.040	0.120***
	(1.325)	(3.130)	(0.816)	(2.729)
金融機関深化度	0.009**	0.009***	0.012***	0.010***
	(2.328)	(2.953)	(2.870)	(2.803)
株式市場進展度	0.004*	0.004	0.004*	0.003
	(1.886)	(1.180)	(1.897)	(1.359)
金融機関効率性	-0.044	-0.016	-0.051	-0.032
	(-0.912)	(-0.373)	(-1.097)	(-0.727)
金融機関安定性	-0.018**	-0.016*	-0.022**	-0.022**
	(-2.032)	(-1.746)	(-2.340)	(-2.455)
決定係数	0.535	0.520	0.568	0.566

（注）括弧の中の数字は White(1980) による分散の不均一性を考慮に入れた t 統計量。
　　 ***, **, * はそれぞれ1％, 5％, 10％水準で統計的に有意であることを表す。

の金融政策ショックに対する各国のグロスの資金フロー（流入・流出）に与える影響（12か月先までの反応の蓄積値）に置き換えて回帰を行った実証結果を示している。左側は，金融政策ショックとして米国の貨幣供給ショックを使用したもの，右側は日本の量的緩和ショックを使用したものをそれぞれ示している。

　表から分かるように，金融機関の深化度が高い国ほど金融政策ショックの資本流入・流出に与える影響は高い傾向にあることが分かる。このことは，先進国の金融政策の国際資金フローに対するスピルオーバー効果は，各国の金融機関の重要度によって特徴づけられていることを示唆している。

　更に，金融機関の安定性が高い国ほど国際資金フローに与える影響が小さくなる傾向があることが分かる。このことは，金融機関がリスクの低い（高い）取引を行っている国ほど国際資金フローの流入・流出両方の意味で小さい（大きい）ことを意味しており，Bruno and Shin (2013a, 2013b) らが指摘する金融機関の国際的な取引を通じた金融政策の国際的なリスクテイキングチャネルが

存在している可能性を示唆している。

　また，金融市場の対外開放度が高い国ほど，先進国の金融政策ショックが各国の資本流出に与える影響が大きい一方，資本流入に与える影響は限定的であることが分かる。このことは，表6-3の結果と同様，資本流出に関しては，金融市場の対外開放度が高い国ほど先進国の金融政策の影響を強く受ける傾向があるものの，資本流入の影響度の違いを説明する上で金融市場の対外開放度の違いは不十分であることが分かる。

　一方で，先進国の金融政策効果の異質性の特徴は，資金フローの変動全体の異質性のそれと必ずしも同じではない。特に，資金フローの変動全体を特徴づけた表6-1及び表6-3と金融政策効果の異質性を比較すると，変動相場制ダミーが有意ではなくなっていることが分かる。このことは，資金フローの変動自体は為替レートレジームに依存するものの，先進国の金融政策が各国の資金フローに与えるスピルオーバー効果の異質性という観点では，為替レートレジームの違いは限定的であることを示唆している。このことは，先進国の金融政策の国際資金フローに与える影響を考える上で，マンデル・フレミングモデルのようなモデルだけでは不十分である可能性を示唆している。

　加えて，国内の株式市場化の進展に関しても限定的な結果となっている。このことは，先進国の金融政策が国際資本移動に与える影響度の異質性を考える上で，金融機関の国際的な取引を通じた違いは大きいものの，国内の株式市場化の進展度の違いに関しては限定的であることを示唆している。

　最後に，米国の伝統的金融政策ショックと日本の非伝統的金融政策ショックの違いを確認すると，各国の資金フローに与える影響の異質性の特徴は極めて似通っていることが分かる。このことは，米国・日本の違い，伝統的・非伝統的政策の違いに関わらず，先進国の金融政策は同様のメカニズムで各国のグロスの資金フローに影響を及ぼす傾向があることを意味している。

5　おわりに——金融政策運営の枠組みは変わるか

　本章では，時系列分析を用いて，グロスの資本流入と資本流出の時系列的・各国の横断的な特徴を分析した。特に，DFMを用いて各国のグロスの国際資金フローの動学をグローバル要因と各国特有要因に分解し，その動学的な特徴，及び各国の横断面的な変動要因の異質性を分析した。そして，先進国の金融政策ショックのグローバルな経路を通じた各国のグロスの資金フローに与える影響を分析した。

　本章の主要な実証結果は以下の通りである。第1に，グロスの資本流入と流出との間には同時点において正の相関があること，そして両者ともに変動が高まる傾向があるとの先行研究の指摘を改めて確認できた。また，特に90年代後半以降の資本流入及び流出の拡大・縮小は各国共通している傾向があり，かつその傾向には持続性があることが分かった。

　次に，資本流入と資本流出の動学をグローバル要因と各国特有要因に分解した結果，平均すると全体の変動の内，約半分の変動がグローバル要因として特徴づけられることが分かった。また，資本流入及び流出の持続性はグローバル要因が源泉であり，各国特有要因による変動の影響は極めて一時的であることが分かった。一方，グローバル要因による変動と各国特有要因による変動の大きさの各国の異質性は，要因ごとでそれほど違いはなく，特に，金融機関の深化度の高い，株式市場化の進展度が進んでいる，金融機関の安定度の低い国は，国際資金フローの流入・流出両方ともに変動が高い傾向があることが分かった。また，変動相場制を採用している国は資本流入の変動が小さく，金融市場の対外開放度が高い国は資本流出の変動が高い傾向があることが分かった。

　最後に，グローバルなショックの1つとしての先進国の金融政策が，各国のグロスの資本流入及び流出に与える影響を分析した結果，米国の金融政策ショック及び，日本の量的緩和期における非伝統的金融政策ショックの影響は極めて同質的であることが分かった。また，米国の伝統的金融政策ショック，及び

日本の非伝統的金融政策ショックは，資本流入及び資本流出両方ともに即座に拡大する傾向があり，その効果は1年ほど持続する傾向があることが分かった。更に，その効果の各国異質性を分析すると，その国の金融機関の深化度の高い，金融機関の安定性が低い国ほど国際資金フローが流入・流出ともに影響度が大きい傾向があり，更に，金融市場の対外開放度が高い国ほど資本流出の影響が大きい傾向があることが分かった。一方，為替レートレジームの違い・株式市場化の進展度に関しては影響度に有意な差が見られないことが分かった。

先進国の金融政策のグロスの国際資金フローに与えるグローバル・スピルオーバー効果に関して，金融市場，とりわけ金融機関の取引が極めて重要な役割を果たしているものと考えられる。金融政策の国際波及効果を考える際，伝統的には，為替レートの変化を通じた自国財と外国財の間の支出転換効果という形で貿易収支，言い換えるとネットの資本フローに影響を及ぼすという経路を中心に据えられ，金融機関の役割に関してそれほど焦点を当てられてこなかった。[18] しかし，分析結果をもとにすると，先進国の金融緩和（引締め）政策は，主に金融機関の国際的な取引を通じて，グロスの国際資金フローの流入・流出両方の意味で拡大（縮小）させたという様相が浮かび上がってくる。更に，その影響度は各国金融機関のリスクテイク度にも強く依存しており，Bruno and Shin (2013a, 2013b) らが指摘する，金融機関の国際的な取引を通じた金融政策の国際的なリスクテイキングチャネルの存在を支持している。

先進国の金融政策のグローバル・スピルオーバー効果は，金融市場のグローバル化の進展により出現した現象であり，国際資金フローを世界的に大きく変動させうる。本研究で識別された先進国金融政策の国際波及効果は，金融市場のグローバル化等による国際マクロ経済・金融市場の連動性から生じたものである。グロスの国際資金フローのグローバルな変動要因の影響は大きい上にその持続性も高く，そして90年代後半以降，米国及び日本が緩和的な金融政策運営を行っていたという事実と合わせて考えると，先進国金融政策のグローバルな経路を通じたスピルオーバー効果が，国際資金フローの持続的な拡大の背景にある要因の1つであった可能性は十分考えられる。

金融市場のグローバル化によって,新興国を含む世界の経済の発展に寄与した面はもちろんあるが,一方で各国の経済の不安定性を高めた面も否定できない。金融市場のグローバル化によって,対外的なショックが各国の景気変動に与える影響も高まっているものと予想される。先進国の金融政策が各国の国際資金フローに与えるグローバル・スピルオーバー効果は,当該国の株式市場を含めた国内金融市場及び投資・生産・物価といった実体経済に波及し,それがバブル的な現象を起こす可能性もある。

先進国金融政策のグローバル・スピルオーバー効果の存在は,金融政策の国際協調の可能性を考える上で重要な論点となりうる。グローバル金融危機以前,先進国を含む金融政策当局は,景気や物価といった自国のマクロ経済の安定を目標として政策運営を行った結果,実際にGreat Moderationと呼ばれる各国のマクロ経済の安定を享受していた。しかしながら,その一方で,国際金融市場では,特に90年代後半以降,金融グローバル化を伴う急激な国際資本移動の拡大やグローバル・インバランス等の金融不均衡が発生し,先進国の金融政策がそれらの背後にある源泉の1つであった可能性は否定できない。先進国の金融政策当局は,自国のマクロ経済安定化のみならず,国際金融市場の安定化も念頭に政策運営を行う必要があるだろう。今後,国際金融市場の安定化を達成するための政策協調の可能性に関する議論が深まることが望まれる。[19]

補1　グロスの資本フローデータ

国際収支統計の定義に従うと,グロスの資本流入とは,「外国人投資家による自国資産のネットでの買い」に相当する。一方,グロスの資本流出とは,「自国投資家による外国資産のネットでの買い」に相当する。
なお,国際収支統計及びIMFが発表している*IFS*データベースでは,対外資産保有の増加は負の値で報告されるため,統計上での対外資産の増加に関して-1を掛けることでグロスの資本流出を計算する。具体的に,グロスの資本流入及び資本流出を以下のように定義する。

グロスの資本流入＝海外直接投資インフロー（*IFS*コード78bed）＋証券投資インフロー（*IFS*コード78bgd）＋その他投資インフロー（*IFS*コード78bid）

グロスの資本流出＝－［海外直接投資アウトフロー（*IFS*コード 78bdd）＋証券投資アウトフロー（*IFS*コード 78bfd）＋その他投資アウトフロー（*IFS*コード 78bhd）］

補2　対象国

高所得国		中低所得国	
変動相場	為替レートアンカー	変動相場	為替レートアンカー
米国	ベルギー	チェコ	スロバキア
イギリス	デンマーク	ハンガリー	エストニア
オーストリア	フランス	クロアチア	スロベニア
ノルウェー	ドイツ	ポーランド	ボリビア
スウェーデン	イタリア	トルコ	エクアドル
スイス	オランダ	南アフリカ	パナマ
カナダ	フィンランド	アルゼンチン	ベネズエラ
日本	ギリシャ	ブラジル	マレーシア
アイスランド	アイルランド	チリ	ネパール
オーストラリア	ポルトガル	コロンビア	パキスタン
ニュージーランド	スペイン	グアテマラ	ベトナム
イスラエル	香港	メキシコ	ブルガリア
韓国		パラグアイ	ウクライナ
シンガポール		ペルー	ラトビア
		バングラディッシュ	リトアニア
		スリランカ	ルーマニア
		インド	
		インドネシア	
		フィリピン	
		タイ	
		パプアニューギニア	
		カザフスタン	
		ロシア	

補3　各国特性データ（X_c）

変動相場ダミー：IMFの分類に基づいて筆者作成．具体的には，補論2を参照
高所得国ダミー：IMFの分類に基づいて筆者作成．具体的には，補論2を参照
金融市場の対外開放度：Chinn and Ito（2008）の定義に基づく「kaopen」
金融機関深化度：Cihak et al.（2012）の定義に基づく「Deposit money bank assets to GDP」
株式市場進展度：Cihak et al.（2012）の定義に基づく「Stock market capitalization to GDP」
金融機関効率性：Cihak et al.（2012）の定義に基づく「Net Interest Margin」

金融機関安定性：Cihak et al. (2012) の定義に基づく「Bank Z Score」

補4　マクロ経済変数リスト

　DFMを用いて分析を行う場合，各国のグロスの資本フローデータに加えて，各国のマクロ経済変数を考慮に入れて共通要因を計算している。マクロ経済変数リストは以下の通りである。
マネタリーベース，M2，短期金利，長期金利，外貨準備，実質実効為替レート，株価指数，民間信用量，鉱工業生産指数，消費者物価指数，輸入額，輸出額，失業率（出典 IFS）
　なお，IFSで利用可能ではない国のマクロ変数に関しては含まれていない。最終的な全経済変数の総数は，（各国のグロスの資本フローデータも含めて）N＝853である。更に，季節性が見られる変数に関しては，必要に応じて季節調整を行った。

注

(1) このような先進国の金融政策が国際金融市場における金融機関のリスクテイク行動によって国際資金フローに影響を及ぼす経路（金融政策の国際的なリスクテイキングチャネル）に焦点を当てた研究として，たとえば，Bruno and Shin (2013a, 2013b) が挙げられる。また，BIS (2012) は，先進国の金融緩和によって，グローバルな投資家がキャリートレードやリスクテイクを積極化し，資本が高金利国や資源国へ流れたり，為替相場を変動させ，それが海外新興国の景気を拡大させたり株価を押し上げた可能性を指摘している。

(2) 本章では，非伝統的金融政策とは，中央銀行の伝統的な金融政策である目標短期金利（例えば，米国のフェデラルファンドレート，日本の無担保翌日物コールレート）がゼロ金利制約に陥った場合の金融政策運営全般のことを指している。

(3) 具体的な対象国に関しては補論2を参照。

(4) なお，後述する各国のマクロ経済変数も含めた分析では，各国の実質実効為替レート，株価指数，鉱工業生産，消費者物価指数といった他の金融変数・実物変数も用いて分析を行う。マクロ経済変数も含めた分析におけるサンプル期間は，1984年1月から2011年12月までである。

(5) 具体的なグロスの資本流入及び流出の計算方法に関しては補論1を参照。

(6) 65か国全てのグロスの資本流入及び資本流出を用いて，同時点間の相関係数の平均値を計算すると，0.56と極めて高い。

(7) 各変数の定義に関しては補論3参照。

(8) 実際に採用した各国の金融変数，及び実物変数に関しては補論4を参照。

(9) DFMに関する詳細な説明に関しては，Stock and Watson (2011) を参照。DFMを応用したFactor Augmented Vector Autoregressive Modelを用いて金融政策効果を分析した研究に関しては，米国ではBernanke et al. (2005)，日本ではShibamoto (2007) を参照。

(10) なお，固定効果 μ_i は期間を通じた各国・各経済特有の異質性を表しているので，

第6章 先進国金融政策の国際的波及

各国各経済変数特有要因 e_{it} の一部として扱う。そのため，グローバル要因 $\lambda'_i F_t$ の期間平均はゼロとなる。

(11) EM アルゴリズムを用いた主成分の計算方法に関しては，Stock and Watson (2002) を参照。

(12) なお，主成分 F_t の個数 k を8以上に増やしても，主要な結果に影響を及ぼさない。

(13) なお，(6)(7)式に含まれるラグ数 p 及び q をより長くしても（推定結果の精度は低下するものの），主要な結果に影響を及ぼさない。

(14) なお，各変数 X_{it} のグローバル要因 $\lambda'_i F_t$ の持続性の源泉は F_t から発生するものであるが，λ_i は変数 X_{it} ごとで異なるため，グローバル要因 $\lambda'_i F_t$ の持続性も変数 X_{it} ごとで異なりうる。

(15) Forbes and Warnock (2012) は，金融市場の対外開放度の程度が，資本流入の急激な拡大や縮小の発生に関する決定要因としてそれほど説明力を持たないことを実証的に明らかにし，資本フローのボラティリティを抑えるための資本規制の役割は限定的であると主張している。

(16) モデルの外から導出された構造ショックを外生変数として VAR モデルに含めるという考え方は，Stock and Watson (2012) と同様である。Stock and Watson (2012) は，DFM で表現された誘導形の Factor Augmented Vector Autoregressive Model から石油ショック，金融政策ショック，生産性ショック，不確実性ショック，流動性・リスクショック，財政政策ショックの6種類の構造ショックを識別する際に，先行研究でそれぞれ別のモデルで識別された構造ショックを操作変数として利用し，6種類の構造ショックが DFM に含まれた経済変数に与えた影響度合いを分析している。

(17) なお，金融政策ショックのサンプル期間は，米国の伝統的金融政策ショックに関しては，1986年1月から2003年3月まで，日本の非伝統的金融政策ショックに関しては，2001年3月から2006年3月までとなっている。更に，それぞれの金融政策ショック系列に関し，平均ゼロ・分散1に標準化を行っている。

(18) 先進国の金融政策の国際波及効果を貿易収支や国の規模によってのみ特徴づけることが困難であることは，多くの実証研究によって指摘されている。例えば，Kim (2001) は，米国の金融緩和ショックが米国以外のG6国の景気拡大を引き起こしていることを報告すると共に，貿易収支の変化よりも世界的な実質金利の低下による影響が大きいことを指摘している。また，Mackowiak (2007) は，対外的なショックが新興諸国の景気変動の主要な要因の1つとなっており，米国の金融政策ショックが新興諸国の金利や為替レートに重要な影響を及ぼすことを報告すると共に，新興国の物価や生産に与える影響度は米国の影響度よりも大きい傾向があることを報告している。

(19) 先進国の金融政策のグローバルスピルオーバー効果を念頭に入れて，金融政策の国際協調の可能性を議論しているものとして，Eichengreen et al. (2011) が挙げられる。Eichengreen et al. (2011) は，先進国がインフレ目標政策に傾向したことにより，グローバルインバランスに代表される金融政策の副作用と考えられる影響が生

じた可能性を指摘した上で，金融市場安定化の観点から先進国の政策当局の協調の必要性を議論している。

参考文献

Bernanke, B. S. and K. N. Kuttner (2005) "What Explains the Stock Markets Reaction to Federal Reserve Policy?," *Journal of Finance*, 60(3), pp.1221-1257.

Bernanke, B. S., J. Boivin, and P. Eliasz (2005) "Measuring the Effects of Monetary Policy: A Factor-Augmented Vector Autoregressive (FAVAR) Approach," *Quarterly Journal of Economics*, 120(1), pp. 387-422.

BIS (2012) "The Limits of Monetary Policy," BIS 82nd Annual Report, Basel, Switzerland: Bank for International Settlements (BIS), pp. 34-49.

Borio, C. and P. Disyatat (2011) "Glabal Imbalances and the financial crisis: Link or no Link?," BIS Working Papers, No. 346.

Broner, F., T. Didier, A. Erce, and S. L. Schmukler (2013) "Gross Capital Flows: Dynamics and Crises," *Journal of Monetary Economics*, 60(1), pp.113-133.

Bruno, V. and H. S. Shin (2013a) "Capital Flows and the Risk-Taking Channel of Monetary Policy," NBER Working Paper, No. 18942.

Bruno, V. and H. S. Shin (2013b) "Capital Flows, Cross-Border Banking and Global Liquidity," NBER Working Paper, No. 19038.

Chinn, M. and H. Ito (2008) "A New Measure of Financial Openness," *Journal of Comparative Policy Analysis*, 10(3), pp. 309-322.

Cihak, M. A. Demirguc-Kunt, E. Feyen, and R. Levine (2012) "Benchmarking Financial Systems around the World," Policy Research Working Paper Series, No. 6175.

Eichengreen, B., M. El-Erian, A. Fraga, T. Ito, J. Pisani-Ferry, E. Prasad, R. Rajan, M. Ramos, C. Reinhart, H. Rey, D. Rodrik, K. th Rogoff, H. S. Shin, A. Velasco, B. W. di Mauro, and Y. Yu (2011). "Rethinking Central Banking," Brookings Institution, Washington.

Forbes, K. J. and F. E. Warnock (2012) "Capital Flow Waves: Surge, Flight and Retrenchment," *Journal of International Economics*. 88(2), pp. 235-251.

Kim, S. (2001) "International Transmission of U.S. Monetary Policy Shocks: Evidence from VAR's," *Journal of Monetary Economics*, 48(2), pp. 339-372.

Mackowiak, B. (2007) "External Shocks, U.S. Monetary Policy and Macroeconomic Fluctuations in Emerging Markets," *Journal of Monetary Economics*, 54(8), pp. 2512-2520.

Obstfeld, M. (2012) "Financial Flows, Financial Crises, and Global Imbalances," *Journal of International Money and Finance*, Vol. 31, pp. 469-480.

Shibamoto, M. (2007) "An Analysis of Monetary Policy Shocks in Japan: a Factor Augmented Vector Autoregressive Approach," *Japanese Economic Review*, 58

(4), pp. 484-503.

Shibamoto, M. and M. Tachibana (2013) "The Effect of Unconventional Monetary Policy on the Macro Economy : Evidence from Japan's Quantitative Easing Policy Period," RIEB Discussion Paper Series, No. DP2013-12.

Sims, C. A. and T. Zha (2006) "Were There Regime Switches in U.S. Monetary Policy?", *American Economic Review*, 97(3), pp. 586-606.

Stock, J. H. and M. W. Watson (2002), "Macroeconomic Forecasting Using Diffusion Indexes," *Journal of Business & Economic Statistics*, 20(2), pp. 147-162.

Stock, J. H. and M. W. Watson (2011) "Dynamic Factor Models," M. J. Clements and D. F. Hendry, eds. *Oxford Handbook on Economic Forecasting*, Oxford University Press.

Stock, J. H. and M. W. Watson (2012) "Disentagling the Channels of the 2007-2009 Recession," Brookings Papers on Economic Activity, Spring, pp. 81-135.

White, H. (1980) "A Heteroskedasticity-Consistent Covariance Matrix Estimator and a Direct Test for Heteroskedasticity," *Econometrica*, 48(4), pp. 817-838.

Wright, J. H. (2012) "What does Monetary Policy do to Long-Term Interest Rates at the Zero Lower Bound?," *Economic Journal*, 122(564), pp. F447-F466.

第7章

新興国の資本流出入とグローバル・ショック
―― 金融危機と資本収支 ――

星河武志・猪口真大

1　はじめに――国際的な資本の流入と流出

　近年，2008年のリーマン・ショックを引き金とした世界金融危機，2010年のギリシャ危機を発端とした欧州債務危機など，先進国を発信源とした危機が起こっている。先進国の金融変数や金融ショックといった変数は新興国・発展途上国にどのような影響を与えているのだろうか。グローバルなショックの影響は先進国と新興国では異なるのだろうか。本章では，以上の観点から国際的な資本移動に焦点を当て，グローバル・ショックが先進国や新興国への資本移動にどのような影響を与えているかを検証する。特に，新興国と先進国の資本の流出と流入に分けて分析および比較し，グローバルな金融変数が資本移動に与える影響について違いを考察する。

　先進国と新興国の資本移動には様々な違いが存在するため，それらを分けて資本移動を考察することは重要である。まず，新興国への資本移動は先進国より変動が大きく不安定な傾向がある。その点について，Broner and Rigobón (2005) は次のように指摘している。新興国の資本フローは先進国と比べて80パーセントも変動が大きく (volatile)，マクロ経済変数による影響をコントロールしても62パーセントも変動が大きい。また，新興国のマクロ経済変数では新興国の資本移動をほとんど説明できない。そのため，Broner and Rigobón (2005) は新興国の資本移動を考える際には外的要因を考慮すること重要であると述べている。

さらに，発展途上国は金融セクターが小規模であるため，海外からの資本流入によって資本ブーム（capital booms）が先進国に比べて起きやすい。そのため，資本流入の急停止（以下，サドン・ストップ sudden stops）の発生要因として，国内経済のファンダメンタルズよりも海外からの資本移動によるブームの方が重要であると指摘する研究がある。たとえば，Agosin and Huaita（2012）は資本のサドン・ストップを予測するうえで重要な変数として，資本ブームをあげている。彼らは，ブームの期間が長くなればなるほどサドン・ストップの確率は高くなることをプロビット分析によって指摘し，ブームが3年続くとサドン・ストップ発生の確率は2倍に，ブームが4年続くと3～4倍に上がることを明らかにしている。興味深い点として，サドン・ストップを予測するうえで実体経済のファンダメンタルズよりも資本移動によるブームが重要であることを指摘している。

資本移動をネットではなく，グロスで分析することもまた重要である。従来の研究がネット資本フロー（net capital flows）を用いているものが多いのに対して，グロス資本フロー（gross capital flows）を用いている研究に Forbes and Warnock（2012）がある。グロスで分析する理由は海外の投資家と国内の投資家の行動の変化の違いをネットの資本移動からは捉えられないためである[1]。そこで，Forbes and Warnock（2012）では，直接投資，証券投資，その他投資の流入を合わせたものをグロス資本流入（gross capital inflows）として定義している。グロス資本流出（gross capital outflows）は直接投資，証券投資，その他投資の流出の合計である。彼らは，資本移動をグロスの資本流入の増加と減少，グロスの資本流出の増加と減少の4つに分類をして分析を行っている。その分類は，(1)外国からの資本流入の急増を殺到（Surges），(2)外国からの資本流入が急減するストップ（Stops），(3)国内の投資家が資本を海外に移すことによる資本流出の急増をフライト（Flight），(4)国内の投資家が外国への投資を手控えることによる資本流出の急減を縮小（Retrenchment）とし，4種類のエピソードを考えている。4つのエピソードのうち，殺到（Surges）とストップ（Stops）は海外の投資家が原因となり，フライト（Flight）と縮小（Retrenchment）は国

内投資家が引き起こすものである。このような分類を行ったうえで，Forbes and Warnock (2012) は国際的な資本移動についてグローバル要因が重要であることを示した。グローバル要因 (global factors) の変数は，グローバルなリスク，流動性，金利，成長などがある。[2] 彼らの結論をまとめると，グローバルな要因，特にグローバル・リスクが急激な資本移動に重要な役割を果たしていると指摘している。

資本移動を流入と流出に分けて分析することが重要であることと同様に，資本移動の各項目についても流入と流出に分けて詳細に分析することも重要である。直接投資，証券投資，その他投資はそれぞれ資本移動の性質や特徴が異なる。[3] この点については次節でそれぞれのデータの推移を見ながら取り上げる。資本移動は新興国経済に大きな影響を及ぼすことから，本章では新興国への資本移動を引き起こす重要な要因は何であるのかを先進国との違いにも着目しながら検証を行う。分析にあたっては，特にグローバルな経済要因がグロス資本移動に与える影響に焦点を当て，直接投資，証券投資，その他投資のそれぞれの流出と流入がグローバルな経済変数および金融変数とどのように関係しているかを推定する。

本章の構成は以下の通りである。第2節は先進国・新興国の資本移動の傾向についてデータから読み解く。第3節はグローバルな金融変数が資本移動に与える影響について実証分析を行う。第4節は結論である。

2　新興国の国際資本移動

資本収支のうち，投資収支 (Financial account) は居住者と非居住者の間の金融債権債務の移動に伴う取引を計上している。投資収支は直接投資，証券投資，その他投資，金融派生商品に大別される。直接投資は，自国の海外子会社の設立などが資産サイドに計上され，負債サイドには外国が自国に子会社を設立した場合などが計上される。証券投資は，居住者による外国株式・外国債券の購入を資産サイドに計上し，外国居住者が自国の株式・債券を購入した場合に負

債サイドに計上される。その他投資は，貸付・借入，預け金・預り金，貿易信用などであり，資産サイドには自国の銀行が海外の銀行に資金を貸した場合や，個人・企業が海外に預金を行った場合に計上される。その他投資の負債サイドには自国金融機関の外国金融機関からの借り入れなどが計上される。資本収支の項目は，資本の流出（資産の増加，負債の減少）をマイナスで計上する。外国の株式や債権を購入した場合や外国に直接投資を行った場合，自国から外国に資本が流出したことになり，マイナスの数値で計上される。[4]

まず，全サンプル国，先進国，新興国・発展途上国の資本収支の項目の推移を見ていこう。図7-1は全サンプル国の投資収支のうち，直接投資（foreign direct investment, FDI），証券投資（portfolio investment），その他投資（other investment）のそれぞれの資産（asset）の推移を表している。[5] なお，資本が自国から外国に流出すると，自国の対外資産は増加することになる。たとえば，2007年頃に直接投資，証券投資，その他投資が大きくマイナスとなっているが，これは各国が外国に投資または貸付を行うことで資本が流出したことを意味している。

図7-1から，世界金融危機の以前に各国は積極的に対外資産の保有を進めていたと言える。リーマン・ショック発生後に反転し，対外資産の売却が行われている。特に，その他投資の動きが顕著である。一方，直接投資の動きは比較的安定的であることがわかる。

図7-2は全サンプル国の投資収支のうち，直接投資，証券投資，その他投資のそれぞれの負債（liability）の推移を表している。図7-2の動きは図7-1の動きを上下反転させたような形状をしている。外国の居住者が自国の株式や債権を購入した場合や自国に直接投資を行った場合，外国から自国へ資本が流入したことになり，プラスの数値で計上される。いずれの投資も2007年頃までほぼプラスの傾向が続いており，その後世界金融危機が発生すると大きくマイナスとなっている。これは危機前に外国からの投資によって資本が流入していたが，危機発生とともに外国が自国の資産を売却し，資本を引き上げたことを意味する。こちらの図においてもその他投資の動きが大きく，直接投資は比

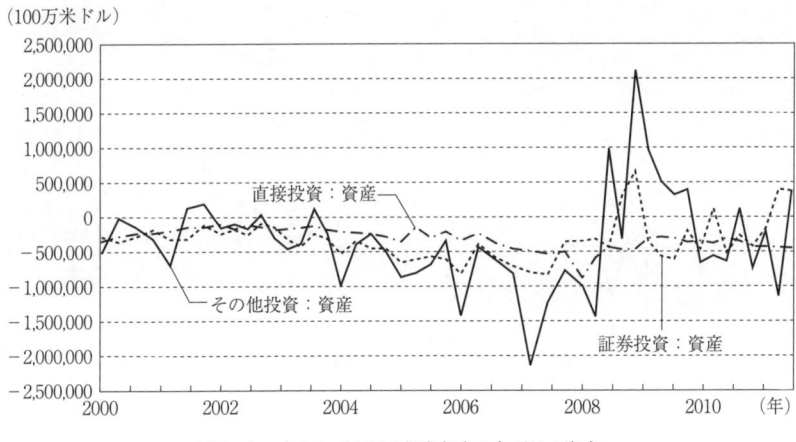

(100万米ドル)

図7-1 全サンプル国の投資収支の各項目：資産

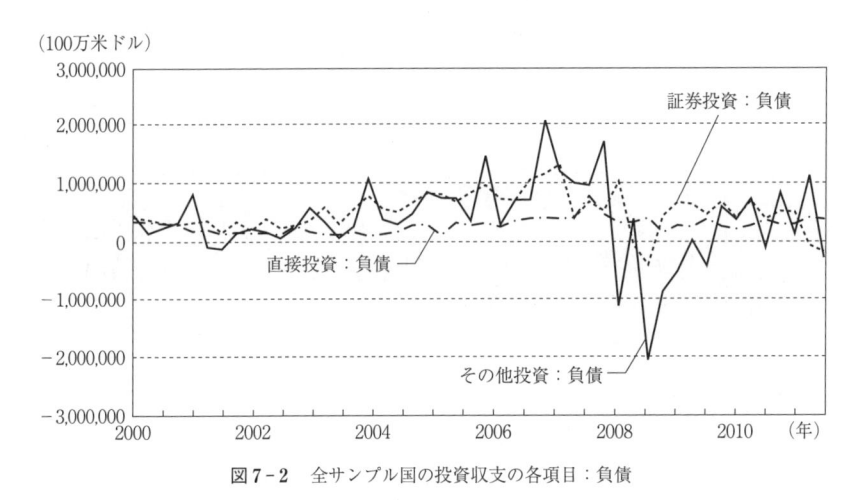

(100万米ドル)

図7-2 全サンプル国の投資収支の各項目：負債

較的安定的であることがわかる。図7-1および図7-2をみると，危機前には自国は外国に，外国は自国に相互に投資していたが，危機後は自国も外国も相互に投資を引き揚げている。

図7-3は全サンプル国の投資収支であり，図7-1および図7-2の資産と負債の動きを相殺したグラフとなっている。なお，世界金融危機の際には大きく減少している。図7-4から図7-6は先進国の直接投資，証券投資，その他

第Ⅲ部　金融危機後のグローバル・マネーフローの新たな潮流

図7-3　全サンプル国の投資収支（ネット）

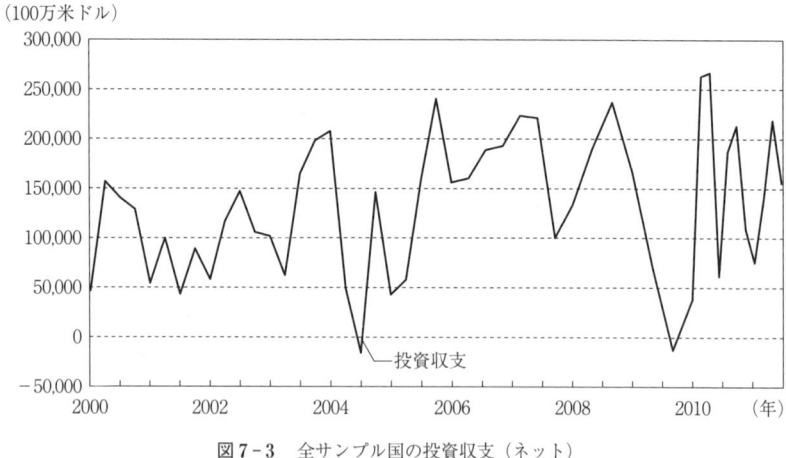

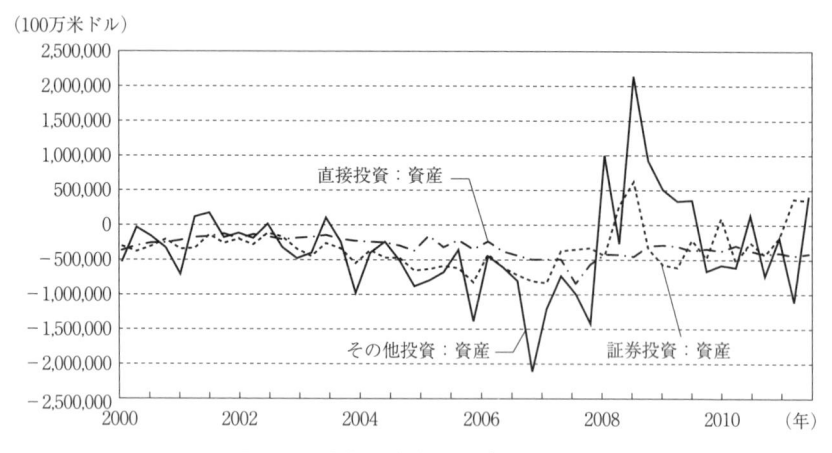

図7-4　先進国の投資収支の各項目：資産

投資のそれぞれの資産および負債，投資収支の推移を表している。先進国の資本収支の各項目の推移は，図7-1から図7-3の全サンプル国の図の推移とほぼ同じ傾向があることがわかる。

一方，新興国・発展途上国の動きは図7-1から図7-3の全サンプル国の図の推移とは大きく異なる。図7-7から図7-9は新興国・発展途上国の直接投

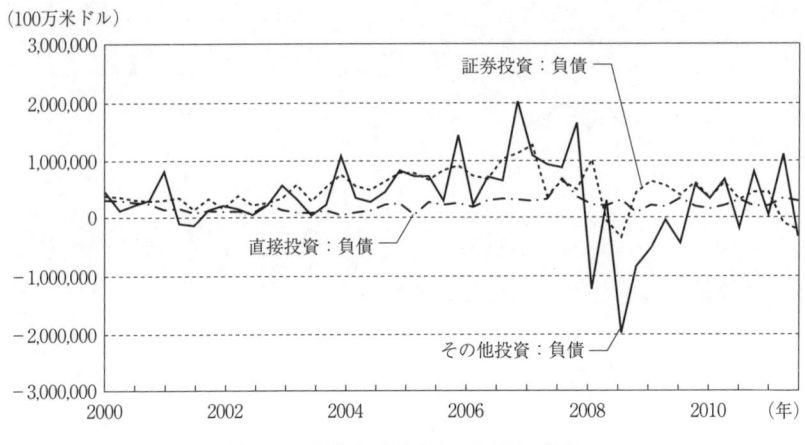

第7章　新興国の資本流出入とグローバル・ショック

(100万米ドル)

図7-5　先進国の投資収支の各項目：負債

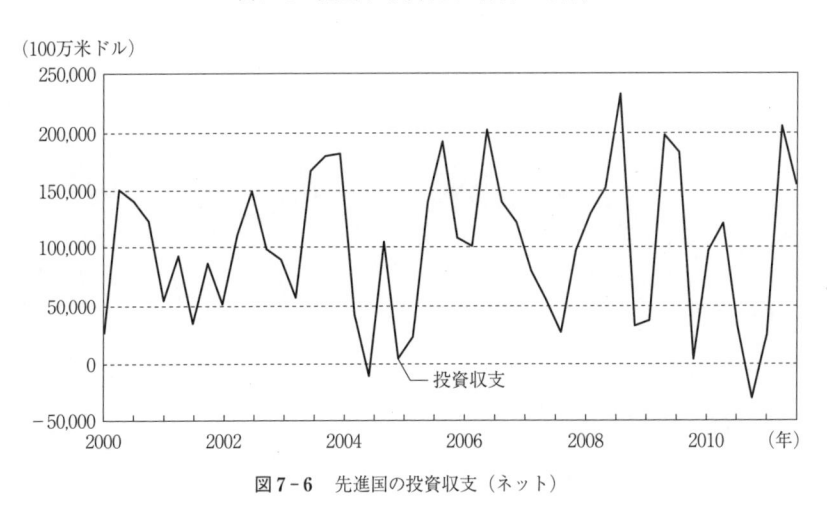

(100万米ドル)

図7-6　先進国の投資収支（ネット）

資，証券投資，その他投資のそれぞれの資産および負債，投資収支の推移を表している。図7-7を見てみると，新興国は世界金融危機前に，海外の資産を購入（資本流出）しているため，大きくマイナスとなっている(6)。その後，危機が発生した後に海外資産を売却しているが先進国ほどの急激な反転は起こっていない。

167

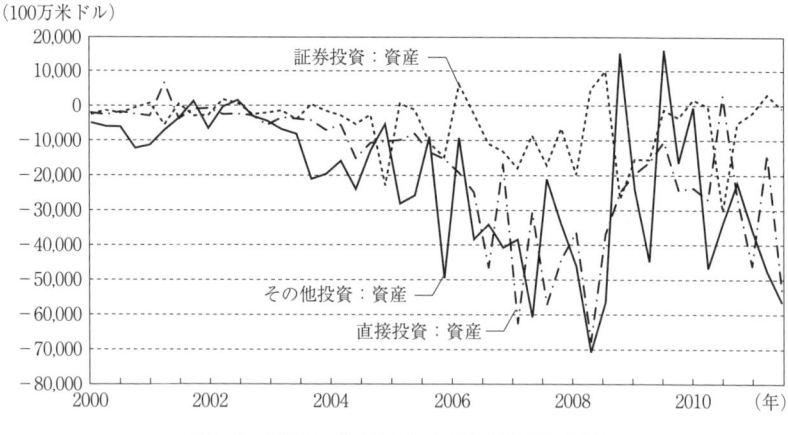

第Ⅲ部　金融危機後のグローバル・マネーフローの新たな潮流

図7-7　新興国・途上国の投資収支の各項目：資産

図7-8　新興国・途上国の投資収支の各項目：負債

　図7-8を見ると，危機前に外国から新興国・発展途上国に資本が流入し，その後危機で外国が資本を引き揚げている。その結果，図7-9を見ると資産と負債を合わせた投資収支の動きは危機後に大きなスパイクが発生している。全サンプル国の図7-3および先進国の図7-6と比較すると顕著な違いが見られる。このように，先進国と新興国・発展途上国の資本移動の間には異なる特

第7章 新興国の資本流出入とグローバル・ショック

図7-9 新興国・途上国の投資収支（ネット）

図7-10 VIXの推移

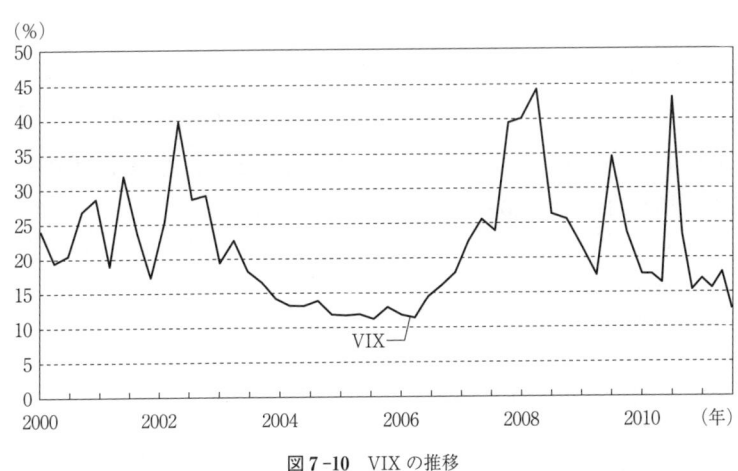

徴が存在する。

なお，図7-9の急激な落ち込みは明らかに世界金融危機の影響であると考えられるが，世界的な金融危機の指標として，株価のボラティリティの指標がある。平木・福永（2012）は『米国の株価のボラティリティを示す指標の1つであるVIX（Volatility Index）は，米国のみならずグローバルに活動する投資

169

家の不安心理やリスク回避姿勢を表す指標としても注目度が高く,別名「恐怖指数(fear gauge)」とも呼ばれている。日本銀行でも,内外の金融市場をモニタリングするにあたり,VIX の動きには特に注意を払っており,過去の金融市場レポートなどでも取り上げている』と述べており,VIX の重要性を指摘している。図7-10 は VIX の推移を表した図である。平木・福永(2012)が指摘しているように,リーマン・ショック(2008 年9 月)およびギリシャ危機(2010 年5 月)など危機の際に VIX は急激な上昇を示している。そこで,本章の分析では VIX を世界的な金融リスクの代理変数として用い,グローバル・ショックが資本移動にどのような影響を与えるかを検証する。

3 実証分析

(1) 推定モデル

本節では,グローバル・ショックなどのグローバル要因が新興国および先進国にどのような影響を与えるかを検証する。Broner and Rigobón (2005) が指摘しているように,資本移動の研究の多くは次のような推定式を用いている。

$$K_{it} = \beta_0 + \beta_1 X_{1,it} + \beta_2 X_{2,it} + \cdots + \beta_k X_{k,it} + \mu_i + u_{it} \tag{1}$$

左辺の被説明変数 K_{it} は資本移動の変数であり,右辺の $X_{j,it}$ (j=1, 2,…, k) は被説明変数 K_{it} を説明する様々な k 個の変数である。また,添え字 i は第 i 国を表し,添え字 t は第 t 期を意味し,パネルデータの使用を想定している (i=1,2,…,N. t=1,2,…,T)。左辺の資本移動のデータの動きを右辺の様々な変数 $X_{j,it}$ (j=1,2,…,k) によって説明するモデルとなっている。そこで,本稿においても次のような同様の推定式を用いる。

$$K_{it} = \beta_0 + \beta_1 GGROWTH_t + \beta_2 GRATE_t + \beta_3 GLIQUID_t + \beta_4 VIX_t + \beta_5 CGROWTH_{it} + \mu_i + u_{it} \tag{2}$$

左辺の被説明変数 K_{it} は，投資収支（Financial Account），直接投資（FDI）の資産（asset）及び負債（liability），証券投資（Portfolio investment）の資産及び負債，その他投資（Other investment）の資産及び負債である。いずれも GDP 比で変数を作成している。

　右辺の説明変数については，Forbes and Warnock（2012）のグローバル要因の変数を参考にし，世界の経済成長率 $GGROWTH_t$，世界利子率 $GRATE_t$（米国，コアユーロ圏，日本の長期国債の平均レート），世界の流動性 $GLIQUID_t$（米国，ユーロ，日本の M2 とイギリスの M4 のドル建ての合計の変化率），ボラティリティ・インデックス VIX_t，各国の成長率 $CGROWTH_t$ である。また，μ_i は固定効果またはランダム効果を表し，u_{it} は誤差項である。

　期間はデータの欠損が少ない 2000 年第 1 四半期から 2011 年第 4 四半期までである。データは IMF の Balance of Payments および CEIC database より得た。固定効果モデルおよびランダム効果モデルの選択はハウスマン検定の結果によって選択している。先進国および新興国・発展途上国は IMF の分類に従って分けており，章末の補論にサンプル国を掲載している。

（2）推定結果

　表 7-1 は投資収支（Financial Account）の推定結果である。この投資収支は資産および負債を合わせたネットの値である。この推定結果を基準の推定結果として見ていこう。説明変数の世界の経済成長率（Global growth）が全サンプル国（All）および先進国（Advanced），新興国（Emerging）において有意である。このことは，世界の経済成長が高まると，各国は国外への投資を増加させることを意味している。また，新興国において説明変数 VIX の係数は －0.0012 であり，1％水準で有意にマイナスである。つまり，投資家の不安心理が高まりグローバル・リスクの指標である VIX が高まると資本の流出が増えることをあらわしている。先進国については VIX の係数の符号はプラスであるが，10％水準で有意であるものの 5％水準では有意でない。また，各国の経済成長率（Country growth）の係数も全サンプル国が 0.5136，先進国が

表7-1 投資収支（ネット）

	All	G7	Advanced	Emerging
Global growth	−0.5146***	0.0678	−0.4473**	−0.3820**
std. error	0.1374	0.1984	0.1979	−0.1726
Global interest rate	0.1899	−0.5665*	0.2706	0.3717
std. error	0.3525	0.3445	0.4961	−0.4609
Global liquidity	0.0558*	−0.0284	0.0551	0.0312
std. error	0.0292	0.0295	0.0405	−0.0380
VIX	−0.0001	0.0002	0.0006*	−0.0012***
std. error	0.0002	0.0002	0.0003	−0.0003
Country growth	0.5136***	−0.0695	0.3310***	0.6725***
std. error	0.0624	0.1481	0.1040	−0.0693
Constant	0.0069	0.0189	−0.0123	0.0277
std. error	0.0163	0.0193	0.0232	−0.0189
R-sq	0.0200	0.0092	0.0059	0.1587
Sample size	2411	336	1497	914

（注）*，**，*** はそれぞれ 10%，5%，1% 水準で統計的に有意であることを表す。また，std. error は標準誤差，R-sq は決定係数，Sample size は標本数をあらわす。

表7-2 直接投資：資産

	All	G7	Advanced	Emerging
Global growth	−0.1257	−0.1516	−0.2160	−0.0820
std. error	0.5866	0.2201	0.9521	−0.1780
Global interest rate	0.6226	−1.4983***	0.7028	−0.1944
std. error	1.5089	0.3843	2.3815	−0.4832
Global liquidity	0.0012	−0.0082	0.0151	−0.0996**
std. error	0.1243	0.0329	0.1943	−0.0396
VIX	−0.0002	−0.0005*	−0.0003	−0.0001
std. error	0.0010	0.0003	0.0016	−0.0003
Country growth	0.0542	−0.0804	0.1339	0.0905
std. error	0.2686	0.1637	0.5027	−0.0706
Constant	−0.1144*	0.0418**	−0.1656	0.0038
std. error	0.0624	0.0180	0.0991*	−0.0202
R-sq	0.0001	0.0676	0.0002	0.0107
Sample size	2346	336	1497	849

（注）*，**，*** はそれぞれ 10%，5%，1% 水準で統計的に有意であることを表す。また，std. error は標準誤差，R-sq は決定係数，Sample size は標本数をあらわす。

第7章 新興国の資本流出入とグローバル・ショック

表7-3 直接投資：負債

	All	G7	Advanced	Emerging
Global growth	0.1478	0.1698	0.3083	-0.0667
std. error	0.5951	0.1851	0.9920	-0.1681
Global interest rate	-0.7759	1.3761***	-1.5876	1.2241***
std. error	1.5232	0.3209	2.4812	-0.4488
Global liquidity	-0.0425	-0.0297	-0.0818	0.0741**
std. error	0.1260	0.0275	0.2024	-0.0370
VIX	0.0005	0.0000	0.0008	0.0001
std. error	0.0011	0.0002	0.0017	-0.0003
Country growth	0.0342	-0.0243	-0.0346	0.0605
std. error	0.2718	0.1382	0.5238	-0.0675
Constant	0.1151	-0.0312**	0.1797	-0.0164
std. error	0.0630	0.0144	0.1032*	-0.0184
R-sq	0.0002	0.0833	0.0006	0.0156
Sample size	2411	336	1497	914

（注）*, **, *** はそれぞれ10％, 5％, 1％水準で統計的に有意であることを表す。また, std. error は標準誤差, R-sq は決定係数, Sample size は標本数をあらわす。

0.3310, 発展途上国が0.6725といずれも1％水準で有意である。これは国内の景気が良くなり，経済成長が高まると流入が増えることをあらわしている。なお，全サンプル国とG7についても参考として推定結果を掲載している。以降では，先進国と新興国および途上国の推定結果に注目をしていく。

表7-2と表7-3はそれぞれ直接投資の資産と負債に対する推定結果である。直接投資の推定結果の特徴として，有意な変数が少ない点である。つまり，直接投資は世界的な金融変数や金融ショックの影響を受けにくいといえる。表7-2は直接投資の資産（FDI Abroad）を被説明変数とした場合の推定結果である。表7-2において1％水準または5％水準で有意な変数は，G7の世界金利の係数 －1.4983，新興国の世界流動性の係数 －0.0996である。新興国・途上国は世界流動性が上昇すると，海外へのFDIを増加させるといえる。表7-3は直接投資の負債（FDI in reporting countries）を被説明変数とした場合の推定結果である。表7-3において1％水準または5％水準で有意な変数は，G7の世界金利の係数1.3761，新興国の世界金利の係数1.2241，新興国の世界流動

第Ⅲ部　金融危機後のグローバル・マネーフローの新たな潮流

表7-4　証券投資:資産

	All	G7	Advanced	Emerging
Global growth	2.1297**	0.3744	3.5745***	0.1412***
std. error	0.8388	0.3293	1.3808	-0.0490
Global interest rate	-1.8607	-1.7572***	-1.8118	-0.2018
std. error	2.1587	0.5753	3.4565	-0.1324
Global liquidity	0.2724	0.0814*	0.3712	0.0086
std. error	0.1779	0.0493	0.2816	-0.0109
VIX	0.0087***	0.0030***	0.0136***	0.0004***
std. error	0.0015	0.0004	0.0024	-0.0001
Country growth	-0.8733**	-0.0722	-1.7201**	-0.0160
std. error	0.3825	0.2449	0.7287	-0.0193
Constant	-0.2746***	-0.0565**	-0.4716***	-0.0118**
std. error	0.0890	0.0268	0.1436	-0.0055
R-sq	0.0199	0.1838	0.0311	0.0220
Sample size	2389	336	1496	893

(注)*, **, *** はそれぞれ10%, 5%, 1%水準で統計的に有意であることを表す。また, std. errorは標準誤差, R-sqは決定係数, Sample sizeは標本数をあらわす。

表7-5　証券投資:負債

	All	G7	Advanced	Emerging
Global growth	-2.2001**	-0.3489	-4.2444***	0.1279
std. error	0.8612	0.3570	0.7802	-0.0999
Global interest rate	2.6960	1.1229*	2.5853	-0.8761***
std. error	2.2054	0.6221	2.0037	-0.2666
Global liquidity	-0.2075	0.0093	-0.2224	-0.0120
std. error	0.1818	0.0533	0.1654	-0.0218
VIX	-0.0095***	-0.0015***	-0.0143***	-0.0010***
std. error	0.0015	0.0004	0.0014	-0.0002
Country growth	1.4370***	0.0910	3.1554***	-0.0034
std. error	0.3901	0.2658	0.3561	-0.0393
Constant	0.2725**	0.0531*	0.4677***	0.0618***
std. error	0.1110	0.0296	0.0827	-0.0109
R-sq	0.0128	0.0434	0.0482	0.0735
Sample size	2355	336	1497	858

(注)*, **, *** はそれぞれ10%, 5%, 1%水準で統計的に有意であることを表す。また, std. errorは標準誤差, R-sqは決定係数, Sample sizeは標本数をあらわす。

第7章 新興国の資本流出入とグローバル・ショック

表7-6 その他投資:資産

	All	G7	Advanced	Emerging
Global growth	-2.469***	-0.350	-3.155**	-0.005
std. error	0.780	1.022	1.280	-0.107
Global interest rate	0.553	1.498	2.556	-0.055
std. error	2.004	1.795	3.202	-0.289
Global liquidity	-0.051	-0.016	-0.127	-0.049**
std. error	0.165	0.154	0.261	-0.024
VIX	0.002	0.001	0.003	0.0004**
std. error	0.001	0.001	0.002	-0.0002
Country growth	-0.828**	-2.006***	-2.132***	-0.033
std. error	0.356	0.758	0.676	-0.043
Constant	-0.047	-0.085	-0.136	-0.017
std. error	0.083	0.082	0.133	-0.012
R-sq	0.031	0.111	0.051	0.017
Sample size	2396	336	1496	900

(注)*, **, *** はそれぞれ10%, 5%, 1%水準で統計的に有意であることを表す。また, std. error は標準誤差, R-sq は決定係数, Sample size は標本数をあらわす。

性の係数0.0741である。世界流動性が上がると, 新興国へのFDIが増加する。

表7-4は被説明変数を証券投資の資産(Portfolio Investment Asset)とした場合の推定結果である。まず, 直接投資の推定結果(表7-2, 表7-3)と比較して, 証券投資の推定結果は全体的に有意な変数が多い。直接投資と比較すると, 証券投資はグローバルな変数の影響を受けやすいといえる。全サンプル国, G7, 先進国, 新興国のいずれについてもVIXは正に有意である。VIXが上昇すると, 外国への証券投資が減少する。VIXが高まり, 不確実性が高まると国内の投資家は海外への投資を手控えるということを表している。また, 先進国の推定結果では自国の成長率(Country growth)の係数が負であるため, 自国の成長が高まると, 先進国は外国資産の保有を増加させている。しかし, 新興国では自国の成長率は有意でない。世界成長率(Global growth)は全サンプル国, 先進国, 新興国で有意にプラスである。

表7-5は被説明変数を証券投資の負債(Portfolio Investment liability)とした場合の推定結果である。全サンプル国, G7, 先進国, 新興国のいずれについ

表7-7 その他投資:負債

	All	G7	Advanced	Emerging
Global growth	1.888***	0.278	3.140***	−0.498***
std. error	0.643	1.081	1.060	−0.153
Global interest rate	−0.836	−1.275	−1.819	0.480
std. error	1.650	1.902	2.651	−0.411
Global liquidity	0.094	−0.016	0.105	0.095***
std. error	0.136	0.163	0.216	−0.034
VIX	−0.002	−0.002	−0.002	−0.001***
std. error	0.001	0.001	0.002	0.000
Country growth	0.637**	2.117***	0.858	0.591***
std. error	0.293	0.801	0.559	−0.061
Constant	0.058	0.090	0.098	0.006
std. error	0.068	0.087	0.110	−0.019
R-sq	0.027	0.112	0.036	0.091
Sample size	2401	336	1495	906

(注)*, **, *** はそれぞれ10％，5％，1％水準で統計的に有意であることを表す。また，std. error は標準誤差，R-sq は決定係数，Sample size は標本数をあらわす。

ても VIX は負に有意であるため，VIX が上昇すると外国から自国への証券投資が減少し，資本流入が減少する。グローバル・リスクの指標である VIX が高まり，不確実性が高まると海外の投資家は自国への証券投資を減少させることがわかる。先進国については，自国の成長率（Country growth）が有意である。つまり，先進国で自国の成長が高まると，海外からの証券投資の資本流入が増える。なお，新興国は自国の成長率（Country growth）が有意でない。新興国の世界金利の係数は有意に負である。世界金利が高い場合，新興国への証券投資の流入が減少しているのかもしれない。また，先進国については世界の成長率（Global growth）がマイナスに有意となっている。

表7-6 は被説明変数をその他投資の資産（Other Investment Asset）とした場合の推定結果である。その他投資の推定結果は新興国と先進国において特に大きな違いが見られる。新興国・途上国の VIX の係数 0.0004 は5％水準で有意である。VIX が高まると新興国・途上国は海外へのその他投資を減少させる。しかし，先進国についてはその他投資への VIX の影響は有意でない。そのた

め,世界的に不確実性が高まると,その他投資については途上国のみに影響が表れるといえる。他の説明変数についても先進国と新興国・発展途上国の間に非対称性が存在する。新興国の世界流動性の係数は-0.049であり有意に負であるが,先進国については有意でない。世界の流動性が増えると新興国・途上国から外国に対するその他投資が増加する。先進国の世界成長率の係数-3.155は5％水準で有意であり,世界の成長が高まると先進国から海外へその他投資が増えることがわかる。一方,新興国では世界の成長率は有意でない。また,先進国において自国の成長率が高まると,海外へのその他投資が増加することがわかる。自国の成長率については新興国については有意でない。

　表7-7は被説明変数をその他投資の負債(Other Investment Liability)とした場合の推定結果である。その他投資の負債サイドの推定結果についても新興国と先進国において非対称性が見られる。まず,世界の成長率の係数は,先進国が3.140,新興国が-0.498であり,いずれも有意である。興味深い点として,先進国と新興国において係数の符号が異なり,世界の成長が高まると,先進国へのその他投資が増加,新興国からはその他投資が減少する。これは世界全体の成長が高まった場合,新興国の資金を引き上げて先進国に資金をシフトしていると考えられる。また,グローバル・リスクであるVIXが高まると,新興国の係数-0.001が有意に負であることから,外国からの新興国へのその他投資が減少するといえる。しかし,VIXが高まったとしても先進国のその他投資には影響がない。世界金融危機のように,VIXが高まった場合,先進国のその他投資には影響がないが新興国のその他投資には影響があるといった非対称性がある。リスクが高まった場合,相対的に安全である先進国よりも新興国・途上国の方が影響を受けやすい。表7-7の他の変数に目を向けると,新興国の各国の成長の係数は0.591と有意に正であるため,新興国の経済成長率が高まると,外国から資本が流入しているといえる。また,世界の流動性が増えると途上国に資金が流入する。これは,新興国の世界流動性の係数0.095が有意に正であることからわかる。

（3）推定結果のまとめ

表7-1から表7-7までの推定結果をまとめると，以下のようなことがいえる。新興国に対してVIXが有意であったのは投資収支，証券投資の資産と負債，その他投資の資産と負債であった。つまり，新興国はFDI以外の資本移動についてグローバル・ショックであるVIXの影響を受ける。それに対し，先進国では5％水準でVIXが有意であるのは証券投資の資産と負債のみである。このような結果からも新興国のほうが先進国よりグローバル・リスクの影響を広範囲に受けやすいといえる。また，証券投資はグローバル・リスクの影響を受けやすいが，直接投資はグローバル・リスクといったグローバルな変数の影響を受けにくい。各変数は資産と負債に同じように影響を与えるとは限らず，流入のみに影響を与える変数や流出のみに影響を与える変数が存在することも指摘できる。最も重要な推定結果は表7-6と表7-7のその他投資の資産と負債の推定結果である。その他投資については，先進国と新興国で異なる傾向があり，世界的な要因が先進国と新興国にそれぞれ異なる影響を与える。その他投資は，国際間の貸付・借入などを計上する項目であるため，グローバル・ショックが先進国と新興国・途上国において非対称な影響を与えていると考えられる。

4　おわりに——新興国と先進国の資本流出入

本章では，グローバル・ショックが先進国と新興国および発展途上国にどのような影響を与えるかを検証した。本章の特徴は次の3点である。(1)グローバル・リスクの指標としてVIXを用いて分析を行い，(2)投資収支の各項目について資産と負債つまり流出と流入に分けて分析し，(3)グローバル・ショックが新興国と先進国のその他投資に異なる影響を与えるという結果を得た。また，先進国と新興国に分けて分析した点，投資収支の各項目のそれぞれの資産と負債について世界金融危機を含む時期の分析を行ったことが先行研究との違いであり，本章の貢献である。

その他投資は，国際間の貸付・借入などであり，資産サイドには自国の銀行が海外の銀行に貸出を行った場合に計上され，負債サイドには外国金融機関が自国金融機関に貸出を行った場合に計上される。このような国際間の貸し借りが危機の際の資本移動に先進国と新興国に非対称な影響を与える可能性がある。また，流入と流出に分けて分析した場合，流入のみに影響を与える変数や流出のみに影響を与える変数が存在する。そのため，ネット資本移動ではなく，グロス資本移動を分析することは重要であるといえる。Obstfeld（2012）は次のように指摘している。グロス資本移動の増加はそれによって国際的な資源配分が効率的になった反面，ショックの国際間伝播につながっており，政策担当者にとっても重要な問題である。今後の課題としては，資本収支のより詳細な分類を用いることや推定モデルの精緻化，様々な説明変数の追加を行うことによって，より詳細な分析を行うことがあげられる。

補　サンプル国の一覧

全サンプル国 All

　　アルゼンチン，オーストラリア，オーストリア，ベルギー，ボリビア，ブラジル，カナダ，コロンビア，クロアチア，チェコ，デンマーク，エストニア，フィンランド，フランス，ドイツ，ギリシャ，ホンコン，ハンガリー，アイスランド，インドネシア，アイルランド，イスラエル，イタリア，日本，韓国，ラトビア，リトアニア，ルクセンブルグ，マレーシア，メキシコ，オランダ，ニュージーランド，ノルウェー，ペルー，フィリピン，ポーランド，ポルトガル，ルーマニア，ロシア，シンガポール，スロバキア，スロベニア，南アフリカ，スペイン，スリランカ，スウェーデン，スイス，台湾，タイ，トルコ，イギリス，米国

G7

　　カナダ，フランス，ドイツ，イタリア，日本，イギリス，米国

先進国 Advanced economies

　　オーストラリア，オーストリア，ベルギー，カナダ，チェコ，デンマーク，エストニア，フィンランド，フランス，ドイツ，ギリシャ，ホンコン，アイスランド，アイルランド，イスラエル，イタリア，日本，韓国，ルクセンブルグ，オランダ，ニュージーランド，ノルウェー，ポルトガル，シンガポール，スロバキア，スロ

ベニア，スペイン，スウェーデン，スイス，台湾，イギリス，米国

新興国および発展途上国 Emerging market and developing economies
アルゼンチン，ボリビア，ブラジル，コロンビア，クロアチア，ハンガリー，インドネシア，ラトビア，リトアニア，マレーシア，メキシコ，ペルー，フィリピン，ポーランド，ルーマニア，ロシア，南アフリカ，スリランカ，タイ，トルコ

注

(1) 本章でのネット資本フローおよびグロス資本フローは，多くの先行研究と同様の定義で用いている。つまり，グロスの流入（Gross inflows）は実際には，海外投資家による国内資産の購入と売却をネットしたものであり，グロスの流出は（Gross outflows）は国内投資家の海外資産の購入と売却をネットしたものである。このグロスの流入と流出をネットしたものがネット資本フローである。

(2) 彼らはグローバル要因の他に，伝染要因（contagion factors）と国内要因（domestic factors）の2つの要因を考えている。伝染要因としては貿易や金融の関連や地理的位置による伝染がある。そして国内要因として，金融市場の発展度合い，世界金融市場への統合度合い，財政ポジション，成長ショックがある。Forbes and Warnock（2012）の結果は，伝染要因はストップ（Stops）や縮小（Retrenchment）に関連しているが，国内のマクロ要因はそれほど重要ではなく，資本規制は外国の資本フローによるストップ（Stops）や殺到（Surges）の発生確率にはほとんど関連がないと述べている。

(3) 実際，Mercado and Park（2011）もこの資本移動の種類の違いに注目し，流入（inflows）のみではあるが，それぞれの流入要因およびボラティリティ変動要因について新興国を対象として分析している。なお，結果から，彼らはアジア地域の新興国では国内要因が資本流入を説明するのに重要であると主張している。さらに，Federico et al.（2013）のように，国際的資本移動の国内経済変動への影響が資本移動の種類によって異なるかを考察した研究も存在する。

(4) 国際収支の各項目についての解説は，日本銀行国際収支統計研究会（2000）が詳しい。

(5) データの出所は IMF の Balance of Payments および CEIC database である。なお，「Balance of Payments」の投資収支の項目の中には金融派生商品もあるが，このデータの収録されている国が多くないため，本章では，金融派生商品は分析に使用しない。

(6) この点に関して，新興国の投資が世界金融危機において果たした役割が強調されることがある。2007-2009 年の世界金融危機について，経常収支黒字の新興国が過剰な貯蓄を行いつつ経常収支赤字国に投資することで，経常収支赤字国の米国において信用ブームを発生させたという見方である。図7-7はこうした資本の移動の傾向を表している可能性もある一方，先進国に比べると新興国の国際的な資本移動の

額は著しく小さく,こうした見方にはさらなる検証が必要であると考えられる。
(7)ただし,データの制約から,被説明変数が直接投資の資産のときはペルーを,証券投資の負債のときはボリビアをそれぞれ除外している。

参考文献

Agosin, M. R. and F. Huaita (2012) "Overreaction in capital flows to emerging markets : booms and sudden stops," *Journal of International Money and Finance*, 31(5), pp. 1140-1155.

Broner, F. A. and R. Rigobón (2005) "Why are Capital Flows so Much More Volatile in Emerging Than in Developed Countries?," Documentos de Trabajo (Banco Central de Chile), No. 328.

Forbes, K. and F. Warnock (2012) "Capital flow waves : Surges, stops, flight, and retrenchment," *Journal of International Economics*, 88(2), pp. 235-251.

Federico, P., C. A. Vegh and G. Vuletin (2013) "The Effect of Capital Flows Composition on Output Volatility," World Bank Policy Research Working Paper, WPS6386.

Mercado, R. V. and Park, C.Y (2011) "What Drives Different Types of Capital Flows and their Volatilities in Developing Asia?" *International Economic Journal*, 25(4), pp. 655-680. doi : 10.1080/10168737.2011.636628

Obstfeld, M. (2012) "Financial flows, financial crises, and global imbalances," *Journal of International Money and Finance*, 31(3), pp. 469-480.

日本銀行国際収支統計研究会(2000)『入門 国際収支』東洋経済新報社。

平木一浩・福永一郎(2012)「最近のVIX(恐怖指数)と各国金融市場のボラティリティ指標」『日銀レビュー』12-J-2.

第8章

近年の新興市場国における国際資本移動と金融政策
―― 小国開放経済の DSGE モデルによる分析 ――

北野重人・髙久賢也

1　はじめに――金融政策とマクロプルーデンス政策

　2007年から2009年にかけての，米国のサブプライムローン問題に端を発する世界的な金融危機や，近年の欧州危機を背景として，伝統的な金融政策とマクロプルーデンス政策のあり方について活発に議論されている。伝統的な金融政策の議論では，「物価の安定」が最も重要な金融政策の目標であったが，「金融の安定」を軽視してきたことが，近年の金融危機を引き起こした主な原因の1つとなっていた可能性があるため，政策当局は，「物価の安定」のみならず，「金融の安定」も目指すべきか否かということが重要なテーマとなっている。

　近年，確率的動学一般均衡（DSGE）モデルに基づくいくつかの先行研究において，金融政策とマクロプルーデンス政策の関係について議論されている。こうした研究においては，経済全体に影響を与えるようなショックの影響を金融政策で十分に相殺できないような場合に，マクロプルーデンス政策が正当化されることが示されている。

　たとえば，Kannan et al.（2012）は，価格の硬直性がある DSGE モデルに，家計の保有資産としての住宅と，金融仲介機関を導入したモデルの下で，政策当局が標準的なテイラー・タイプの利子率ルールを採用した場合と，借り手（家計）の債務の増大に対して名目金利の引き上げや，金融仲介機関のコストを増大させる（その結果，貸出金利が引き上がる）ようなマクロプルーデンス政策を採用した場合の厚生に及ぼす影響を比較したところ，信用の拡大を引き起

こすような金融ショックが生じる場合において，政策当局がマクロプルーデンス政策を採用することにより厚生が改善することを示している。

また，Bailliu et al. (2012) は，価格の硬直性がある DSGE モデルに，Bernanke et al. (1999) タイプのファイナンシャル・フリクションを導入したモデルの下で，標準的なテイラー・タイプの利子率ルールと，企業家の債務の増大に対応して，名目金利や外部資金調達プレミアムを引き上げるようなマクロプルーデンス政策が厚生に及ぼす影響を比較したところ，やはり，信用の拡大を引き起こすような金融ショックが生じる場合において，政策当局が前者よりも後者を採用した場合の方が厚生損失が小さくなることを示している。

新興国においては，近年の世界金融危機後にみられたような，先進国からの急激な資本の流入および流出が歴史的に繰り返され，それが新興国の景気変動に大きな影響を及ぼしてきた。Unsal (2013) は，近年の新興国への急激な資本流入の問題を背景として，価格の硬直性がある小国開放経済の DSGE モデルに，Bernanke et al. (1999) タイプのファイナンシャル・フリクションを導入し，資本流入を引き起こすような金融ショックが生ずる場合において，（家計から預金を集め，外国から借り入れを行い，それを企業家に貸し出す）金融仲介機関のコストを増大させる（その結果，貸出金利が引き上がる）ようなマクロプルーデンス政策が厚生を改善させることを示している。

一方で，近年では，新興国の過剰な借り入れ (over borrowing) が経済全体で負の外部性を生み出し，そうした負の外部性を内生化するために，（マクロプルーデンス政策としての）資本規制が有効であることもいくつかの文献において示されている (Jeanne and Korinek (2010), Bianch (2011), Bianchi and Mendoza (2012))。

こうした背景から，本章では，新興国に焦点を当て，標準的なテイラー・タイプの利子率ルールに対外債務（の産出量に対する比率）の変動を考慮することにより，金融政策分析を行う。こうした政策ルールのもとでは，政策当局は，資本の流入による景気の過熱と，それに伴う対外債務の増大に対して，名目金利を引き上げることになる。それはつまり，政策当局がマクロプルーデンス的

な政策を行うということを意味している。新興国の政策当局がこうした政策を採用することにより厚生が改善するのかどうかを検討するために，本章では，価格硬直性がある小国開放経済の DSGE モデルに，Garcia-Cicco et al. (2010) に基づくファイナンシャル・フリクションの存在を考慮することにより分析を行う。

Garcia-Cicco et al. (2010) は，新興国の景気循環を説明する上で，リスクプレミアムの大きさを表すパラメータの値が重要な役割を果たしていることを示している。新興国のデータから，その値を推定したところ，比較的大きな値を得ており，それは，新興国では対外借り入れのコスト（つまり，ファイナンシャル・フリクション）が比較的大きいことを意味している。

本章の分析結果から，このように新興国で該当すると思われるリスクプレミアムの大きさを表すパラメータの値が比較的大きい場合には，政策当局が対外債務の産出量に対する比率の変動を考慮して金融政策を行うことで厚生を改善できることが示される。

本章の構成は次のとおりである。まず，第2節において，価格の硬直性とファイナンシャル・フリクションを考慮した小国開放経済の DSGE モデルについて説明する。続く第3節では，厚生評価の方法を示した後で，リスクプレミアムの大きさを表すパラメータの値の大きさが異なるケースにおいて，政策当局が標準的なテイラー・タイプの利子率ルールを採用する場合と，そうしたルールに対外債務の産出量に対する比率の変動を同時に考慮するようなルールを採用する場合について，厚生の比較分析を行う。最後，第4節において結論を述べる。

2　モデル

本章では，シンプルな小国開放経済のニューケインジアン DSGE モデルを考える。世界には，その経済規模が極めて小さい小国（自国経済）と，その規模が極めて大きい大国（外国経済）の二国が存在し，それぞれの経済には無数

の家計および企業が存在する。

家計は自国と外国の資産市場において借り入れを行うが，対外借り入れにおいては，リスクプレミアムを支払うものとする。また，企業は，独占的競争市場において，資本と労働を投入して差別化財の生産を行う。

（1）家　計

代表的家計の効用関数は次のように表わされる。

$$E_0 \sum_{t=0}^{\infty} \beta^t U(C_t, N_t) \tag{1}$$

$$U(C_t, N_t) = \frac{[C_t^\varphi (1-N_t)^{1-\varphi}]^{1-\sigma} - 1}{1-\sigma} \tag{2}$$

ここで，E_t は t 期の情報に基づく条件付き期待値オペレータであり，β は割引因子，C_t は総消費指数，N_t は労働供給，σ は異時点間の代替の弾力性の逆数のパラメータ，φ は消費に対する相対的な選好を表すパラメータである。開放経済において，家計は自国財と輸入財（外国財）を消費するので，C_t は以下のように表わされる。

$$C_t \equiv \left[(1-\gamma)^{\frac{1}{\eta}} C_{H,t}^{\frac{\eta-1}{\eta}} + \gamma^{\frac{1}{\eta}} C_{F,t}^{\frac{\eta-1}{\eta}}\right]^{\frac{\eta}{\eta-1}} \tag{3}$$

ここで，$C_{H,t}$ は自国財消費，$C_{F,t}$ は輸入財消費をそれぞれ表す。$\eta > 0$ は国際間の代替の弾力性である。また，$\gamma \in [0,1]$ は経済の開放度を表わすパラメータであり，$1-\gamma$ は自国財に対するホームバイアス（home bias）の程度を表す。家計はすべての自国企業 $j \in [0,1]$ が生産するバラエティを消費するので，$C_{H,t}$ は次のような CES 型の関数で表わされる。

$$C_{H,t} \equiv \left[\int_0^1 C_{H,t}(j)^{\frac{\varepsilon-1}{\varepsilon}} dj\right]^{\frac{\varepsilon}{\varepsilon-1}} \tag{4}$$

ここで，$\varepsilon > 1$ はバラエティ消費の間の代替の弾力性である。また，家計はすべての外国企業 $j \in [0,1]$ が生産するバラエティを消費するので，$C_{F,t}$ は以下のような CES 型の関数で表わされる。

$$C_{F,t} \equiv \left[\int_0^1 C_{F,t}(j)^{\frac{\varepsilon-1}{\varepsilon}} dj\right]^{\frac{\varepsilon}{\varepsilon-1}} \tag{5}$$

以上の仮定から，自国および外国のバラエティに対する需要関数は次のように導かれる。

$$C_{H,t}(j) = \left(\frac{P_{H,t}(j)}{P_{H,t}}\right)^{-\varepsilon} C_{H,t} \qquad C_{F,t}(j) = \left(\frac{P_{F,t}(j)}{P_{F,t}}\right)^{-\varepsilon} C_{F,t} \qquad (6)$$

ここで，$P_{H,t}(j)$ および $P_{F,t}(j)$ は，自国企業 j および外国企業 j が生産するバラエティの自国通貨建ての価格をそれぞれ表す。$P_{H,t}$ および $P_{F,t}$ は，国内物価指数および輸入物価指数であり，それぞれ以下のように表される。

$$P_{H,t} \equiv \left[\int_0^1 P_{H,t}(j)^{1-\varepsilon} dj\right]^{\frac{1}{1-\varepsilon}} \qquad P_{F,t} \equiv \left[\int_0^1 P_{F,t}(j)^{1-\varepsilon} dj\right]^{\frac{1}{1-\varepsilon}} \qquad (7)$$

価格指数が定義されることにより，次の関係が成立する。

$$\int_0^1 P_{H,t}(j) C_{H,t}(j) dj = P_{H,t} C_{H,t} \qquad \int_0^1 P_{F,t}(j) C_{F,t}(j) dj = P_{F,t} C_{F,t} \qquad (8)$$

(8)は，自国のバラエティに対する消費の最小費用が，国内物価指数と自国財消費を掛け合わせたものに等しい（および，外国のバラエティに対する消費の最小費用が，輸入物価指数と輸入財消費を掛け合わせたものに等しい）ということを示している。

さらに，自国財および輸入財に対する需要関数は以下のように導かれる。

$$C_{H,t} = (1-\gamma) \left(\frac{P_{H,t}}{P_t}\right)^{-\eta} C_t \qquad C_{F,t} = \gamma \left(\frac{P_{F,t}}{P_t}\right)^{-\eta} C_t \qquad (9)$$

ここで，P_t はCPIであり，次のように表される。

$$P_t \equiv \left[(1-\gamma) P_{H,t}^{1-\eta} + \gamma P_{F,t}^{1-\eta}\right]^{\frac{1}{1-\eta}} \qquad (10)$$

よって，以下の関係が成立する。

$$P_{H,t} C_{H,t} + P_{F,t} C_{F,t} = P_t C_t \qquad (11)$$

(11)は，自国財と輸入財に対する消費の最小費用が，CPIと総消費を掛け合わせたものに等しいということ示している。

家計の予算制約式は以下のように表わされる。

$$P_t C_t + P_t I_t + (1+i_{t-1}) A_{t-1} + (1+i^f_{t-1}) \mathcal{E}_t B_{t-1} = A_t + \mathcal{E}_t B_t + W_t N_t + R_t K_t + \Pi^F_t \qquad (12)$$

ここで，I_t は総投資，A_t は自国通貨建て債務，i_t はその借入金利（名目利子率），B_t は外国通貨建て債務，i^f_t はその借入金利，$\mathcal{E}_t$ は自国通貨建ての名目為

替レート，W_t は名目賃金，K_t は資本ストック，R_t は資本のレンタル率，Π_t^F は企業保有の利益である配当をそれぞれ表す。

総投資は次のように表される。

$$I_t \equiv \left[(1-\gamma)^{\frac{1}{\eta}} I_{H,t}^{\frac{\eta-1}{\eta}} + \gamma^{\frac{1}{\eta}} I_{F,t}^{\frac{\eta-1}{\eta}} \right]^{\frac{\eta}{\eta-1}} \tag{13}$$

ここで，$I_{H,t}$ は自国の投資財に対する需要，$I_{F,t}$ は外国の投資財に対する需要をそれぞれ表し，それらは以下のような CES 型の関数で表わされる。

$$I_{H,t} \equiv \left[\int_0^1 I_{H,t}(j)^{\frac{\varepsilon-1}{\varepsilon}} dj \right]^{\frac{\varepsilon}{\varepsilon-1}} \qquad I_{F,t} \equiv \left[\int_0^1 I_{F,t}(j)^{\frac{\varepsilon-1}{\varepsilon}} dj \right]^{\frac{\varepsilon}{\varepsilon-1}} \tag{14}$$

投資財に対する需要関数は，それぞれ次のように導かれる。

$$I_{H,t}(j) = \left(\frac{P_{H,t}(j)}{P_{H,t}}\right)^{-\varepsilon} I_{H,t} \qquad I_{F,t}(j) = \left(\frac{P_{F,t}(j)}{P_{F,t}}\right)^{-\varepsilon} I_{F,t} \tag{15}$$

$$I_{H,t} = (1-\gamma)\left(\frac{P_{H,t}}{P_t}\right)^{-\eta} I_t \qquad I_{F,t} = \gamma\left(\frac{P_{F,t}}{P_t}\right)^{-\eta} I_t \tag{16}$$

また，それぞれの価格指数（(7)および(10)）を考慮すれば，以下の関係が成立する。

$$\int_0^1 P_{H,t}(j) I_{H,t}(j) dj = P_{H,t} I_{H,t} \qquad \int_0^1 P_{F,t}(j) I_{F,t}(j) dj = P_{F,t} I_{F,t} \tag{17}$$

$$P_{H,t} I_{H,t} + P_{F,t} I_{F,t} = P_t I_t \tag{18}$$

資本蓄積には調整費用を伴うので，資本蓄積の過程は次のように表される。

$$K_{t+1} = (1-\delta) K_t + I_t - \frac{\psi^K}{2} (K_{t+1} - K_t)^2 \tag{19}$$

ここで，ψ^K は調整費用のパラメータ，δ は資本減耗率をそれぞれ表している。

家計は，対外借り入れにおいてリスクプレミアムに直面するので，対外借入金利 i_t^f は以下のように表される。

$$i_t^f = i_t^* + \psi^B (exp\{\tilde{B}y_t\} - 1) \tag{20}$$

ここで，i_t^* は外国利子率（以下，外国の変数については*をつけて表記）であり，ψ^B（>0）はリスクプレミアムの大きさを表すパラメータである。また，$\tilde{B}y_t \left(\equiv \frac{\mathcal{E}_t B_t}{P_t Y_t} - \frac{\mathcal{E} B}{P Y}\right)$ は，対外債務の産出量に対する比率の定常状態の値からの

乖離の大きさを表しており、これが大きくなればなるほど、対外借り入れのコストが大きくなることを意味している。

代表的家計の効用最大化問題を解くことにより、次の一階条件を得る。

$$[C_t^{\varphi}(1-N_t)^{1-\varphi}]^{-\sigma}\varphi C_t^{\varphi-1}(1-N_t)^{1-\varphi}=\lambda_t \quad (21)$$

$$[C_t^{\varphi}(1-N_t)^{1-\varphi}]^{-\sigma}(1-\varphi)C_t^{\varphi}(1-N_t)^{-\varphi}=\lambda_t\frac{W_t}{P_t} \quad (22)$$

$$1=\beta(1+i_t)E_t\left\{\frac{\lambda_{t+1}}{\lambda_t}\frac{P_t}{P_{t+1}}\right\} \quad (23)$$

$$1=\beta(1+i_t^f)E_t\left\{\frac{\lambda_{t+1}}{\lambda_t}\frac{P_t}{P_{t+1}}\frac{\mathcal{E}_{t+1}}{\mathcal{E}_t}\right\} \quad (24)$$

$$1+\psi^K(K_{t+1}-K_t)=\beta E_t\left\{\frac{\lambda_{t+1}}{\lambda_t}\left[1-\delta+\psi^K(K_{t+2}-K_{t+1})+\frac{R_{t+1}}{P_{t+1}}\right]\right\} \quad (25)$$

(23)と(24)を組み合わせることにより、カバーなし金利平価条件が以下のように表される。

$$(1+i_t)E_t\left\{\frac{\lambda_{t+1}}{\lambda_t}\frac{P_t}{P_{t+1}}\right\}=(1+i_t^f)E_t\left\{\frac{\lambda_{t+1}}{\lambda_t}\frac{P_t}{P_{t+1}}\frac{\mathcal{E}_{t+1}}{\mathcal{E}_t}\right\} \quad (26)$$

バラエティの価格について、両国間で一物一価の法則が成立しているものとする。これを考慮すると、自国にとっての交易条件は次のように定義される。

$$S_t\equiv\frac{P_{F,t}}{P_{H,t}}=\frac{\mathcal{E}_t P_t^*}{P_{H,t}} \quad (27)$$

ここで、P_t^*は外国の CPI を表している。(2) (27)の両辺を一期前の変数でそれぞれ割ると、以下の関係が得られる。

$$\frac{S_t}{S_{t-1}}=\frac{\Delta\mathcal{E}_t}{\Pi_{H,t}} \quad (28)$$

ここで、$\Pi_{H,t}\equiv\frac{P_{H,t}}{P_{H,t-1}}$は国内インフレーション、$\Delta\mathcal{E}_t\equiv\frac{\mathcal{E}_t}{\mathcal{E}_{t-1}}$は名目為替レート減価をそれぞれ表す。

CPI の定義より、次の関係が成立する。

$$\frac{P_t}{P_{H,t}}=\left[(1-\gamma)+\gamma S_t^{1-\eta}\right]^{\frac{1}{1-\eta}}\equiv g(S_t) \quad (29)$$

両辺を一期前の変数でそれぞれ割ることにより，国内インフレーションとCPIインフレーション（$\Pi_t \equiv P_t/_{t-1}$）について，以下の関係を得る。

$$\Pi_t = \Pi_{H,t} \frac{g(S_t)}{g(S_{t-1})} \tag{30}$$

さらに，(27)と(29)を考慮することで，実質為替レート Q_t は交易条件 S_t の関数として次のように表される。

$$Q_t \equiv \frac{\mathcal{E}_t P_t^*}{P_t} = \frac{S_t}{g(S_t)} \equiv q(S_t) \tag{31}$$

（2）企　業

企業は独占的競争市場においてバラエティの生産を行う。それぞれの企業は同質であり，生産関数は以下のようなコブ＝ダグラス型の生産関数によって与えられる。

$$Y_t(j) = Z_t K_t(j)^\alpha N_t(j)^{1-\alpha} \tag{32}$$

$Y_t(j)$ は企業 j ($j \in [0,1]$) の産出量，$K_t(j)$ および $N_t(j)$ は企業 j の資本および労働投入をそれぞれ表す。また，Z_t は外生的な生産性ショックである。企業の費用最小化問題の一階条件から，次式を得る。

$$(1-\alpha)\left(\frac{R_t^K}{P_{H,t}}\right) K_t(j) = \alpha\left(\frac{W_t}{P_{H,t}}\right) N_t(j) \tag{33}$$

(33)を考慮することで，企業の実質限界費用が以下のように導かれる。

$$MC_t(j) = MC_t = \frac{(R_t^K/P_{H,t})^\alpha (W_t/P_{H,t})^{1-\alpha}}{Z_t \alpha^\alpha (1-\alpha)^{1-\alpha}} \tag{34}$$

それぞれの企業は Calvo (1983) 型の価格硬直性に直面している。つまり，ある t 期において，すべての企業のうちの $1-\zeta$ の割合の企業のみが最適な価格設定を行うことができ，残り ζ の割合の企業は価格変更することができない。このことを考慮すれば，国内物価指数は次のように表わすことができる。

$$P_{H,t} \equiv \left[\zeta P_{H,t-1}^{1-\varepsilon} + (1-\zeta) \overline{P}_{H,t}^{1-\varepsilon}\right]^{\frac{1}{1-\varepsilon}} \tag{35}$$

ここで，$\overline{P}_{H,t}$ はある t 期において価格変更可能な企業が設定する最適な価格

を表す。これを整理することによって，最適価格と国内インフレーションについて，以下の関係を得る。

$$1 = \zeta \Pi_{H,t}^{-1+\varepsilon} + (1-\zeta)\tilde{P}_{H,t}^{1-\varepsilon} \tag{36}$$

ここで，$\tilde{P}_{H,t} \equiv \dfrac{\overline{P}_{H,t}}{P_{H,t}}$ である。

それぞれの企業は，ある t 期において設定した最適な価格が，将来も持続する場合の利潤の割引現在価値を最大化するように最適な価格を設定する。よって，バラエティに対する需要関数を制約として，企業の利潤最大化問題は次のように表わされる。

$$\max_{\overline{P}_{H,t}} \sum_{k=0}^{\infty} \zeta^k E_t \{ \Lambda_{t,t+k} [Y_{t+k|t}(\overline{P}_{H,t} - MC_{t+k|t}^n)] \} \tag{37}$$

$$s.t.\ Y_{t+k|t} = \left(\frac{\overline{P}_{H,t}}{P_{H,t+k}}\right)^{-\varepsilon} Y_{t+k} \tag{38}$$

ここで，$Y_{t+k|t}$ は t 期の最適価格に基づく $t+k$ 期の産出量，$MC_{t+k|t}^n$ はその名目限界費用，Y_{t+k} は $t+k$ 期の総産出量を表している。また，$\Lambda_{t,t+k} = \beta^k \left(\dfrac{C_{t+k}}{C_t}\right)^{-\sigma} \left(\dfrac{P_t}{P_{t+k}}\right)$ は t 期から $t+k$ 期までの割引率を表している[3]。一階条件より，最適価格は以下のように決定される。

$$\tilde{P}_{H,t} = \frac{\varepsilon}{\varepsilon-1} \frac{\sum_{k=0}^{\infty} \zeta^k E_t \left\{ \Lambda_{t,t+k} \left(\dfrac{P_{H,t}}{P_{H,t+k}}\right)^{-\varepsilon-1} Y_{t+k} MC_{t+k|t} \right\}}{\sum_{k=0}^{\infty} \zeta^k E_t \left\{ \Lambda_{t,t+k} \left(\dfrac{P_{H,t}}{P_{H,t+k}}\right)^{-\varepsilon} Y_{t+k} \right\}} \tag{39}$$

(3) 均　衡

財市場の需給均衡は次のように表わされる。

$$P_{H,t} Y_t = P_{H,t} C_{H,t} + P_{H,t} I_{H,t} + \mathcal{E}_t EX_t \tag{40}$$

両辺を $P_{H,t}$ で割ることにより，以下を得る。

$$Y_t = C_{H,t} + I_{H,t} + S_t EX_t \tag{41}$$

$$= (1-\gamma) g(S_t)^{\eta} (C_t + I_t) + S_t EX_t \tag{42}$$

ここで，二つ目の等式は，需要関数を考慮して整理したものである。

企業の生産関数は1次同次であるため，(32)より，総資本投入と総労働投入，およびその生産量との関係は，次のように表される。

$$\int_0^1 Y_t(j)dj = Z_t K_t^\alpha N_t^{1-\alpha} \tag{43}$$

ここで，$K_t = \int_0^1 K_t(j)dj$, $N_t = \int_0^1 N_t(j)dj$である。これに，バラエティに対する需要関数を考慮すれば，以下を得る。

$$\int_0^1 \left(\frac{P_{H,t}(j)}{P_{H,t}}\right)^{-\varepsilon} dj\, Y_t = Z_t K_t^\alpha N_t^{1-\alpha} \tag{44}$$

ここで，$\theta_t \equiv \int_0^1 \left(\frac{P_{H,t}(j)}{P_{H,t}}\right)^{-\varepsilon} dj$と定義すると，これは次のように表すことができる。[4]

$$\theta_t = (1-\zeta)\tilde{P}_{H,t}^{-\varepsilon} + \zeta \Pi_{H,t}^\varepsilon \theta_{t-1} \tag{45}$$

θ_tは価格硬直性の資源コストを表す。したがって，(44)は以下のように表される。

$$Y_t = \theta_t^{-1} Z_t K_t^\alpha N_t^{1-\alpha} \tag{46}$$

自国の輸出（$P_{H,t}Y_t - P_{H,t}C_{H,t} - P_{H,t}I_{H,t}$）から輸入（$P_{F,t}C_{F,t} + P_{F,t}I_{F,t}$）を引いて，(11)および(18)を考慮すれば，以下を得る。

$$[P_{H,t}Y_t - P_{H,t}(C_{H,t} + I_{H,t})] - P_{F,t}(C_{F,t} + I_{F,t}) = P_{H,t}Y_t - P_t(C_t + I_t) \tag{47}$$

これを$P_{H,t}$で割ることで，貿易収支を次のように定義する。

$$TB_t \equiv Y_t - g(S_t)(C_t + I_t) \tag{48}$$

また，家計の予算制約(12)式より，経常収支は次のように定義される。

$$CA_t \equiv S_t(-B_t + B_{t-1}) = TB_t - i_{t-1}^f S_t B_{t-1} \tag{49}$$

（4）金融政策ルール

政策当局は，以下のようなルールに従って金融政策を行うものとする。

$$\tilde{i}_t = \phi_\Pi \tilde{\Pi}_{H,t} + \phi_Y \tilde{Y}_t + \phi_B \tilde{B}y_t \tag{50}$$

ここで，$\tilde{i}_t (\equiv i_t - i)$, $\tilde{\Pi}_{H,t}\left(\equiv \frac{\Pi_{H,t} - \Pi_H}{\Pi_H}\right)$, $\tilde{Y}_t\left(\equiv \frac{Y_t - Y}{Y}\right)$は，名目利子率，国内インフレーション，産出量の定常状態の値からの乖離の大きさをそれぞれ表

している。また，ϕ_Π，ϕ_Y，およびϕ_Bは政策当局の政策スタンスを示すパラメータである。$\phi_B=0$の場合，金融政策ルールは標準的なテイラー・タイプの利子率ルールとなる。一方，$\phi_B>0$の場合には，政策当局は，対外債務の産出量に対する比率の増大に対して，名目金利の引き上げを行う。

(5) 外生ショック

本章では，自国経済において生産性ショック，輸出ショック，外国利子率ショックの3つのショックが生じるものとする。それらはAR(1)過程に従い，次のように表される。

$$\log Z_t = (1-\rho_z)\log Z + \rho_z \log Z_{t-1} + \varepsilon_{z,t}, \quad \varepsilon_{z,t} \sim i.i.d.N(0,\ \sigma_z^2) \tag{51}$$

$$\log EX_t = (1-\rho_{ex})\log EX + \rho_{ex}\log EX_{t-1} + \varepsilon_{ex,t}, \quad \varepsilon_{ex,t} \sim i.i.d.N(0,\ \sigma_{ex}^2) \tag{52}$$

$$i_t^* = (1-\rho_i)i^* + \rho_i i_{t-1}^* + \varepsilon_{i,t}, \quad \varepsilon_{i,t} \sim i.i.d.N(0,\ \sigma_i^2) \tag{53}$$

(6) パラメータ設定

本章のモデルにおける基本的なパラメータ値は表8-1のとおりである。

Schmitt-Grohé and Uribe (2003) に従い，異時点間の代替の弾力性の逆数σを2に設定し，定常状態の労働Nが0.2になるように，消費に対する相対的な選好パラメータφを0.25に設定する。バラエティ消費の間の代替の弾力性ε，価格硬直性のパラメータζおよび割引率βについては，Galí and Monacelli (2005) に従い，それぞれ6，0.75および0.99，要素投入における資本のシェアα，資本の調整コストのパラメータψ^Kおよび資本減耗率δについては，Kollmann (2002) に従い，それぞれ0.24，15および0.025に設定する。さらに，経済の開放度のパラメータγについては，Cook (2004) に従って0.28，国際間の代替の弾力性ηについては，Ravenna and Natalucci (2008) と同様に1.5に設定する。

一方，ショックのAR(1)過程のパラメータについては，Elekdağ and Tchakarov (2007) に従い，生産性ショックのAR(1)過程の係数および標準誤差を

表8-1　モデルのパラメータ値

パラメータ	値	
σ	2	異時点間の代替の弾力性の逆数
φ	0.25	消費に対する相対的な選好パラメータ
ε	6	バラエティ消費の間の代替の弾力性
ζ	0.75	価格硬直性のパラメータ
β	0.99	割引因子
α	0.24	要素投入における資本のシェア
ψ^K	15	資本の調整コストのパラメータ
δ	0.025	資本減耗率
γ	0.28	経済の開放度のパラメータ
η	1.5	国際間の代替の弾力性
ρ_z	0.8	生産性ショックのAR(1)過程の係数
σ_z	0.02	生産性ショックの標準誤差
ρ_{ex}	0.5	輸出ショックのAR(1)過程の係数
σ_{ex}	0.06	輸出ショックの標準誤差
ρ_i	0.8	外国利子率ショックのAR(1)過程の係数
σ_i	0.003	外国利子率ショックの標準誤差

0.8および0.02,輸出ショックのAR(1)過程の係数および標準誤差を0.5および0.06,外国利子率ショックのAR(1)過程の係数および標準誤差を0.8および0.003にそれぞれ設定する。

なお,Aguiar and Gopinath(2007)に従い,産出量に対する対外債務の比率(B/Y)については0.1に設定する。最後に,利子率ルールのパラメータϕ_Πとϕ_Yの値については,1.5と0.5にそれぞれ設定する。

本章の合理的期待モデルは,Schmitt-Grohé and Uribe(2004)のアルゴリズムに従って,モデルの方程式体系を二次近似することによって解かれる。

3　厚　生

本章では,代表的家計の期待効用の水準を測ることによって厚生評価を行う。具体的には,政策当局が,標準的なテイラー・タイプの利子率ルールに従って金融政策を行う場合($\phi_B=0$)における厚生の水準と,対外債務の産出量に対する比率の変動を考慮して金融政策を行う場合($\phi_B\neq0$)における厚生の水準

とを比較することにより，政策当局が後者の政策を採用した場合に，それが厚生の水準に及ぼす効果について検討する。

まず，政策当局が標準的なテイラー・タイプの利子率ルールに従って金融政策を行う場合（$\phi_B=0$）における代表的家計の生涯効用の条件なし期待値をとし，以下のように定義する。

$$V^b \equiv E\sum_{t=0}^{\infty}\beta^t U(C_t^b, N_t^b) \tag{54}$$

次に，政策当局が対外債務の産出量に対する比率の変動を考慮して金融政策を行う場合（$\phi_B \neq 0$）における代表的家計の生涯効用の条件なし期待値を V^a とし，以下のように定義する。

$$V^a \equiv E\sum_{t=0}^{\infty}\beta^t U(C_t^a, N_t^a) \tag{55}$$

V^a と同じ効用水準を達成するために必要な $\phi_B=0$ における消費の補足分を κ と定義すれば，次の関係が成立する。

$$V_0^a = E_0\sum_{t=0}^{\infty}\beta^t U((1+\kappa)C_t^b, N_t^b) \tag{56}$$

効用関数の関数型を考慮して，(56)を κ について解けば，以下を得る。

$$\kappa = \left\{\frac{(1-\gamma)V^a+(1-\beta)^{-1}}{(1-\gamma)V^b+(1-\beta)^{-1}}\right\}^{\frac{1}{\varphi(1-\sigma)}} - 1 \tag{57}$$

κ は，政策当局が対外債務の産出量に対する比率の変動を考慮して金融政策を行う場合における厚生の便益の大きさを表している。

図8-1では，ベンチマークケースとして，リスクプレミアムの大きさを表すパラメータ ψ^B の値が 0.001 の場合における，異なる ϕ_B の値に対応した厚生の便益 κ（％）の大きさを示している。[5]

図8-1より，ϕ_B の値が大きくなるほど κ の値が小さくなっている（つまり，厚生が悪化している）のがわかる。したがって，$\psi^B=0.001$ のケースでは，政策当局が対外債務の産出量に対する比率の変動を考慮して金融政策を行うことは望ましくない（つまり，政策当局が標準的なテイラー・タイプの利子率ルールを採用することが望ましい）といえる。

Garcia-Cicco et al.（2010）は，新興国のデータから，リスクプレミアムの大

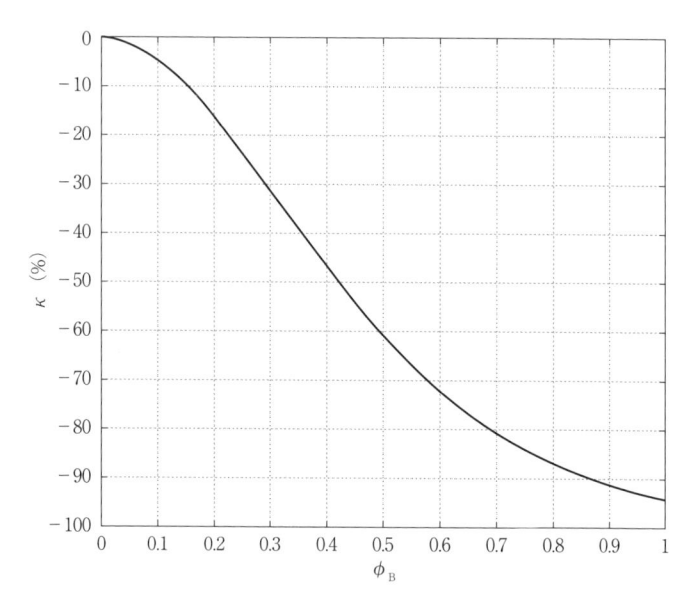

第Ⅲ部　金融危機後のグローバル・マネーフローの新たな潮流

図8-1　厚生の変化（$\psi^B = 0.001$ のケース）

きさを表すパラメータの値を推定したところ，比較的大きな値を得ており，新興国の景気循環を説明する上で，それが重要な役割を果たしていることを示している。そこで，Garcia-Cicco et al.（2010）に従って，ψ^B の値を2.8に設定し，異なる ϕ_B の値に対して，厚生の便益の大きさがどのように変化するのかを示したのが図8-2である。

　図8-1とは異なり，厚生の大きさを表す曲線は逆U字型になっている。明らかに，いくつかの ϕ_B の値のケース（$0 < \phi_B < 1.88$）において厚生の改善がみられる。厚生の改善が最も大きくなるのは ϕ_B の値が0.96のケースであり，厚生の便益の大きさは0.023％である。一方で，ϕ_B の値が1.88を超えると厚生は悪化してしまう。つまり，リスクプレミアムの大きさを表すパラメータの値が比較的大きい場合には，対外借り入れのコスト（ファイナンシャル・フリクション）が大きくなるために，政策当局が対外債務の産出量に対する比率の変動を考慮して金融政策を行うことにより，厚生を改善させることができるが，

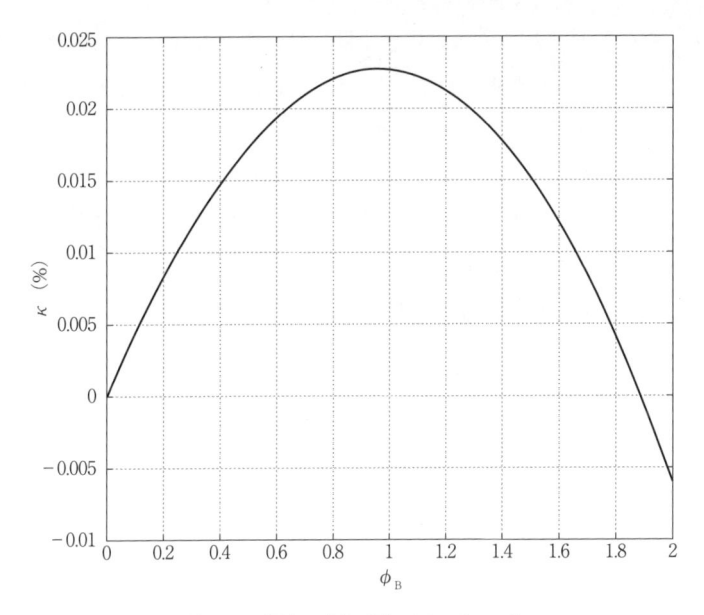

図8-2 厚生の変化（$\phi^B=2.8$のケース）

政策当局の政策スタンスが大きくなりすぎると，経済全体の歪みがより大きくなるために，厚生が悪化してしまうため，厚生の大きさを表す曲線は逆U字型になるのである。

4 おわりに——新興国に対する政策的含意

本章では，価格硬直性と（Garcia-Cicco et al. (2010) に基づく）ファイナンシャル・フリクションがある小国開放経済の DSGE モデルを用いて，リスクプレミアムの大きさを表すパラメータの値の大きさが異なるケースにおいて，政策当局が標準的なテイラー・タイプの利子率ルールを採用する場合と，そうしたルールに対外債務の産出量に対する比率の変動を同時に考慮するようなルールを採用する場合について，厚生の比較分析を行った。

分析の結果，新興国で該当すると思われるリスクプレミアムの大きさを表す

パラメータの値が比較的大きい場合には，対外借り入れのコスト（ファイナンシャル・フリクション）が大きくなるために，政策当局が対外債務の産出量に対する比率の変動を考慮して金融政策を行うことにより，厚生を改善させることができることがわかった。一方で，政策当局の政策スタンスが大きくなりすぎると，経済全体の歪みがより大きくなるために，逆に厚生が悪化してしまうため，厚生の大きさを表す曲線は逆U字型になることも示された。

本章のこうした分析結果は，先進国と比べて，対外借り入れのコストが大きい新興国の政策当局にとって，対外債務の変動を考慮して金融政策を行うことは望ましい選択肢の1つとなりうることを示唆している。

なお，本章の分析は理論的な可能性の検討に止まり，厚生水準の改善の実際の数値はそれほど大きな値をとっていない。また，カリブレーションについては，先行研究の値をそのまま踏襲している。そこで，Kitano and Takaku (2013) は，本章での分析を発展させ，新興市場国のデータと照らして，より説明力の高いモデルを用いて分析を行った結果，より高い厚生水準の改善がみられることを確認している。

注

(1) 本章のベースモデルは，Galí and Monacelli (2005), Faia and Monacelli (2008) である。
(2) なお，本章では便宜的に $P_t^* \equiv 1$ にとする。
(3) 企業の対称性を仮定しているため，$Y_{t+k|t}(j) = Y_{t+k|t}$ であることに注意されたい。
(4) 導出の詳細は，Schmitt-Grohé and Uribe (2006) を参照されたい。
(5) このベンチマークケースのパラメータ設定は，Schmitt-Grohé and Uribe (2003) に依拠している。

参考文献

Aguiar, M. and G. Gopinath (2007) "Emerging Market Business Cycles: The Cycle Is the Trend," *Journal of Political Economy*, 115(1), pp.69-102.
Bailliu, J., C. Meh and Y. Zhang (2012) "Macroprudential Rules and Monetary Policy when Financial Frictions Matter," Working Paper 2012-6, Bank of Canada.
Bernanke, B., M. Gertler and S. Gilchrist (1999) "The Financial Accelerator in a

第8章　近年の新興市場国における国際資本移動と金融政策

Quantitative Business Cycle Framework," In *Handbook of Macroeconomics*, Vol. 1C, ed. J. B. Taylor and M. Woodford, pp.1341-93, North-Holland.
Bianchi, J. (2011) "Overborrowing and Systemic Externalities in the Business Cycle," *American Economic Review*, 101(7), pp.3400-3426.
Bianchi, J. and E. Mendoza (2012) "Overborrowing, Financial Crises and Macroprudential Taxes," Unpublished manuscript.
Calvo, G. (1983) "Staggered Prices in a Utility Maximizing Framework," *Journal of Monetary Economics*, 12(3), pp.383-398.
Cook, D. (2004) "Monetary policy in emerging markets: Can liability dollarization explain contractionary devaluations?" *Journal of Monetary Economics*, 51(6), pp. 1155-1181.
Elekdağ, S. and I. Tchakarov (2007) "Balance Sheets, Exchange Rate Policy, and Welfare," *Journal of Economic Dynamics and Control*, 31(12), pp.3986-4015.
Faia, E. and T. Monacelli (2008) "Optimal Monetary Policy in a Small Open Economy with Home Bias," *Journal of Money, Credit and Banking*, 40(4), pp.721-750.
Gali, J. and T. Monacelli (2005) "Monetary Policy and Exchange Rate Volatility in a Small Open Economy," *Review of Economic Studies*, 72(3), pp.707-734.
García-Cicco, J., R. Pancrazi and M. Uribe (2010) "Real Business Cycles in Emerging Countries?" *American Economic Review*, 100(5), pp.2510-2531.
Jeanne, O. and A. Korinek (2010) "Excessive Volatility in Capital Flows: A Pigouvian Taxation Approach," *American Economic Review*, 100(2), pp.403-407.
Kannan, P., P. Rabanal and A. Scott (2012) "Monetary and Macroprudential Policy Rules in a Model with House Price Booms," *The B.E. journal of macroeconomics*, 12(1), pp.1-42.
Kitano, S. and K. Takaku (2013) "External Debt and Taylor rules in a Small Open Economy," RIEB Discussion Paper Series.
Kollmann, R. (2002) "Monetary Policy Rules in the Open Economy: Effects on Welfare and Business Cycles," *Journal of Monetary Economics*, 49(5), pp.989-1015.
Ravenna, F. and F. Natalucci (2008) "Monetary Policy Choices in Emerging Market Economies: The Case of High Productivity Growth," *Journal of Money, Credit and Banking*, 40(2-3), pp.243-271.
Schmitt-Grohé, S. and M. Uribe (2003) "Closing Small Open Economy Models," *Journal of International Economics*, 61(1), pp.163-185.
Schmitt-Grohé, S. and M. Uribe (2004) "Solving Dynamic General Equilibrium Models Using a Second-Order Approximation to the Policy Function," *Journal of Economic Dynamics and Control*, 28(4), pp.755-775.
Schmitt-Grohé, S. and M. Uribe (2006) "Optimal Simple and Implementable Monetary and Fiscal Rules: Expanded Version," Working Paper 12402, National Bureau of Economic Research.

Unsal, D.(2013)"Capital Flows and Financial Stability: Monetary Policy and Macroprudential Responses," *International Journal of Central Banking*, 9(1), pp. 233-285.

終章

グローバル流動性の変動と制御
──グローバル・プルーデンスの構築に向けて──

松林洋一

1　はじめに──グローバル流動性について

　本章はこれまでの各章において考察した様々な問題を総括するとともに，グローバル金融危機の発生に対処すべく，いくつかの新たな施策を提示することにする。その際，国際資金フローの存在を，ネット，グロス，アグリゲイトといった多面的な側面から捉えるためにも，「グローバル流動性」というより広い概念が重要であることを提示することにする。そしてこのグローバル流動性を管理，制御していく施策を，事前の手段と事後の手段に分けて考察していく。事前の手段としては，「グローバル・プルーデンス」という枠組みを構築することの重要性を指摘することにしたい。より具体的には，グローバルな見地からの金融規制改革，金融機関の監督，さらには国際金融市場そのもとに対する諸規制の重要性が，グローバル流動性との関連において検討される。また事後の手段としては，今次の金融危機において新たに創出された「ドル・スワップ協定」の役割に注目する。構成は以下の通りである。まず第2節においてグローバル流動性の概念が整理される。続いて第3節において，グローバル流動性の変動要因を明らかにし，その制御方法を検討する。本章で得られた知見は第4節において要約される。

2　グローバル流動性という概念について

　2007年6月のサブプライム危機とそれに続く2008年9月のリーマン危機によって，世界各国の金融不安は一気に加速し，株価は暴落，金融機関では急速に信用収縮が進んでいた。世界金融危機の出現である。世界金融危機の発生メカニズムとその政策対応については，理論，実証の両面から精力的に研究がなされている。研究の多くは危機のいくつかの側面に注目して，考察を深化させているが，今日求められているのは，より広いアングルから危機発生メカニズムを俯瞰し，より大局的な見地から政策提言を行っていく際の枠組みの確立のように思われる。

　その際，鍵となる視点は2点ある。1点目は，金融危機が「グローバル」に展開しているという点である。世界金融危機の発生は，歴史的にも決して新しい現象ではなく，20世紀において何度か経験している。しかし21世紀初頭に発生した一連の危機は，ショックの大きさ，ショックの伝播の速さと広がりという点において，これまでの危機とは一線を画している。2008年9月にリーマン・ブラザーズ破綻という米国で発生したショックが，瞬く間に世界の金融市場に波及し，同年末には世界金融危機が世界を震撼させることになった。

　2点目は，危機における「流動性」の役割の重要性である。今日の世界経済は，金融市場のグローバル化に伴い，各国が国境を越えて巨額な資金を調達し，運用している。このようなクロスボーダーでの資金の貸借は金融面でのグローバルなネットワークを構築しているともいえる。このネットワークは，危機という形でショックが発生すると瞬時のうちに伝播し，危機が増幅されることになる。たとえばインターバンク市場での各国金融機関の短期的資金調達は，危機の発生に伴い一気に困難となり，その影響は即座にグローバルに広がっていくのである。

　この2つの視点を「グローバル流動性」（global liquidity）という概念で捉える時，我々はより広いアングルから危機の本質と有効な処方箋を構想できるか

もしれない。世界経済全体の流動性の動向について，国際金融の分野では，すでに国際流動性や過剰流動性という言葉で論じられてきた。しかし以下で説明していくように，昨今注目されつつある「グローバル流動性」という概念は，より広い範疇をもった概念であり，それゆえ今後の世界経済を展望，考察していくうえで格好のフレームワークであるといえる。

3　グローバル流動性の定義

（1）グローバル流動性の指標──数量面

　先に示したように，グローバル流動性とは大まかに述べれば，国境を越えて調達される流動性というニュアンスをもっているが，明確な定義が存在しているわけではない。BISグローバル金融システム委員会（Committee on the Global Financial System，以下「CGFS」と略す）は，2011年にグローバル流動性に関する包括的な展望を発表し，グローバル流動性を「グローバルな資金調達の容易さ」と定義している。この定義をより明確にするために，以下では金融機関の行動との関係において整理してみることにしよう。

　図終-1には，金融機関のバランスシートの雛形が素描されている。資産項目の貸出（以下与信と呼ぶ）は，金融機関向けと非金融機関向けに分けている。ここで金融機関のグローバルな行動を考慮し，与信（貸出）の分類を，**表終-1**のようにより細かく分けておく。

　たとえば日本の金融機関を想定した場合，国内向け自国通貨建て与信とは，日本国内の金融機関（非金融機関）に「円」で貸し出すことを意味している。他方日本国内の外資系企業にドルで貸し出す場合もある。これは「国内向け外国通貨建て与信」となる。さらに国境を越えて海外への貸し出しも行われており，「海外向け与信」がこれに該当する。そしてグローバル流動性の範疇は，表終-1の網掛け部分（ケースB，C，E，F）に相当する。

　先に述べた「グローバルな資金調達が容易である」状況とは，資金供給の側（すなわち与信サイド）から見れば，**表終-1における網掛けの部分が拡大して**

資　産	負　債
貸出（非金融機関向け）	預　金
貸出（金融機関向け）	その他負債
資　産	自己資本

図終-1　金融機関のバランスシート

表終-1　金融機関の与信の分類

	与信 （非金融機関向け）	与信 （金融機関向け）
国内向け自国通貨建て	ケースA	ケースD
国内向け外国通貨建て	ケースB	ケースE
海外向け	ケースC	ケースF

（注）網掛けの部分が，グローバル流動性に該当

いることに他ならない。つまりグローバル流動性が拡大している状況とは，端的にいえば，民間金融機関によるグローバルな与信の拡大であるといえる。このように定義されたグローバル流動性は，本書第1章，第7章において考察したグロスの国際資金フローのアングルから捉えれば，各国のグロスの資金流出をアグリゲイトした概念であるとイメージすることができる。このような与信のパターンを想定すると，金融機関の負債における「その他負債」の項目も，厳密には「自国通貨建ての負債」，「外国通貨建ての負債」，「海外金融機関からの負債」という分類を行うことができる。

　ここで，グローバル流動性のイメージを鮮明にするため，世界全体のグローバルな与信の推移を示しておくことにする。図終-2には，1978年第4四半期から2013年第2四半期までのグローバルな与信の推移（前年同期比）が描かれている。

　グローバルな与信が上昇している時期は，1) 1970年代後半から1980年代前半，2) 1980年代後半，3) 2000年代前半である。とくに2000年代前半の

終章　グローバル流動性の変動と制御

(%)

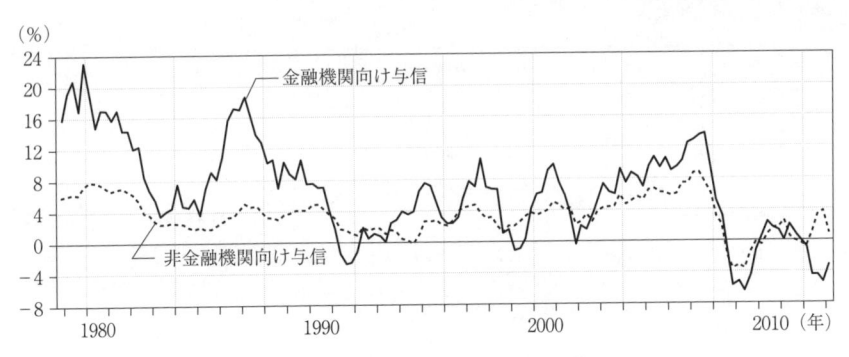

図終-2　グローバルな与信の推移（対前年同期比）1978Q4 – 2013Q1
(出所) BIS (2013) 図1-1

上昇は2002年ごろからおよそ6年間にわたって持続的に伸び率が上昇している姿が見てみてとれる。逆に与信が大幅に低下している時期は，1）1990年代初頭，2）1998, 99年，3）2009年であり，とくに2008年のリーマンショックの翌年にあたる2009年の落ち込みは大きい。なお図からもわかるように，金融機関向けの与信は，非金融機関向けに比べて変化が激しく，クロスボーダーでの与信の変動は，主に国境を越えた金融機関向けの貸借によって発生していることになる。これは資金調達（負債サイド）から捉えれば，クロスボーダーで展開される金融機関同士の資金調達が，様々な要因によって変動しやすいという点を示唆している。(6)

（2）グローバル流動性の指標——価格面

先に紹介したグローバル流動性は，数量面から見た概念であったが，価格面から間接的に捉えることも可能である。グローバルな資金調達が容易である状態は，価格面で見ると資金調達の際のコストである金利が低位であることを意味する。このような指標としてはLIBORが代表的である。

LIBORとは「ロンドン銀行間取引金利」(London Interbank Offered Bank, 略して「LIBOR」と呼ばれる）を意味している。LIBORは，英国のロンドン市場における銀行間の短期取引の際の金利である。貸し手が提示する金利で，この金

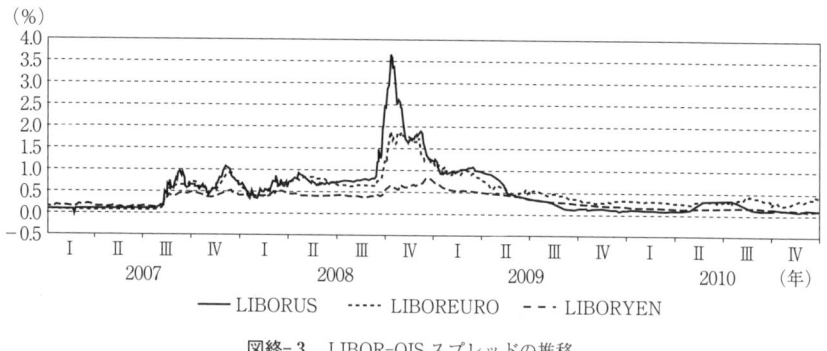

図終-3　LIBOR-OISスプレッドの推移
2007/1/02 – 2010/12/31

（出所）Bloomberg

利を基準として銀行間貸出の様々な金利が決定されていくことから，国際金融市場における代表的な短期金利として注目されている[7]。

　実際にはロンドン市場におけるドル，円，ユーロ（正確にはユーロドル，ユーロユーロ・ユーロ円）の銀行間取引に対して，それぞれLIBORの水準が存在している。ドル流動性の調達が困難となっていた金融機関では，ユーロや円を外国為替市場でドルに替え，為替スワップ市場においてドルに転換する（いわゆるドル転）動きも活発化していた可能性が高い。したがってドル流動性不足危機は，同時にユーロ資金市場や円資金市場にも，少なからず影響を及ぼしていたと考えられる。したがって世界金融危機におけるドル流動性不足という事態は，ドル建てLIBOR，ユーロ建てLIBOR，円建てLIBORの動きを総合的に見ておくことによって，その特徴がより鮮明に見えてくるはずである。

　なお実際の短期金融市場の逼迫度を測るには，これらのLIBORから「翌日物金利スワップ」(Overnight Index Swap，略して「OIS」と呼ばれる）を差し引いた値が示されることが多い。OISとは，一定期間の無担保翌日物コール金利と，固定金利を交換する金利スワップであり，金融政策の先行きに対する市場の見解を反映したものであると解釈できる。したがってLIBORとOISの乖離（以下LIBOR-OISスプレッドと呼ぶ）は，銀行が支払わなければならない金利と将来

の金利予想の差を表すことになる。

　図終-3には，2007年1月から2010年12月までのドル，ユーロ，円の日次のLIBOR-OISスプレッドの推移が示されている。2007年前半は，各通貨のLIBOR-OISスプレッドは極めて低い水準で推移していた。しかし2007年の後半になると一転して上昇しはじめ，約1％近くの水準を持続させていた。2008年に入ると一旦は下落するかに見えたが，2008年の後半（正確には10月以降），各通貨ともに著しい上昇を見せていた。とくにドル建てLIBOR-OISスプレッド（LIBORUS）はピーク時（2008年10月10日）には，3.65％という極めて高い値を示していた。ユーロ建てLIBOR-OISスプレッド（LIBOREURO）が最高水準を示したのも2008年10月10日であり1.89％となっていた。リーマン・ブラザーズが破綻した9月15日から約3週間後，国際金融市場では未曾有のドル流動性不足に苛まれていたことが同指標の値からも如実に示されている。なお円ドルLIBOR-OISスプレッド（LIBORYEN）はやや遅れて2008年末（12月17日）にピーク（0.805％）[8]となっていた。

4　グローバル流動性の変動と制御

（1）グローバル流動性の変動要因

　グローバル流動性がどのような要因によって変化するのかという点を明らかにしておくことは，政策的な対応を考える上でも重要である。2節で紹介したように，グローバル流動性のもっとも平易なイメージは，クロスボーダーでの与信（貸出）の世界全体での総額ということになる。この水準の変動要因としては，与信を受ける側（資金需要サイド）と，与信を行う側（資金供給サイド）に分けて考えるとわかりやすい。与信を受ける側にとって重要な要因は，金利に代表される資金調達コストである。したがって各国の中央銀行が政策金利を下げていき，世界全体の金利が低位に推移している状態の下では，グローバル流動性は拡大する。また国際金融市場において，投資家のリスク選好度が高まっている場合には金融機関の借入を通じて，株式や各種リスク商品に投資する傾

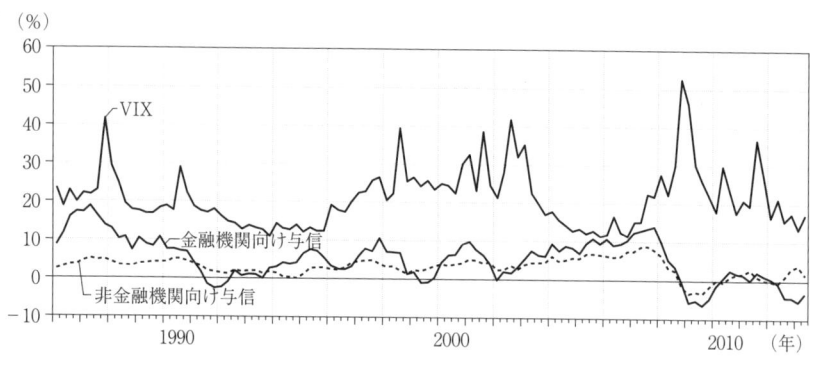

図終-4　グローバルな与信・VIX の推移
(出所) BIS (2013) 図1-1

向が高まるはずである。与信を行う側では，突然の金融危機等の発生により金融市場の不安定性が急速に高まった場合，クロスボーダーでの貸し出しを手控えるため，グローバル流動性は縮小していく。

　このようにグローバル流動性の変動を考える際には，市場におけるリスクの認知度がきわめて重要なファクターとなってくる。そこで国際金融市場におけるリスクの認知度を示す指標として，VIX（Volatility Index）とグローバルな与信の関係を見ておくことにする。VIX は，シカゴオプション取引所が，S&P500 を対象とするオプション取引の値動きの情報もとに計測したものであり，グローバル金融市場における投資家心理を示す数値として広く利用されているものである。

　図終-4 はグローバルな与信の推移（図終-2 のグラフ）に，VIX 指数を重ねたものである。このグラフより，グローバル流動性のアベイラビリティと投資家心理との関係をある程度読み取ることが可能である。たとえば 1980 年代から 1990 代には，VIX の動きとグローバルな与信のほぼ同じ動きを示している。これは与信が顕著に増加している局面では，VIX 指数も上昇しており，リスク選好度が高くなっているという特徴を指摘している。しかしたとえば 2008 年のリーマン危機以降には，VIX の上昇は逆にグローバルな与信を縮小させ

ている。これは投資家の市場心理が悪化し，クロスボーダーでの与信が手控えられていることを示唆している。

このように投資家の市場心理とグローバル流動性の関係は時期に応じて変化しており，それゆえ政策的な対応も複眼的な視点からなされる必要がある。つまり，1）グローバルな与信は，市場のリスク選好度とともに上昇（下落）していく可能性があるという事実に鑑み，グローバル流動性が拡大（縮小）していく局面を予め想定した施策を考えておく，2）とくに市場心理が急速に悪化し，グローバル流動性が縮小，枯渇した場合に臨機応変に流動性を供給できる施策を考えておく，という2点が重要なポイントとなる。以下ではこの点について検討を加えておく。

（2）グローバル流動性の管理——事前の処方箋

グローバルな与信の過度の拡大は，各国の資産価格の高騰などを通じて世界経済を不安定化させる要因ともなり得る。したがってこのような事態を事前に察知し，何らかの施策を講じておくことはきわめて重要である。

上記の視点は，一国経済においては「マクロプルーデンス政策」としてその実施が検討されつつある。個別金融機関への規制，監督といった従来型の（ミクロ）プルーデンス政策だけでなく，金融機関全体に対して一律に信用の規制，調整を行うという点に，マクロプルーデンス政策の最大の特徴がある。ただし現時点では，マクロプルーデンス政策は各国ごとの対応が前提となっており，クロスボーダーでの与信の動向を考慮した，グローバルなプルーデンス政策（以下「グローバル・プルーデンス政策」と呼ぶ）の構想にまでは至っていない。(9)

グローバル・プルーデンス政策を具体的にどのように構想していくのかは極めて難しいテーマであり，ともすれば映像は漠然としたものとなりかねない。そこで現時点において個別に，あるいは独立して議論されているいくつかのトピックスを紹介しつつ，将来の方向性を考えてみることにする。

①バーゼルⅢにおける議論

　国際決済銀行（BIS）に設置されているバーゼル銀行監督委員会は，過去2回（バーゼルⅠ（1998年），バーゼルⅡ（2004年））にわたって各国金融機関の財務管理についていくつかの基準を提示し，監督をおこなってきた。しかし2007年に端を発する金融危機は，これまでの基準のみでは限界があることを露呈し，新たな制度の確立が模索され始めていた。バーゼルⅢはこのような背景をもとに2008年に作業がスタートしたが，グローバル流動性との関係において，いくつかの注目すべき施策が考案されている。

　まず金融機関の「レバレッジ比率規制」が新たに考案され，2018年から適用されることになっている。これは各国金融機関の過度なレバレッジ（自己資本よりもかなり高い水準の貸し出し）がマクロ経済全体を不安定化し，金融危機の要因の1つとなっていたという反省から導入されたものである。より具体的には，オンバランス勘定（およびオフバランス勘定）の合計額に対する自己資本（Tier1）の割合を，3％以上にするものである。この基準の適用は，グローバルな見地に立てば，グローバル流動性に対するグローバルなプルーデンス政策の1つと解釈できる。

　バーゼルⅢでは，グローバル流動性の枯渇を未然に防ぐ施策も新たに考案されている。第1は，「流動性カバレッジ比率」（Liquidity Coverage Ratio，略して「LCR」と呼ぶ）の導入である。LCRは短期的な流動性ストレス（30日間）に耐えうる手元資金を確保しておくというものである。[10]

　第2は，「安定調達比率」（Net Stable Funding Ratio，略して「NSFR」と呼ばれる）の導入である。多くの金融機関は，返却時期の早い短期的な資金調達を行い，満期の長い長期運用を行っている場合が多い。このような資金運用のミスマッチは，危機時において資金調達を著しく困難なものにすることが明らかとなった。そこで中長期的にも安定的に資金調達ができることを意図して，NSFRの導入が決められた。[11]これらの2つの基準は，危機時におけるグローバルな与信の枯渇を未然に防ぐという意味で，グローバル・プルーデンス政策のひとつと見なされる。

② IMF における資本規制に関する議論

　従来 IMF では国際的な資本移動の自由化を原則とし，資本規制については一貫して否定的な見解を示してきた。しかし IMF（2012）では，無制限な資本流出入は，特に新興市場国においてリスク要因となる可能性がある点を指摘し，資本規制も1つのオプションとして想定し得ると指摘している。今回の IMF の指摘は，グローバル流動性の制御を直接的に意図したものではなく，大規模な金融危機の発生，先進諸国の金融政策に伴う新興市場国における資本流出入の著しい変動を想定したものといえる。

　しかし各国のクロスボーダーでの与信において，資本規制は過剰な取引をグローバルな視点から，事前に制御するプルーデンス的な意味合いを持っている。したがって IMF における資本規制の議論は新興市場国のマクロ経済に限定したものではなく，グローバル流動性の制御のためのグローバル・プルーデンス政策のひとつとして認識され，議論が深化されていく必要がある。そしてその途上においては，IMF や BIS といった国際機関，各国の中央銀行や金融監督局が，グローバルな見地からどのような制度設計を行い，どのような役割分担を行っていくのかという点についてより具体的な構想を練り上げていくことが不可欠となる。

（3）グローバル流動性の管理——事後の処方箋

　突発的な金融危機の発生に伴うグローバル流動性の枯渇は，危機時におけるグローバルベースでの流動性供給の必要性を要請している。この点に関しては，1）各国の外貨準備の確保，2）各国間での外貨準備の相互利用制度の構築（例：チェンマイ・イニシアチブ），3）IMF における各種流動性供給支援（例：FCL（Flexible Credit Line）の強化，PCL（Precautionary Credit Line）の創設）などが行われている。

　これらの施策はグローバル流動性の事後的管理としては有効であるが，2008年に端を発する金融危機では，これらの施策のみでは対処しきれない，より深刻なグローバル流動性危機が発生していた。そしてこのような事態に対処すべ

く，各国は「ドル・スワップ協定」という新たな政策対応を創出した。

　2007年8月のBNPパリバが傘下の資産を凍結するに至り，国際金融市場では一気にクレジットリスクが高まっていた。当初Fedは翌日物ローンファシリティー（TAF）の導入などによってドル流動性の確保に努めたが，インターバンク市場においてドルを調達する圧力は高まるばかりであった。このような状況を反映し，12月に入るとFedは欧州中央銀行，スイス国立銀行との間で，国際金融市場における資金調達圧力を緩和させるために，米国ドルと他通貨間の相互協定システムを導入した。いわゆる「ドル・スワップ協定」(dollar swap arrangement) と呼ばれるものである。[14] その後スワップ協定は，イングランド銀行，日本銀行，カナダ中央銀行とも結ばれ5つの中央銀行によって実施されている。[15]

　2010年1月以降は同協定に基づくドル供給は停止していたが，欧州における金融危機の再燃から，同年5月に再開された。2012年12月13日に，ドル・スワップ協定の有効期限を2014年2月1日まで延長することが決めている。

　ドル・スワップ協定の基本的な仕組みは以下の通りである。まずFedの窓口にあたるニューヨーク連邦銀行が各通貨とスワップする形で米ドル資金を主要中央銀行に供給するという取り決めがなされる（その際には交換がなされる最初の日程と交換が行われる日数等が提示される）。また実際にスワップが行われる際の交換比率（為替レート）はスワップ実施日の市場レートで行われる。次に各国中央銀行はこのドル資金を国債等の担保と引き換えに，一定の金利で金融機関にドル資金を供給する。[16]

　表終-2には，スワップ協定によって行われた各国中央銀行によるドル供給額が整理されている。[17] おもな特徴は以下の2点である。まず第1に，スワップ取引は2008年10月から2009年3月の半年間に集中していることがわかる。とくに2008年11月には，中央銀行全体で実に1.3兆ドル以上のドル資金が供給されていた。第2に欧州中央銀行によるドル供給額が圧倒的に大きい点である。サンプル期間におけるスワップ取引の合計額（約10兆ドル）のうち，8割近くが欧州中央銀行によってなされていたことが見て取れる。欧州中央銀行以

終章　グローバル流動性の変動と制御

表終-2　ドルスワップ協定の実施状況（2007年12月—2010年12月）

	ECB	BOE	SWIS	BOJ	その他	月計
2007年12月	20000(2)		4000(1)			24000
2008年1月	20000(2)		4000(1)			20400
2月						0
3月	15000(1)		6000(1)			21000
4月	30000(2)		6000(1)			36000
5月	50000(2)		12000(2)			62000
6月	75000(3)		12000(2)			87000
7月	50000(2)		18000(3)			68000
8月	50000(3)		12000(3)			62000
9月	464742(15)	216044(10)	102139(13)	29622(1)	18000(3)	830547
10月	2057531(40)	539612(36)	156026(27)	70168(1)	64170(8)	2887507
11月	799419.7(30)	437381(11)	20677(9)	76990(2)	21690(5)	1356157.7
12月	762755.6(32)	10830(5)	22255(10)	74155(3)	21500(6)	891495.6
2009年1月	705830.5(32)	11713(2)	16646 (5)	38330(2)	28360(6)	800879.5
2月	594617.2(25)	17143(3)	15108.3(6)	32886(2)	31330(6)	691084.5
3月	626408.7(24)	1600(1)	23117.5(11)	19369(2)	15500(6)	685995.2
4月	409682.1(7)	2475(2)	21278.9(7)	17710(2)	26636(8)	477782
5月	257167(6)	513(2)	10844.7(4)	14182(2)	9275(4)	291981.7
6月	198957.9(7)	1040(2)	544.8(6)	7351(5)	6930(3)	214823.7
7月	211638.2(7)		9(1)	2220(2)	11374(5)	225241.2
8月	166414.6(5)	13(1)		1650(2)	4110(3)	172187.6
9月	198610.4(5)	52(4)		1190(2)	1830(3)	201682.4
10月	109131.3(5)			645(2)	3221(1)	112997.3
11月	81995(4)			110(1)		82105
12月	34253(4)			545(1)		34798
2010年1月	6575(3)			100(1)		6675
2月						0
3月						0
4月						0
5月	15637(3)			210(1)		15637
6月				3(1)		0
7月				1(1)		0
8月						0
9月						0
10月						0
11月						0
12月						0
国計	8011366.2	1238416	459046.2	387223	263926	10359977.4

（注）ECB は欧州中央銀行，BOE はイングランド銀行，SWIS はスイス国立銀行，BOJ は日本銀行 OTH は他の中央銀行（ノルウェー，スウェーデン，デンマーク，オーストラリア，メキシコ，韓国）を示している．（　）内の数値は，月内に行われたスワップ取引の回数を，（　）外の数値は月内のスワップ取引総額（100万ドル）を表している．

外では，イングランド銀行，スイス国立銀行の取引が多くなっている。このような特徴からも同時期における欧州金融機関を中心とするドル資金調達圧力の高まりを確認することができる。[18]

ドル・スワップ協定の発動は，21世紀初頭の世界金融危機に際して，米国中央銀行（連邦準備制度）が，世界経済における最後の貸し手機能としての役割を果たしているという意味を持っている。このような「グローバルな最後の貸し手機能」(Global Lender of Last Resort) の役割は，今後さらに重要な役割を担っていくものと思われるが課題も多い。たとえば緊急時において米国がドルを供給するということを予め各国中央銀行に確約してしまうと，各国における危機時の対応は，ともすれば米国頼みになってしまい，一種のモラルハザードを助長してしまう可能性がある。したがってドル供給時の為替レートや金利の水準，発動期間といいた最低限の協定事項については予め実務的に詰めておく必要があるが，「危機時には常にスワップ協定が有効となりえる」というコミットまでは事前に交わすべきではないかもしれない。スワップ協定のより詳細な制度設計は，グローバル流動性の制御のあり方とも相まって，今後検討すべき重要な課題である。

5　おわりに——グローバル・プルーデンスの構想

本章では，グローバル流動性という概念を整理し，あわせてその制御について検討した。21世紀に入って発生した世界規模での金融危機は，国境を越えて行われる資金フローの重要性を再認識することになった。流動性というアングルから捉えれば，グローバルに展開される資金調達・資金供給の拡大と捉えることもできる。そしてこのような特徴は「グローバル流動性」という概念で捉えることによって，より多くの知見を我々に提供してくれることになる。

政策的な見地から見た場合，グローバル流動性をいかに制御していくのかという課題に対して，各国はすでにいくつかの手段を講じ始めていることに気が付く。バーゼルⅢにおける新たな基準の導入や，IMFにおける資本規制の議

終章　グローバル流動性の変動と制御

論は，このような文脈の中で理解することができる。またドル・スワップ協定というグローバルなドル供給システムの構築は，各国政策当局が，危機の真っただ中において，手探りで編み出したものである。このように世界経済は，すでにグローバル流動性の存在を認識し，それへの政策的対応を模索し始めている。模索の先にどのような新たな世界経済の姿が見えてくるのか，我々は静かに注視していく必要がある。

注

(1)論文のタイトルは，「Global Liquidity—concept, measurement and policy implications」（グローバル流動性—概念・計測・政策の含意）となっており，グローバル流動性全般に関する包括的な展望となっている。とくに同論文第2節ではグローバル流動性の多面的な概念とそれに付随する諸指標を詳細に整理している（日本銀行（2012）は同論文の簡潔な要と紹介がなされている）。なおBISにおけるグローバル流動性に関するその他の考察として，Eickmeier et al.（2013），BIS（2013）がある。またIMFでは，Matsumoto（2012），Chen et al.（2012）が，ECBではECB（2012）が考察を行っており，国際機関や各国の政策当局がグローバル流動性に関心を持ち始めていることがうかがわれる。
(2)日本の金融機関が海外に支店を開設しており，同支店へのクロスボーダーでの与信も，「海外向け与信」に該当する。
(3)勿論グロスの資金フローを構成しているのは，金融機関（銀行部門）の与信だけではないので，統計上は異なっている。
(4)金融機関の負債項目における預金勘定をベースとする資金調達を「コア負債」（core liability），シャドーバンキング等による預金以外の資金調達による負債を「非コア負債」（non-core liability）と呼ぶならば，グローバル流動性が拡大している状況とは，グローバルな資金調達に基づく非コア負債の拡大と表現することもできる。この点に関する詳細な考察は，Chen et al.（2012）においてなされている。
(5)データはBIS（2013）図1‐1に対応している。
(6)本文ではグローバル流動性のイメージを容易にするために，民間金融機関の与信という数量指標に焦点を絞って紹介した。現実には公的部門が政策的な観点に基づいて，外貨建て資金供給を行っている場合もある。
(7)レートは1週間から12か月までの種類があり，ロンドン時間で毎日午前11時に公表される。世界の主要銀行からオファーされた金利のうち，上下25％ずつを削除し，残りの値を平均したものがLIBORの水準となる。
(8)グローバル流動性の変化を間接的に示す価格指標はLIBOR-OISスプレッド以外にもいくつか考えられる。まず金利関連の指標としては，インターバンク市場におけ

るコールレートがあげられる。各国のコールレートの平均値をとれば，グローバルな短期資金調達の難易度に関する情報が得られる可能性は高い（BIS（2013）図2－1には先進地域，新興地域別に実質短期金利が示されている）。各国中央銀行の政策金利もインターバンクレートと密接に連動しているため，グローバルな流動性の動向を把握する上で有益かもしれない。

またグローバルな金融市場において資金調達が容易な場合には，社債や貸付債権に対する信用リスクに関する価格指標も低下しているはずである。このような指標としては，CDSプレミアム（Credit Default Swap premium）がある。同指標も，グローバル流動性の変化を間接的に示す価格指標の1つといえる。さらにある一定期間，異なる通貨の交換を行う取引の条件（通貨スワップスプレッド（cross currency basis swaps））も，グローバル金融市場において資金調達を行う際に重要な指標となる（BIS（2013）図3－2には1年物の米ドルに対する通貨スワップスプレッドが示されている）。

(9) たとえばShin（2012）では，グローバル流動性を管理，制御する施策という意味合いからマクロプルーデンス政策の重要性が指摘されているが，グローバル・プルーデンスというスコープは必ずしも明確には想定されてはいない。

(10) 具体的には30日間のストレス期間に想定される現金流出（キャッシュアウト）に対する適格流動資産の比率が100％以上であることが基準として2015年から段階的に導入されることになった。

(11) 具体的には各期間の資産に必要な資金調達額に対して安定的に調達できる額の割合を100％以上にという基準であり，2018年から導入される予定である。

(12) ただしIMF（2012）では，文中においてグローバル流動性の存在の重要性を指摘しており，暗黙の裡にグローバル流動性との関連において資本規制の役割を意識していると思われる。

(13) またIMFによって発行されているSDR（Special Drawing Rights：特別請求権）を，危機時における一種の安全資産としての役割として位置づける議論もなされているが，その実現可能性ついては定かではない。

(14) 米国準備制度（Fed）は，「Central Bank Liquidity Swap Lines」（中央銀行流動性スワップライン）と呼んでいるが，本章では「ドル・スワップ協定」と呼ぶことにする。

(15) 表終-2の注で示しているように，実際のスワップ取引は他の国々（ノルウェー，スウェーデン，デンマーク，オーストラリア，メキシコ，韓国）の中央銀行でも行われていた。

(16) ドル・スワップ協定の概要については，米国連邦準備制度のweb（http://www.federalreserve.gov/newsevents/reform_swaplines.htm）に詳細な解説がある。また実務的な内容に関する詳細な解説としてはGoldberg et al（2010）がある。

(17) 2007年から2010年6月までの実施状況に関する各種データは，注(16)で示したwebよりダウンロードした。なおweb上のデータ系列には，カナダ中央銀行のスワップ実施状況は記されていない。

(18)松林(2014a)では,時系列分析を用いてスワップ協定の有効性を検証しており,欧州中央銀行によるスワップ協定はある程度効果があった点を確認している。

参考文献

Bank for Intentional Settlements (2011) "Global liquidity - Concept, Measurement and Policy Implications," CGFS Publications No. 45, November.
Bank for Intentional Settlements (2013) "Global Liquidity: selected indicators" October.
Chen,S., P. Liu, A. Maechler, C. Marsh, S. Saksonovs and H. S. Shin(2012), "Exploring the Dynamics of Global Liqidity," IMF Working paper No. 246.
Domanski., D. and P. Turner (2011) "The Great Liqidity Freeze: What Does it Man for international Banking?" ADBI Working paper, No. 291.
Eickmeier, S., L, Gambacorta and B. Hofmann (2013) "Understanding Global Liquidity," BIS Working paper, No. 402.
Landau, J. P. (2013) "Global Liquidity: Public and Private," Federal Reserve of Kansas city, August.
Matsumoto, A. (2011) "Global Liquidity: Availability of Funds for Safe and Risky Assets" IMF working paper. No. 136.
Goldberg, L. S., C, Kennedy and J. Miu (2010) "Central Bank Dollar Swap Lines and Overseas Dollar Funding Costs" Federal Reserve Bank of New York Staff Report, No. 429 (January).
Gourinchas, P. O. (2012) "Global Imbalances and Global Liquidity," Asian Economic Policy Conference of the Federal Reserve Bank of San Francisco.
IMF (2012) "The Liberalization and management of Capital Flows: An Institutional View," November.
Shin, H.S. (2012) "Adapting Macroprudential Policies to Global Liquidity Conditions," Central Bank of Chile Working paper, No. 671.
Shin, H. S. and K. Shin(2010) "Procycality and Monetary Aggregates," NBER Working paper, No. 16836.
日本銀行(2012)「「グローバル流動性」について──BISグローバル金融システム委員会の報告書をもとに」『日銀レビュー』2012-J-4.
松林洋一(2014a)「グローバル金融危機とドル流動性──スワップ協定の有効性の検証」『国民経済雑誌』209(1)。
松林洋一(2014b)「グローバル流動性について──概念整理と適用可能性」『国民経済雑誌』(近刊)。

索　引

あ　行

安定調達比率　210
インパルス反応　103, 104, 107, 108, 110, 148
欧州金融機関　5, 20, 21, 23, 26, 115, 118-121, 124, 129, 130, 214
欧州中央銀行　93, 96, 136, 212, 217
　——議定書　96

か　行

海外向け与信　203, 215
価格硬直性　8, 185, 190, 192-194, 197
確率的動学一般均衡（DSGE）　183
隠れた救済メカニズム　4, 91-93, 95-97, 102, 107, 109-111
カバーなし金利平価条件　189
カリブレーション　198
慣性効果　48
期間のミスマッチ　23, 24
キャリートレード　156
供給ショック　61
恐怖指数（fear gauge）　170
金融開放度　43-45
金融市場の対外開放度　140, 146, 147, 151-153, 155, 157
金融政策
　——ショック　7, 148-153, 157
　——ルール　193
金融脆弱性　38, 40, 42, 43, 45, 47, 48
グローバル
　——・インバランス　1-3, 13-17, 19, 22, 24-27, 29-32, 34, 35, 45, 46, 52, 53, 135, 154
　——・バンキング　129
　——・プルーデンス　8, 201, 216
　——政策　209-211
　——・マネーフロー　1, 6
　——・リスク　7, 163, 171, 176-178
　——な最後の貸し手機能　9, 214
　——なショック　6, 137, 145, 147, 152, 161
　——な与信　204, 208-210

グローバル金融危機　i, 1, 8, 154, 201
グローバルスピルオーバ効果　6, 136, 157
グローバル要因（global factors）　6, 136, 137, 142-148, 152, 157, 163, 170, 171
グローバル流動性　8, 9, 201-205, 207-211, 214-216
グロス（の）資本移動　135, 137, 138, 144, 145, 149, 154, 156, 162, 163, 179
グロス（の）資本流出　135, 154, 155, 156, 162, 204
グロス（の）資本流入　6, 17, 135-138, 140, 142-144, 148, 152, 154, 156, 162
景気循環の同調性　59, 61, 62, 64, 65, 74, 76, 86, 88
経常赤字　34, 35, 37, 38, 40-43, 46-49, 51, 52
　——国　3, 30, 31, 39, 41, 43, 46
経常収支　2, 13, 29
　——の反転　29, 34, 47
経常収支反転国　35, 52
コア負債　215
厚生　8, 183-185, 194-198
　——評価　185, 194
構造ベクトル自己回帰モデル　63
国際会計基準（IFRS）　118
国際協調　154, 157
国際決済銀行　116, 210
国際資金フロー　i, 1-3, 6, 8, 13-17, 19, 22, 23, 25, 26, 135-137, 141, 142, 145, 150-154, 156, 201, 204
国内向け外国通貨建て与信　203
国内向け自国通貨建て与信　203
固定効果モデル　122, 171
コレスキー分解　103, 104, 113

さ　行

最適通貨圏　3, 59
　——の基準　59-61, 64, 74, 88
　——の内生性　3, 4, 59, 60, 62-65, 74-76, 81, 82, 86
殺到（Surges）　162, 179

219

産業間貿易　　62, 64, 74, 75
産業構造　　4, 61, 62, 64, 65, 74, 75, 82, 84, 86-88
　──の類似性　60-62, 64, 65, 74-76, 82, 87, 88, 89
産業内貿易　　4, 60-62, 64, 65, 74-76, 82, 84, 86, 89
産出量ギャップ　　66, 67, 73
産油国　　32, 34, 49, 51, 52, 54
失業率　　4, 66, 70, 73, 87, 156
実質GDP成長率　　3, 30, 45, 46, 48, 49, 51, 54, 91, 112
実質実効為替レート　　40, 41, 156
資本移動　　5, 7, 95, 103, 135, 151, 154, 161-163, 168, 170, 178-180, 211
資本規制　　9, 157, 179, 184, 211, 214, 216
資本収支　　97, 105, 112, 135, 163, 164, 166, 179
資本ブーム　　162
資本流出　　6, 7, 18, 19, 38, 40, 41, 46, 136-146, 148, 149, 151-153, 162, 167
資本流入　　18, 138
　──の急停止（サドン・ストップ）　162
収斂　　65, 67, 68, 70, 73, 82, 129
需要ショック　　61, 63
証券投資　　5, 7, 115, 138, 162-165, 167, 171, 175, 176, 178, 180
小国開放経済　　8, 184, 185, 197
信用成長　　3, 30, 41, 43-46, 52-54
信用不安　　91, 94-102, 106, 107, 109, 110
ストップ（Stops）　　162, 179
生産性ショック　　61, 157, 190, 193, 194
製造業　　65, 73, 75-77, 79, 81, 82, 84, 86, 87, 126, 130
成長率低下増幅効果　　48
世界金融危機　　2-4, 7, 8, 23, 24, 27, 29-31, 34, 37-39, 46, 47, 49, 52, 59, 60, 65, 67, 70, 73-75, 81, 86-88, 118, 161, 164, 165, 167, 169, 177, 178, 180, 184, 202, 206, 214
潜在変数（latent variable）　　39, 40
先進国金融政策　　6, 135-137, 153, 154
総資産収益率　　118

た行

対外債務　　8, 40, 41, 46, 184, 185, 188, 193-198
対外不均衡　　1-3, 13-15, 25
対米国出資状況　　124
対米投資　　5, 22, 116, 118, 122, 124, 125, 130
対米与信　　5, 115-118, 121-126, 128, 130
単位労働費用　　66, 73, 88
チェンマイ・イニシアチブ　　211
中期の均衡値　　39, 53
中国　　15-19, 22, 23, 29, 32, 34, 35, 37, 52
長期金利　　24, 66, 70, 73, 87, 156
長期識別制約　　103
直接投資　　7, 26, 102, 138, 163
貯蓄・投資バランス　　24, 25
通貨スワップスプレッド　　216
伝染要因　　179
投資収支　　7, 163-168, 171, 178, 180
独占的競争市場　　186, 190
ドル・スワップ協定　　9, 201, 212, 214-216

な行

投げ売り（fire sale）　　23
日銀ネット　　93
ニューケインジアン　　185
ネット　　2, 8, 13, 14, 16-19, 21, 24-26, 135, 138, 149, 153, 154, 162, 171, 179, 201
　──資本フロー　　162, 179

は行

バーゼルⅢ　　9, 210, 214
ハイテクおよびミディアム・ハイテク産業　　75, 76, 77, 82, 89
ハウスマン検定　　171
発散　　3, 4, 60, 67, 68, 70, 73, 74, 82, 86-88
パネルデータ　　64, 138, 143, 170
パネル推定　　122
非コア負債　　215
ヒストリカル分解　　109, 110
非対称な供給ショック　　61
非対称な経済ショック　　61
非対称な需要ショック　　61
非伝統的金融政策　　6, 136
　──ショック　　7, 148, 151-153, 157
ファイナンシャル・フリクション　　8, 184, 185, 196-198
ファンダメンタルズ　　4, 40, 60, 65, 66, 73, 74, 76, 86, 87, 162
　──の収斂　　3, 4, 60, 74, 86, 87

索引

フォワードガイダンス　136
符号制約（Sign Restriction）付き VAR　5, 102, 103, 107,
物価パズル　103
不動産担保証券　122
プロビット・モデル　39
分散分解　109
ベイズの定理　103, 104
貿易開放度　41, 43-45
ホームバイアス　186

ま行

マクロ経済政策のレジーム　38
マクロプルーデンス政策　183, 184, 209, 216
マンデル・フレミングモデル　151
ミクロデータ　26, 115, 125, 130
民間資本流入ショック　105, 107, 109

や行

ユーロシステム　93, 96-100, 102, 106
翌日物金利スワップ（OIS）　206

ら行

リージョナル・インバランス　1, 31
リーマン・ブラザーズ破綻　2, 29, 30, 202
リカーシブ制約　103
リジョナル・インバランス　1, 3, 16, 19, 24, 25, 31
リスク選好度　38, 207-209
リスクテイキングチャネル　137, 150, 153, 156
リスクプレミアム　8, 185, 188, 195-197
　──カバレッジ比率　210
　──リスク　23
レバレッジ比率　5, 120-124, 130
レバレッジ比率規制　210
ローテク産業　75-77, 79, 84
ロール・オーバー　23
ロンドン銀行間取引金利（London Interbank Offered Bank）　205

アルファベット

BEA（Bureau of Economic Analysis）　17, 22
CDS プレミアム　216
Central Bank Liquidity Swap Lines（中央銀行流動性スワップライン）　216
DSGE（Dynamic Stochastic General Equilibrium）　8, 183-185, 197
DFM（Dynamic Factor Model）　137, 142, 148, 152, 156, 157
ELA（Emergency Liquidity Assistance）　98, 99, 101, 112
EM アルゴリズム　143, 157
Factor Augmented Vector Autoregressive Model　156, 157
Fedwire　93
FX スワップ　21
GIIPS 諸国　4, 16, 32, 34, 59, 65, 66, 68, 70, 73, 74, 76, 77, 79, 81, 82, 86-88
GIPS 諸国　4, 91, 94, 96-98, 102, 110, 111
Great Moderation　154
LIBOR（London Interbank Offered Bank）　205, 206, 215
LIBOR-OIS スプレッド　206, 207, 215
LTRO（Longer Term Refinancing Operations）　98-101
MBS（Mortgage-Backed Securities）　5, 122-124
MMF（Money Market Fund）　21
MRO（Main Refinancing Operations）　98, 99, 101
PIIGS 諸国　24, 126, 130
Pure Sign Restriction　104
SDR（Special Drawing Rights）　216
SMP（Securities Market Operations）　98, 99
TARGET2　4, 26, 91, 93-95, 97, 102, 105
　──債務　5, 94, 95, 97, 99, 100-103, 105-107, 109-112
　──ショック　103, 105, 107, 109
Treasury International Capital　22
VIX（Volatility Index）　7, 169-171, 175-178, 208

《執筆者紹介》（執筆分担，執筆順，＊は編者）

＊藤田誠一（ふじた・せいいち）はしがき，序章，第5章
現　在　神戸大学大学院経済学研究科教授，経済学修士（神戸大学）。
主　著　『現代国際金融論（第4版）』（共編著）有斐閣，2012年。
　　　　『国際金融理論』（共編著）有斐閣，2008年。
　　　　『欧州中央銀行の金融政策とユーロ』有斐閣，2004年。

＊松林洋一（まつばやし・よういち）はしがき，序章，第1章，第5章，終章
現　在　神戸大学大学院経済学研究科教授，博士（経済学）神戸大学。
主　著　『対外不均衡とマクロ経済：理論と実証』東洋経済新報社，2010年。
　　　　「対外不均衡と国際資金フロー——グローバル・インバランス論を超えて」貝塚啓明＋財務省財務総合政策研究所編『国際的なマネーフローの研究』第4章，中央経済社，2012年。
　　　　"Financial Market Linkage in East Asian Countries," (with Kyosuke Shiotani) Takuji Kinkyo, Yoichi Matsubayashi, Shigeyuki Hamori eds, *Global Linkages and Economic Rebalancing in East Asia*, 2013 World Scientific.

＊北野重人（きたの・しげと）はしがき，序章，第5章，第8章
現　在　神戸大学経済経営研究所教授，博士（経済学）名古屋大学。
主　著　"An Optimal Government Spending Reversal Rule in a Small Open Economy" (with Kenya Takaku) *International Review of Economics and Finance*, Vol. 27, pp. 374-382, 2013.
　　　　"Structural Change in Current Account and Real Exchange Rate Dynamics: Evidence from the G7 Countries," (with Masahiko Shibamoto) *Pacific Economic Review*, 17(5), pp. 619-634, 2012.
　　　　"Capital Controls and Welfare," *Journal of Macroeconomics*, 33(4), pp. 700-710, 2011.

五百旗頭真吾（いおきべ・しんご）第2章
現　在　同志社大学商学部准教授，博士（経済学）神戸大学。
主　著　"The U.S. Current Account Deficit and the Dollar: Another Implication of an Incomplete Pass-Through," *The International Economy*, No. 10, pp. 59-85, 2006.
　　　　「経常収支の調整パターン——シフト型とV字型」藤田誠一・岩壷健太郎編『グローバル・インバランスの経済分析』有斐閣，第3章，pp. 69-104, 2010年。
　　　　"Do Faster Growing Economies Run Current Account Deficits? A Theoretical Reappraisal of the Role of Utility Functions," 『同志社商学』64(5)，pp. 417-437, 2013年。

福本幸男（ふくもと・ゆきお）第3章

現　在　大阪経済大学経済学部准教授，博士（経済学）神戸大学。
主　著　「マネタリーモデルの共和分分析――モデルの識別とECUレートへの応用」『金融経済研究』No. 22, pp. 59-76, 2005年。
"International Price Dispersions of the Big Mac and Economic Integration," *Applied Economics Letters*, 18(17), pp. 1633-1638, 2011.
"Another Look at the Underlying Cause of the End of the Bretton Woods System: International Price Differences Perspective," *Review of International Economics*, 19(5), pp. 852-864, 2011.

山本周吾（やまもと・しゅうご）第4章

現　在　山口大学経済学部講師，博士（経済学）　神戸大学。
主　著　「日本におけるバラッサ・サミュエルソン効果の構造変化」『金融経済研究』, Vol. 35, pp. 1-15, 2013年。
"Sudden Stop and Trade Balance Reversal after Asian Crisis: Investment Drought Impact versus Exchange Rate Depreciation," *Journal of Policy Modeling*, 35(5), pp. 750-765, 2013.
"Structural Change in the External Balances Response to Macroeconomic Policies: Persepective from a Two-Sector New Open Economy Macroeconomic Model," *Review of International Economics*, 21(5), pp. 1021-1031, 2013.

柴本昌彦（しばもと・まさひこ）第6章

現　在　神戸大学経済経営研究所講師，博士（経済学）大阪大学。
主　著　"An Analysis of Monetary Policy Shocks in Japan: a Factor Augmented Vector Autoregressive Approach," *Japanese Economic Review*, 58(4), pp. 484-503, 2007.
"The Estimation of Monetary Policy Reaction Function in a Data-Rich Environment: the Case of Japan," *Japan and the World Economy*, 20(4), December, pp. 497-520, 2008.
"Structural Change in Current Account and Real Exchange Rate Dynamics: Evidence from the G7 Countries," (joint with Shigeto Kitano) *Pacific Economic Review*, 15(5), pp. 619-634, 2012.

星河武志（ほしかわ・たけし）第7章

現　在　近畿大学経済学部国際経済学科准教授，博士（経済学）神戸大学。
主　著　"The Effect of Intervention Frequency on the Foreign Exchange Market: The Japanese experience," *Journal of International Money & Finance*, 27(4), pp. 547-559, 2008.
"The causal relationships between foreign exchange intervention and exchange rate," *Applied Economics Letters*, 15(7), pp. 519-522, 2008.
"Regime Shift of Japanese Foreign Exchange Policy: Some findings," *Applied Economics Letters*, 19(1), 2012, pp. 25-28.

猪口真大（いのぐち・まさひろ）**第7章**

現　在　京都産業大学経営学部准教授，博士（経済学）一橋大学。
主　著　"Interbank market, stock market, and bank performance in East Asia," *Pacific-Basin Finance Journal*, Vol. 25, pp. 136-156, 2013.
"Did Capital Controls Decrease Capital Flows in Malaysia?" *Journal of the Asia Pacific Economy*, 14(1), pp27-48,2009.
"Influence of ADB Bond Issues and US Bonds on Asian Government Bonds," *Asian Economic Journal*, 21(4), pp. 387-404, 2007.

高久賢也（たかく・けんや）**第8章**

現　在　名古屋大学大学院経済学研究科特別研究員，博士（経済学）名古屋大学。
主　著　"An Optimal Government Spending Reversal Rule in a Small Open Economy," (with Shigeto Kitano) *International Review of Economics and Finance*, Vol. 27, pp. 374-382, 2013.
「小国開放経済の外的ショックと金融政策──ニューケインジアンモデルによる分析」（北野重人と共著）『国民経済雑誌』205(3), pp. 57-75, 2012年。
「小国開放経済における為替レート政策の厚生分析」『経済科学』58(4), pp. 53-69, 2011年。

グローバル・マネーフローの実証分析
――金融危機後の新たな課題――

2014年4月10日　初版第1刷発行　　　　　　＜検印省略＞

定価はカバーに
表示しています

編著者	藤田　誠一
	松林　洋一
	北野　重人
発行者	杉田　啓三
印刷者	林　初彦

発行所　株式会社　ミネルヴァ書房
607-8494　京都市山科区日ノ岡堤谷町1
電話代表　(075)581-5191
振替口座　01020-0-8076

© 藤田・松林・北野ほか，2014　　　太洋社・兼文堂

ISBN978-4-623-06738-1
Printed in Japan

EU通貨統合とマクロ経済政策

高屋定美著　Ａ５判　220頁　本体4000円

ユーロ圏をEMU（経済通貨同盟）の枠組みから俯瞰的に見渡し，欧州中央銀行ならびにEU各国政府によるマクロ経済政策を分析する。

フランスとEUの金融ガヴァナンス

尾上修悟著　Ａ５判　312頁　本体4500円

●金融危機の克服に向けて　EU内で具体的な政策を積極的に実践してきたフランスの金融ガヴァナンス論に着目し，欧州統合の将来のあり方を考える。

EU通貨統合とユーロ政策

松浦一悦著　Ａ５判　280頁　本体3500円

統一通貨がもたらした影響と，とりわけ欧州中央銀行（ECB）の政策と各国の関係性から分析する。

世界経済危機における日系企業

山崎勇治／嶋田　巧編著　Ａ５判　258頁　本体5500円

●多様化する状況への新たな戦略　グローバルに活路を見出しつつある日本企業の実態を明らかにするとともに，金融危機後の世界経済の展開と課題を検証する。

多国間通商協定GATTの誕生プロセス

山本和人著　Ａ５判　358頁　本体3800円

米英戦時貿易交渉段階から原資料を徹底調査，主要関係国の思惑とその背景を明らかにする。

国際通貨体制と東アジア

鳥谷一生著　Ａ５判　344頁　本体5000円

●「米ドル本位制」の現実　アメリカ主導の国際通貨体制を見直し，歴史的・理論的視座から将来のシステムを展望。

ミネルヴァ書房
http://www.minervashobo.co.jp/